파이썬 머신러닝을 이용한
금융 리스크 관리

파이썬 머신러닝을 이용한
금융 리스크 관리

이병욱 옮김 압둘라 카라산 지음

에이콘

에이콘출판의 기틀을 마련하신 故 정완재 선생님 (1935-2004)

이 책에 쏟아진 찬사

"요즘 파이썬은 의심할 여지 없이 금융 분야 최고의 프로그래밍 언어다. 동시에 머신러닝은 이 산업 분야의 핵심 기술이 됐다. 압둘라 카라산이 쓴 이 책은 금융 위험 관리의 맥락에서 파이썬으로 머신러닝 능력을 훌륭하게 보여줬다. 이는 모든 금융기관에 필수적인 기능이다."

– 이브스 힐피시 박사(Dr. Yves J. Hilpisch)
The Python Quants와 The AI Machine의 설립자이자 CEO

"이 책은 재무 위험 분석을 위한 통계 및 머신러닝 전통에서 가져온 다양한 방법을 포괄적이고 실용적으로 제시한다. 재정 위험 분석에 통계와 머신러닝 방법을 적용하는 기법에 대한 가이드가 필요하다면 이 책을 추천한다."

– 그레이엄 길러(Graham L. Giller)
『Adventures in Financial Data Science』 저자

"압둘라 카라산은 머신러닝의 현대적인 고급 애플리케이션을 적용해 금융 위험 관리라는 주제를 흥미진진하게 만들었다. 이 책은 계량 금융 경제학자, 헤지펀드 매니저 그리고 정량적 위험 관리 부서의 필수 도서다."

– 맥클레인 마샬(McKlayne Marshall)
분석 참여 리더

옮긴이 소개

이병욱 (justin.lee@craslab.co.kr)

서울과학종합대학교 디지털금융 주임교수

한국과학기술원KAIST 겸직교수

한국금융연수원 겸임교수

인공지능연구원AIRI 부사장

- 금융위원회 금융규제혁신회의 위원
- 금융위원회 법령해석심의위원회 위원
- 금융위원회 디지털자산 자문위원
- 한국산업기술진흥원KIAT '규제자유특구 분과위원회' 위원
- 과기정통부 우정사업본부 정보센터 네트워크 & 블록체인 자문위원

한국과학기술원KAIST 전산학과

전) BNP 파리바 카디프 전무

전) 삼성생명 마케팅 개발 수석

전) 보험넷 Founder & CEO

전) LG전자 연구원

서울과학종합대학원 디지털금융 주임교수와 카이스트 겸직교수 그리고 한국금융연수원 겸임교수를 맡고 있으며, 인공지능연구원AIRI의 부사장으로도 재직 중이다. 한국과학기술원KAIST 전산학과 계산 이론 연구실에서 공부했으며 공학을 전공한 금융 전문가로, 세계 최초의 핸드헬드-PCHandheld-PC 개발에 참여해 한글 윈도우 CE1.0과 2.0을 미국 마이크로소프트 본사에서 공동 개발했다. 1999년에는 전 보험사 보험료 실시간 비교 서

비스를 제공하는 핀테크 전문회사 ㈜보험넷을 창업했고 이후 삼성생명을 비롯한 생명 보험사 및 손해 보험사에서 CMO(마케팅 총괄 상무), CSMO(영업 및 마케팅 총괄 전무) 등을 역임하면서 혁신적인 상품과 서비스를 개발, 총괄했다.

세계 최초로 파생상품인 ELS를 기초 자산으로 한 변액 보험을 개발해 단일 보험 상품으로 5천억 원 이상 판매되는 돌풍을 일으켰고, 매일 분산 투자하는 일 분산 투자^{daily Averaging} 변액 보험을 세계 최초로 개발해 상품 판매 독점권을 획득했다. 인공지능 연구원에서 머신러닝 기반의 금융 솔루션 개발에 관련된 다양한 활동을 하고 있으며, 금융위원회, 금융정보분석원 등에 다양한 자문을 하고 있다.

저서로는『비트코인과 블록체인, 탐욕이 삼켜버린 기술』(에이콘, 2018)과 대한민국학술원이 2019 교육부 우수학술도서로 선정한『블록체인 해설서』(에이콘, 2019)와 한국금융연수원에서 발간한 핀테크 전문 교재인『헬로, 핀테크!』(공저, 2020), 『헬로, 핀테크-인공지능편』(2021)이 있다.

옮긴이의 말

이 책은 금융에서 발생하는 위기를 체계적으로 정량화하고 관리하는 방법에 머신러닝을 어떻게 적용하는지에 관한 내용을 담았다. 위험이란 전략 실행을 방해하거나 금전적으로 부정적인 영향을 끼칠 수 있는 모든 것을 의미하며, 재무 위험과 시장 위험, 신용 위험, 유동성 위험, 운영 위험, 마지막으로 금융 붕괴를 예측하는 방법론까지 상세히 설명하고 있다. 각 위험은 그 개념의 설명과 함께 파이썬을 통한 실습을 곁들이며, 전통적인 관리 방법과 머신러닝을 적용한 방법 사이의 비교를 통해 실전에 어떻게 접목할 수 있는지 잘 설명한다. 이 책을 읽고 나면 금융 재무 관리에 있어서 위험 관리를 할 수 있는 체계적인 무기를 하나 얻게 될 것이다.

지은이 소개

압둘라 카라산^{Abdullah Karasan}

독일 베를린에서 태어났다. 경제학과 경영학을 공부한 후 미국 앤아버 미시간대학교 University of Michigan - Ann Arbor에서 응용 경제학 석사 학위를, 터키 앙카라에 있는 중동 공과대 학교에서 금융 수학 박사 학위를 취득했다. 전직 터키 재무부 직원이며 현재 매그니마 인드Magnimind에서 수석 데이터 과학자로, 미국 볼티모어에 있는 메릴랜드대학교University of Maryland에서 강사로 일하고 있다. 또한 금융 데이터 과학 분야에서 여러 논문을 발표 했다.

차례

1부 | 위험 관리 기초

2부 │ 시장, 신용, 유동성, 운영 리스크에서의 머신러닝

3부 | 기타 재무 위험 원인 모델링

들어가며

"인공지능(AI)과 머신러닝(ML)은 연산 능력이 향상되면서 컴퓨터가 큰 데이터셋을 분류하고 숫자를 분석해 패턴과 이상치를 식별할 수 있게 됨에 따라 기술의 자연스러운 진화를 반영하고 있다."

– 블랙록(2019)

재무 모델링 분야는 여러 성공적인 업적과 함께 오랜 역사도 갖고 있지만 그와 동시에 모델의 유연성이 부족한 점과 포괄성이 없다는 이유로 맹렬한 비판을 받아왔다. 2007년 ~2008년의 금융 위기는 이러한 논쟁을 부추겼을 뿐만 아니라 금융 모델링 분야에서의 혁신과 다양한 접근 방식을 위한 길을 열었다.

물론 금융에서 AI 응용의 성장을 촉진한 유일한 동기가 금융 위기인 것은 아니다. 데이터 가용성과 연산 성능 향상이라는 두 가지의 다른 이유가 금융 분야에서 AI를 채택하는 데 박차를 가했으며 1990년대부터 이 분야에 대한 연구가 강화됐다. 금융안정위원회(2017)는 이 사실의 타당성을 다음과 같이 강조한다.

"이러한 사용례의 채택은 기술 발전, 금융 부문 데이터, 인프라의 가용성과 같은 공급 요인과 수익성 요구, 다른 회사와의 경쟁, 금융 규제와 같은 수요 요인에 의해 주도됐다."

재무 모델링의 하위 부문인 재무 위험 관리도 의사결정 프로세스에서 AI의 역할이 점점 더 커짐에 따라 AI를 채택하고 발전해왔다. 보스트롬Bostrom(2014)은 그의 저서에서 인류 역사의 두 가지 중요한 혁명, 즉 농업 혁명과 산업 혁명을 언급했다. 이 두 가지는 매우 심오한 영향을 미쳤는데, 만약 세 번째 혁명이 비슷한 규모로 일어난다면 2주만에 세계 경제 규모를 두 배로 늘릴 수 있다. 더욱 놀라운 건 3차 혁명이 AI에 의해 이뤄진다면 그 영향은 훨씬 더 깊을 것이라는 점이다.

따라서 빅데이터를 사용하고 위험 프로세스의 복잡한 구조를 이해함으로써 전례 없는 규모로 재무 위험 관리를 형성하는 AI 응용에 대한 기대치는 하늘을 찌를 정도로 높다.

이 연구는 재무 모델의 예측과 측정 성능을 향상시킬 수 있도록 금융에서 머신러닝 기반 애플리케이션에 대한 공백을 채우는 것을 목표로 한다. 모수적 모델은 낮은 분산과 높은 편향 문제로 어려움을 겪는다. 유연성을 갖춘 머신러닝 모델은 이 문제를 해결할 수 있다. 또한 금융의 일반적인 문제는 변화하는 데이터 분포가 항상 모델 결과의 신뢰성에 위협을 준다는 것인데, 머신러닝 모델은 모델이 더 잘 적합화되는 방식으로 변화하는 패턴에 스스로 적응할 수 있다. 따라서 금융 분야에서 적용 가능한 머신러닝 모델에 대한 수요는 매우 높으며, 이 책은 재무 위험 관리에 완전히 새로운 머신러닝 기반 모델링 접근 방식을 다룬다는 점에서 다른 서적과 구분된다.

간단히 말해 이 책은 모수적 모델에 크게 기반을 둔 현재의 금융 위험 관리 환경을 바꾸는 것을 목표로 한다. 머신러닝 모델을 기반으로 하는 매우 정확한 재무 모델이 최근 개발되면서 이러한 변화가 일어났다. 따라서 재무와 머신러닝에 대한 초기 지식이 있는 독자를 대상으로 하며, 이러한 주제를 간략하게 설명한다.

따라서 재무 위험 분석가, 재무 엔지니어, 위험 관련자, 위험 모델러, 모델 검증자, 정량적 위험 분석가, 포트폴리오 분석, 재무 그리고 데이터 과학에 관심이 있는 사람들이 읽기 적합하다.

기초 수준의 재무 및 데이터 과학 지식이 있으면 이 책을 최대한 활용할 수 있다. 그렇다고 해서 배경이 다른 사람들은 책의 주제를 따라올 수 없다는 의미는 아니다. 오히려 다른 배경을 가진 독자들이 충분한 시간을 할애하고 이 책과 함께 다른 금융과 데이터 과학 책을 참조한다면 개념을 이해할 수 있다. 이 책은 10개의 장으로 구성돼 있다.

1장, '위험 관리의 기초'에서는 위험 관리의 주요 개념을 소개한다. 먼저 위험이 무엇인지 정의한 후 위험 유형(예: 시장, 신용, 운영 및 유동성)을 알아본다. 위험 관리가 왜 중요한지, 손실을 완화하는 데 사용할 수 있는 방법 등 위험 관리에 대해 설명한다. 시장 실패를 해결할 수 있는 비대칭 정보도 정보 비대칭과 역선택을 중심으로 논의된다.

2장, '시계열 모델링 소개'에서는 이동 평균 모델, 자기 회귀 모델, 자기 회귀 통합 이동 평균 모델과 같은 기존 모델을 사용하는 시계열 애플리케이션을 보여준다. 여기서는 API를 사용해 재무 데이터에 액세스하는 방법과 이를 사용하는 방법을 배운다. 2장은 주로 3장의 주요 초점인 시계열 모델링의 최근 개발과 전통적인 시계열 접근 방식을 비교하기 위한 벤치마크를 제공하는 것을 목표로 한다.

3장, '딥러닝 시계열 모델링'에서는 시계열 모델링을 위한 딥러닝 도구를 소개한다. 순환 신경망과 장단기 기억은 데이터를 시간 차원으로 모델링할 수 있는 두 가지 접근 방식이다. 3장에서는 또한 시계열 모델링에 딥러닝 모델을 적용할 수 있음을 보여준다.

4장, '머신러닝 기반 변동성 예측'에서는 금융 시장의 통합이 증가하면서 금융 시장의 불확실성이 장기화되고 변동성의 중요성이 강조되고 있다. 변동성은 금융 영역의 주요 업무 중 하나인 위험 정도를 측정하는 데 사용된다. 4장에서는 서포트 벡터 회귀, 신경망, 딥러닝, 베이즈 접근 방식을 기반으로 하는 새로운 변동성 모델링을 다룬다. 성능 비교를 위해 기존의 ARCH, GARCH 유형의 모델도 사용한다.

5장, '시장 위험 모델링'에서는 기존 시장 위험 모델, 즉 예상최대위험^{VaR}, 예상평균최대위험^{ES}의 추정 성능을 높이는 데 사용되는 머신러닝 기반 모델을 설명한다. VaR이란 정의된 신뢰 수준에서 정의된 기간 동안에는 더 이상 초과되지 않을 시장의 움직임에 기인한 잠재적인 공정 가치 손실에 대한 정량적 접근 방법이다. 반면 ES는 크고 예상치 못한 손실을 나타내는 분포의 꼬리에 초점을 맞춘다. VaR 모델은 잡음이 제거된 공분산 행렬을 사용해 개발되고 ES는 데이터의 유동성 차원을 통합해 개발된다.

6장, '신용 위험 추정'에서는 신용 위험을 추정하는 포괄적인 머신러닝 기반 접근 방식을 소개한다. 머신러닝 모델은 다른 데이터와 함께 과거 신용 정보를 기반으로 적용된다. 이 접근 방식은 바젤 협약$^{Basel\ Accord}$에서 제안한 위험 버킷팅으로 시작해 베이지안 추정, 마르코프 체인 모델, 서포트 벡터 분류, 랜덤 포레스트, 신경망과 딥러닝과 같은 다양한 모델로 이어진다. 6장의 마지막 부분에서 이러한 모델의 성능을 비교한다.

7장, '유동성 모델링'에서는 가우스 혼합 모델을 사용해 위험 관리에서 간과되는 차원으로 생각되는 유동성을 모델링한다. 이 모델을 통해 유동성 대리의 다양한 측면을 통합할 수 있으므로 유동성이 재무 위험에 미치는 영향을 더욱 강력한 방식으로 포착할 수 있다.

8장, '운영 위험 모델링'에서는 주로 회사의 내부 약점으로 인해 실패로 이어질 수 있는 운영 위험을 다룬다. 운영 위험의 원인은 여러 가지가 있지만 사기 위험은 가장 시간이 많이 걸리고 회사 운영에 해로운 것 중 하나다. 여기서는 사기가 주요 초점이 될 것이며 머신러닝 모델을 기반으로 더 나은 성능의 사기 방지 응용프로그램을 갖추기 위한 새로운 접근 방식이 개발될 것이다.

9장, '기업 지배 구조 리스크 측정: 주가 폭락'에서는 기업 지배 구조 위험을 모델링하는 완전히 새로운 접근 방식인 주가 폭락을 소개한다. 많은 연구에서 주가 폭락과 기업 지배 구조 사이의 경험적 연관성을 발견했다. 9장에서는 최소 공분산 행렬 모델을 사용해 기업 지배 구조 위험 요소와 주가 폭락 요소 간의 관계를 밝히려고 한다.

10장, '금융의 합성 데이터 생성과 은닉 마르코프 모델'에서는 다양한 재무 위험을 추정하기 위해 합성 데이터를 사용한다. 10장의 목적은 제한된 과거 데이터의 영향을 최소화하는 데 도움이 되는 합성 데이터의 출현을 강조하는 것이다. 합성 데이터를 사용하면 충분히 크고 품질이 좋은 데이터를 얻을 수 있으므로 모델의 품질이 향상된다.

이 책에 사용된 규칙

이 책에서는 다음과 같은 표기 규칙을 사용한다.

기울임꼴

　　새로운 용어, URL, 이메일 주소, 파일 이름 및 파일 확장자를 나타낸다.

고정 글자 너비

　　변수 또는 함수 이름, 데이터베이스, 데이터 유형, 환경변수, 명령문 및 키워드와 같은 프로그램 요소를 참조하는 단락 내에서뿐만 아니라 프로그램 목록에 사용된다.

고정 글자 너비 굵은체

　　사용자가 문자 그대로 입력해야 하는 명령 또는 기타 텍스트를 표시한다.

고정 너비 기울임꼴

사용자가 제공한 값이나 컨텍스트에 의해 결정된 값으로 대체돼야 하는 텍스트를 표시한다.

 이 요소는 일반적인 메모를 나타낸다.

 이 요소는 경고 또는 주의를 나타낸다.

문의

코드 예제, 연습 등 추가 자료는 https://github.com/abdullahkarasan/mlfrm에서 다운로드할 수 있다. 기술적인 질문이나 코드 예제를 사용하는 데 문제가 있는 경우 bookquestions@oreilly.com으로 이메일을 보내면 된다.

일반적으로 이 책과 함께 예제 코드가 제공되면 프로그램과 문서에서 사용할 수 있다. 코드의 상당 부분을 복제하지 않는 한 허가를 받기 위해 당사에 연락할 필요가 없다. 예를 들어 이 책의 여러 코드 덩어리를 사용해 프로그램을 작성하는 데 권한이 필요하지 않다. 오라일리$^{O'Reilly}$ 책의 예를 판매하거나 배포하려면 허가가 필요하다. 이 책을 인용하고 예제 코드를 인용해 질문에 답하는 것은 허가가 필요치 않다. 이 책의 상당한 양의 예제 코드를 제품 설명서에 통합하려면 허가가 필요하다.

이 책의 오탈자 목록, 예제, 추가 정보는 책의 웹 페이지인 https://www.oreilly.com/library/view/machine-learning-for/9781492085249/를 참고한다. 한국어판의 정오표는 에이콘출판사의 도서정보 페이지 http://www.acornpub.co.kr/book/financial-risk-python에서 확인할 수 있다.

이 책의 기술적인 내용에 관한 의견이나 문의는 메일 주소 bookquestions@oreilly.com으로 보내 주기 바란다. 그리고 한국어판에 관해 질문이 있다면 에이콘출판사 편집팀(editor@acornpub.co.kr)이나 옮긴이의 이메일로 연락 주길 바란다.

표지 설명

이 책 표지의 동물은 세네갈 쿠칼^{Centropus senegalensis}이다. 이집트 쿠칼^{Egyptian coucal}이라고도 알려진 이 새의 종은 사하라 사막 남쪽의 중부 및 남부 아프리카 전역과 이집트의 주머니에서 볼 수 있다.

쿠칼의 왕관, 목덜미, 부리, 다리 및 긴 꼬리는 검은색이고 날개는 밤색이며 아랫부분은 크림색을 띠고 옆구리에 어두운 띠가 있다. 이 새는 39cm까지 자랄 수 있으며 상대적으로 단형이다. 덤불과 사바나와 같은 풀이 우거진 서식지를 선호하고 다양한 곤충, 유충, 작은 척추동물을 잡아먹는다.

세네갈 쿠칼은 특별한 위협에 직면하지 않으며 상당히 널리 퍼져 있다. 종종 독특한 "욱-욱-욱" 하는 울음소리로 식별된다. 세네갈 쿠칼의 현재 보존 상태는 "관심 대상종 Least Concern"이다. 오라일리 출판사 책들의 표지에 실린 많은 동물들이 멸종 위기에 처해 있다. 그들 모두는 세계에서 중요하다.

표지 삽화는 카렌 몽고메리^{Karen Montgomery}가 그렸으며, 리데커^{Lydekker}의 로열 자연사^{Royal Natural History}에서 흑백 판화를 기반으로 했다. 표지 글꼴은 길로이 세미볼드^{Gilroy Semibold}와 가디언 산스^{Guardian Sans}다. 텍스트 글꼴은 어도비 미니온 프로^{Adobe Minion Pro}다. 제목 글꼴은 어도비 미리애드 컨덴스드^{Adobe Myriad Condensed}다. 코드 글꼴은 달턴 맥^{Dalton Maag}의 우분투 모노^{Ubuntu Mono}다.

1부

위험 관리 기초

1장
위험 관리의 기초

2007년에는 아무도 위험 함수가 지난 8년 동안 만큼 크게 변할 것이라고는 생각하지 못했을 것이다. 다음 10년은 변화가 더 작기를 기대하는 것은 자연스러운 유혹이다. 그러나 우리는 그 반대가 될지도 모른다고 믿는다.

— 할리[Harle], 하바스[Havas], 사만다리[Samandari] (2016)

위험 관리는 끊임없이 진화하는 프로세스다. 멈추지 않는 진화는 장기적인 위험 관리 관행으로는 최근의 발전 속도를 따라가지 못하거나 혹은 위험 관리라는 것이 앞으로 전개될 위기의 전조가 될 수는 없기 때문에 불가피한 것이다. 따라서 위험 관리 프로세스에서 구조적 변화로 인한 변경을 모니터링하고 채택하는 것이 중요하다. 이러한 변화를 받아들인다는 것은 위험 관리의 구성 요소와 도구를 재정의한다는 것을 의미하며, 바로이 책의 내용이기도 하다.

전통적으로 금융에 대한 실증적 연구는 통계적 추론에 중점을 뒀다. 계량 경제학은 통계적 추론의 근거에 기반했다. 이러한 유형의 모델은 기본 데이터의 구조, 생성 프로세스 및 변수 간의 관계에 중점을 둔다.

그러나 머신러닝[ML] 모델은 기저 데이터 생성 프로세스를 정의하는 것이라기보다는 예측을 목적으로 하는 수단 정도로 간주된다(Lommers, El Harzli and Kim, 2021). 따라서 ML 모델은 좀 더 데이터 중심적이고 예측 정확도 지향적인 경향이 있다.

더욱이 데이터의 희소성과 비가용성은 금융 분야에서 늘 문제가 돼 왔으며 이러한 경우, 계량 경제학 모델은 잘 작동하지 않을 것이라는 것은 쉽게 예상할 수 있다. ML 모델이라는 것이 합성 데이터 생성을 통해 데이터의 비가용성을 극복하는 해법이라는 점을 감안할 때, 머신러닝은 금융 분야의 최우선 고려 대상이었으며 이는 물론 금융 위험 관리 분야도 예외는 아니다.

이러한 여러 도구들에 대한 자세한 논의를 시작하기 전에 먼저 이 책 전체에서 언급할 위험 관리에 관한 주요 개념을 소개하는 것이 좋을 듯하다.

이러한 개념에는 위험, 위험 유형, 위험 관리, 수익률 그리고 위험 관리에 관련된 기타 사항들이 있다.

위험

위험은 항상 존재하지만 그 추상적인 특성으로 인해 이를 이해하고 평가하는 것은 단순히 위험을 인지하는 것보다는 다소 어렵다. 위험이란 유해한 것으로 인식되며 이에는 예상한 것 혹은 예상치 못한 것이 있다. '예상 위험'이란 그 크기를 가늠할 수 있는 것이지만, 예상치 못한 위험은 설명이 거의 불가능해 매우 파괴적일 수 있다. 짐작하는 것처럼 위험에 대해서 일반적으로 합의된 정의는 존재하지 않는다.

그러나 재무적 관점에서의 위험이란 회사가 노출될 수 있는 잠재적 손실 또는 불확실성의 수준을 의미한다. 알렉산더와 폴$^{Alexander\ and\ Paul}$(2015)은 위험을 다음과 같이 다르게 정의한다.

> "위험이란 어느 조직이 목표를 달성하고 전략을 실행하는 능력에 부정적인 영향을 미칠 수 있는 모든 사건이나 행동 또는 달리 표현하자면 정량화할 수 있는 손실 가능성이나 기대수익률을 하회할 가능성을 의미한다."

이러한 정의들은 위험의 부정적 측면에 초점을 맞추며 위험이란 비용과 밀접한 관련이 있음을 의미하지만, 둘 사이에 반드시 일대일 관계가 형성되는 것은 아니라는 점도 유의해야 한다. 예를 들어 위험을 예상한 경우, 그 발생 비용은 예상치 못한 위험에 비해 상대적으로 낮거나 심지어 무시할 수 있을 정도다.

수익률

수익률은 모든 금융 투자는 이익을 내기 위해 수행되며, 이를 수익이라고도 한다. 보다 형식적으로 표현하자면 수익이란 주어진 기간 동안의 투자에 대한 이익이다. 따라서 수익률이란 위험에 대한 긍정적인 측면을 나타낸다.

이 책에서의 위험과 수익률이라는 말은 각각 위험이 가진 부정적 측면downside risk과 긍정적 측면upside risk을 나타낸다.

짐작하듯 위험과 수익률 사이에는 서로 상충 관계trade-off가 있다. 감내한 위험이 클수록 실현된 수익률도 더 커진다. 최적의 해를 찾는 것은 어려운 작업이므로 이러한 절충은 금융 분야에서 가장 논란이 많은 문제 중 하나이다. 그러나 마코위츠Markowitz(1952)는 이 오랜 문제에 대해 직관적이면서도 매력적인 해법을 제안했다. 그는 이전까지 모호하던 위험이라는 단어를 훌륭하고 깔끔하게 정의해 금융 연구의 판도를 바꾸는 계기가 됐다. 마코위츠는 표준편차 σ_{R_i}를 사용해 위험을 정량화했다. 이 직관적인 정의를 통해 비로소 연구자들은 금융에서 수학과 통계를 사용할 수 있게 됐다.

표준편차는 수학적으로 다음과 같이 정의할 수 있다(Hull, 2012).

$$\sigma = \sqrt{\mathbb{E}\left(R^2\right) - \left[\mathbb{E}(R)\right]^2}$$

여기서 R과 $\mathbb{E}$는 각각 연간 수익률과 기댓값을 나타낸다. 기대수익률이란 곧 이자수익률을 나타내기 때문에 책에서는 $\mathbb{E}$라는 기호를 여러 번 사용한다. 이는 우리가 정의하는 위험이란 바로 확률이기 때문이다. 한편 포트폴리오 분산을 이야기할 때는 위험이란 공분산을 의미하며, 따라서 식은 다음과 같이 된다.

$$\sigma_p^2 = w_a^2 \sigma_a^2 + w_b^2 \sigma_b^2 + 2 w_a w_b \text{Cov}(r_a, r_b)$$

여기서 w는 가중치, σ^2는 분산, Cov는 공분산 행렬이다. 앞서 얻은 분산의 제곱근을 취하면 포트폴리오 표준편차를 얻을 수 있다. 즉, 포트폴리오 기대수익률이란 개별 수익률의 가중 평균이며 다음과 같이 나타낼 수 있다.

$$\sigma_p = \sqrt{\sigma_p^2}$$

위험-수익 사이의 관계를 시각화를 통해 살펴보자.

```
In [1]: import statsmodels.api as sm
        import numpy as np
        import plotly.graph_objs as go
        import matplotlib.pyplot as plt
        import plotly
        import warnings
        warnings.filterwarnings('ignore')
```

```
In [2]: n_assets = 5 ❶
        n_simulation = 500 ❷
```

```
In [3]: returns = np.random.randn(n_assets, n_simulation) ❸
```

```
In [4]: rand = np.random.rand(n_assets) ❹
        weights = rand/sum(rand) ❺

        def port_return(returns):
            rets = np.mean(returns, axis=1)
            cov = np.cov(rets.T, aweights=weights, ddof=1)
            portfolio_returns = np.dot(weights, rets.T)
            portfolio_std_dev = np.sqrt(np.dot(weights, np.dot(cov, weights)))
            return portfolio_returns, portfolio_std_dev ❻
```

```
In [5]: portfolio_returns, portfolio_std_dev = port_return(returns) ❼
```

```
In [6]: print(portfolio_returns)
        print(portfolio_std_dev) ❽

        0.012968706503879782
        0.023769932556585847
```

```
In [7]: portfolio = np.array([port_return(np.random.randn(n_assets, i))
                              for i in range(1, 101)])

In [8]: best_fit = sm.OLS(portfolio[:, 1], sm.add_constant(portfolio[:, 0]))\
                .fit().fittedvalues

In [9]: fig = go.Figure()
        fig.add_trace(go.Scatter(name='Risk-Return Relationship',
                                 x=portfolio[:, 0],
                                 y=portfolio[:, 1], mode='markers'))
        fig.add_trace(go.Scatter(name='Best Fit Line',
                                 x=portfolio[:, 0],
                                 y=best_fit, mode='lines'))
        fig.update_layout(xaxis_title = 'Return',
                          yaxis_title = 'Standard Deviation',
                          width=900, height=470)
        fig.show()
```

❶ 고려 대상 자산 개수
❷ 수행 시뮬레이션 횟수
❸ 수익률로 사용하는 정규분포에서 무작위 샘플 생성
❹ 가중치 계산을 위한 난수 생성
❺ 가중치 계산
❻ 기대 포트폴리오 수익률 및 포트폴리오 표준편차를 계산하는 데 사용되는 함수
❼ 함수 결과 호출
❽ 예상 포트폴리오 수익률 및 포트폴리오 표준편차의 결과 출력
❾ 함수를 100번 다시 실행
❿ 최적 적합선을 그리기 위해 선형 회귀를 실행
⓫ 시각화를 위한 대화형 도면 그리기

앞의 파이썬 코드로 생성된 그림 1-1은 위험과 수익이 함께 간다는 것을 보여주지만, 그 상관관계의 크기는 개별 주식과 금융 시장 상황에 따라 다르다.

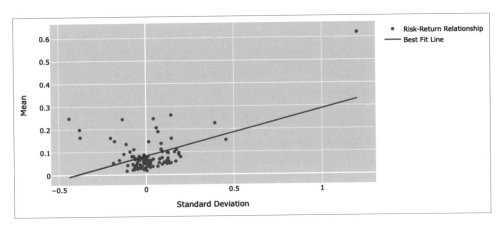

그림 1-1 위험-수익률 관계

위험 관리

재무 위험 관리는 금융 시장에서 발생할 수 있는 불확실성에 대처하기 위한 프로세스다. 재무 위기 관리에는 조직이 직면한 재정적 위험을 평가하고 내부 우선 순위와 정책과 일치하는 관리 전략을 개발하는 것이 포함된다(Horcher, 2011).

이 정의에 따르면 모든 조직은 서로 다른 다양한 유형의 위험에 직면하기 때문에 회사마다 위험을 처리하는 방식은 완전히 구분된다. 모든 회사는 위험에 대해 적절하게 평가하고 상응한 조치를 취해야 하다. 그러나 이 말은 위험이 식별되면 반드시 회사에서할 수 있는 한 최대한 완화해야 한다는 의미는 아니다.

따라서 위험 관리란 모든 비용을 감수하더라도 위험을 완화해야 한다는 것이 아니다. 위험을 완화하기 위해 수익을 희생해야 할 수도 있으며, 위험도가 낮다면 높은 수익을 추구하기 위해 일정 수준까지는 그 위험을 견딜 수도 있다. 따라서 위험을 낮추면서 이익을 극대화하는 것은 섬세하고도 잘 정의된 작업이어야 하다.

위험 관리에는 비용이 소요되며, 위험에 대처하려면 특정한 회사 정책이 필요하지만 위험 전략에 대한 일반적인 프레임워크를 수립하는 것도 가능하다.

무시^{Ignore}

이 전략에서는 기업은 모든 위험과 결과를 그대로 받아들이고 아무 대응도 하지 않는다.

전가^{Transfer}

이 전략은 헤지^{hedge}나 다른 방법을 통해 위험을 제3자에게 전가하는 것을 의미한다.[1]

완화^{Mitigate}

위험의 유해한 영향이 너무 커서 감당하기 힘들거나 위험이 그에 상응한 기대 이익을 초과한다면 기업은 위험을 완화하기 위한 전략을 개발해야 한다.

수용^{Accept}

기업이 위험을 수용하는 전략을 수용한다는 것은 그 위험을 적절하게 식별하고 위험의 이점을 인정한다는 의미이다. 즉, 어떤 활동에서 발생하는 특정 위험이 주주에게 가치를 가져다준다고 가정할 수 있다면 이 전략을 선택할 수 있다.

주 재무 위험

금융회사는 사업을 영위하면서 다양한 위험에 직면한다. 이러한 위험들은 좀 더 쉽게 식별하고 평가할 수 있도록 여러 범주로 나눌 수 있다. 이러한 주요 재무 위험 유형에는 시장 위험, 신용 위험, 유동성 위험, 운영 위험 등이 있으며, 이외에도 매우 다양한 위험이 있다. 그러나 이 책에서는 주요 재무 위험 유형에만 집중한다. 이러한 위험 범주를 살펴보자.

시장 위험

시장 위험은 금융 시장의 요인^{factors} 변화로 인해 발생하는 위험이다. 이를테면 금리가 인상되면 숏^{short} 포지션을 가진 회사에 나쁜 영향을 미칠 수 있다.

---

1 보험에 가입하는 것은 대표적인 위험 전가 방법 중 하나다. – 옮긴이

두 번째 예는 시장 위험 요인으로 바로 환율이다. 상품 가격이 미화 달러로 책정되는 국제 무역에 관련된 회사는 미화의 가치 변화에 크게 노출돼 있다. 짐작하듯 상품 가격의 변동은 회사의 재무 지속 가능성에 위협이 될 수 있다. 시장 참여자, 운송 비용 등을 포함해 상품 가격에 직접적인 영향을 미치는 많은 재무 요인이 있다.

신용 위험

신용 위험은 가장 만연한 위험 중 하나다. 이 위험은 상대방이 부채를 상환하지 못할 때 나타난다. 예를 들어 차용인이 지불 불능 상태가 되면 신용 위험이 실현된다. 신용도의 악화는 조직이 소유한 유가 증권의 시장 가치를 감소시켜 위험의 요인이 될 수 있다 (Horcher, 2011).

유동성 위험

유동성 위험은 금융 시장을 강타한 2007년~2008년 금융 위기까지는 간과해왔다. 금융 위기를 겪으며 비로소 유동성 위험에 대한 연구가 강화됐다. 유동성Liquidity은 투자자가 거래를 실행하는 속도와 용이성을 나타낸다. 이를 거래 유동성 위험Trading Liquidity Risk이라고도 한다. 유동성 위험의 다른 차원은 자금 조달 유동성 위험Funding Liquidity Risk으로, 회사 운영 자금을 조달하기 위해 현금이나 신용을 확보할 수 있는 능력으로 정의할 수 있다.

회사가 단기간 내에 자산을 현금화할 수 없는 경우 유동성 위험 범주에 해당하며 회사의 재무 관리와 평판에 상당히 해가 된다.

운영 위험

운영 위험 관리는 명확하거나 예측 가능한 작업이 아니며, 위험 자체가 복잡하고 그 내부적인 특성으로 인해 회사의 많은 자원을 소모한다.

다음과 같은 질문을 해볼 수 있다.

- 금융 회사는 어떻게 위험을 잘 관리할 수 있는가?
- 이 작업에 필요한 자원을 적절히 할당하고 있는가?

- 회사의 지속 가능성에 대한 위험의 중대성이 적절하게 측정됐나?

명칭에서 알 수 있듯 운영 위험은 회사나 해당 산업의 외부 사건 또는 해당 회사의 고유한 운영 작업이 그 회사의 일상적인 운영, 수익성 또는 지속 가능성에 위협이 될 때 발생한다. 운영 위험에는 사기 행위, 규정 또는 내부 절차 미준수, 교육 부족으로 인한 손실 등이 있다.

회사가 이러한 위험 중 하나 이상에 노출됐음에도 준비가 돼 있지 않다면 어떻게 될까? 비록 자주 발생하지는 않지만 역사적 사건을 통해 우리는 그 답을 알고 있다. 회사는 채무불이행을 일으키고 큰 재정적 붕괴에 빠지게 될 것이다.

금융 붕괴

위험 관리의 중요도는 어느 정도일까? 이 질문은 수백 페이지에 달하는 책으로 설명할 수도 있겠지만 사실 금융기관들에서 위험 관리의 중요성이 부상되는 것만 봐도 자명하다.

2007년~2008년 글로벌 금융 위기는 "위험 관리의 대실패"로 특징됐지만(Buchholtz and Wiggins, 2019), 사실 이는 빙산의 일각에 불과했다. 수많은 위험 관리 실패는 금융 시스템의 이러한 붕괴를 향한 문을 연 것이다. 이 붕괴를 이해하려면 과거의 재무 위험 관리 실패 사례를 살펴볼 필요가 있다. LTCM^{Long-Term Capital Management}이라는 헤지펀드는 금융 붕괴의 생생한 예를 보여준다.

LTCM은 학계와 업계의 최고 전문가들로 팀을 구성했다. 그 덕분에 회사로 대규모 자금이 유입돼 10억 달러로 거래를 시작했다. 1998년까지 LTCM은 1,000억 달러 이상을 관리했으며 러시아를 포함한 일부 신흥 시장으로부터 막대한 투자를 받았다.

러시아 채무불이행은 안전 자산 선호^{Flight to Quality} 현상[2]으로 인해 LTCM의 포트폴리오에 깊은 영향을 미쳤고 이로부터 심각한 타격을 받은 LTCM은 파산하게 된다(Bloomfield, 2003).

---

2   투자가들이 주식 등의 위험 자산을 멀리하고 대신 정부 발행 국채 등의 안전 자산을 매입하려는 대규모 집단 행동을 의미한다.

메탈게셀쉐프트^{MG, Metallgesellschaft}는 잘못된 재무 위험 관리로 인해 더 이상 존재하지 않게 된 또 다른 회사다. MG는 주로 가스와 석유 시장에서 활동했다. 투자 금액이 워낙 많았기 때문에 MG는 가스와 유가가 크게 하락하자 자금이 필요했다. 이에 당시 숏 포지션을 청산하면서 약 15억 달러의 손실이 발생했다.

아마란스 자문 회사^{AA, Amaranth Advisors}는 단일 시장에만 집중적으로 투자하고 그러한 투자 방법에서 발생할 수 있는 위험을 잘못 판단해 파산한 또 다른 헤지펀드다. 2006년까지 AA는 약 90억 달러에 이르는 운영 자산을 유치했지만 천연 가스 선물과 옵션의 하락으로 인해 자산의 거의 절반을 잃었다. AA의 파산은 떨어진 천연 가스 가격과 잘못된 위험 모델로부터 기인했다(Chincarini, 2008).

스툴츠^{Stulz}의 논문 〈위험 관리 실패: 무엇이고 언제 발생하는가?〉(2008)는 채무불이행을 초래할 수 있는 주요 위험 관리 실패를 다음과 같이 요약하고 있다.

- 알려진 위험에 대한 잘못된 측정

- 위험에 대한 고려 실패

- 최고 경영진에 위험에 관한 정보 전달 실패

- 위험 모니터링 실패

- 위험 관리 실패

- 적절한 위험 지표 사용 실패

따라서 글로벌 금융 위기가 규제 당국과 기관들이 재무 위험 권리를 재설계하게 만든 유일한 사건이었던 것은 아니다. 오히려 티끌을 모아 태산을 만드는 것처럼 여러 위기의 여파로 인해 규제 당국과 기관들 모두 학습한 교훈을 꾸준히 채택하고 프로세스를 개선해왔다. 결국 이러한 일련의 사건을 겪으면서 재무 위험 관리에 대한 노력이 증대됐다.

금융 위험 관리에서의 정보 비대칭

이론상으로는 직관적이지만 현대 금융 이론의 기초가 되는 '완전히 합리적인 의사결정자'라는 가정은 실현되기에는 불가능한 너무나 완벽한 조건일 뿐이다. 행동 경제학자들은 심리학이 의사결정 과정에서 핵심적인 역할을 한다고 주장하며 이러한 가정을 공격했다.

> "의사결정을 내리는 것은 일상 대화와 유사하다. 사람들은 알게 모르게 늘 의사결정을 한다. 따라서 의사결정이라는 주제가 수학과 통계, 경제학과 정치학, 사회학과 심리학에 이르기까지 수많은 학문 분야에서 공유되고 있다는 것은 놀라운 일이 아니다."
>
> – 카네만과 트버스키Kahneman and Tversky(1984)

자금 조달 비용과 기업 가치 평가는 정보 비대칭에 크게 영향을 받기 때문에 정보 비대칭과 재무 위험 관리는 동시에 진행된다. 즉, 회사 자산 평가의 불확실성은 차입 비용을 증가시켜 회사의 지속 가능성에 위협이 될 수 있다(DeMarzo and Duffie, 1995; Froot, Scharfstein and Stein, 1993).

따라서 앞서 설명한 실패의 뿌리는 합리적인 의사결정자가 살고 있는 완전한 가상의 세계로는 설명할 수 없을 정도로 깊다. 이 시점에서 인간의 본능과 불완전한 세계가 등장하며, 여러 학문을 같이 동원해야만 더 그럴듯한 정당성이 성립된다. 역선택과 도덕적 해이는 시장 실패를 설명해주는 두 가지 주요한 유형이다.

역선택

역선택은 한쪽이 정보상의 이점을 이용하려고 하는 일종의 비대칭 정보다. 역선택은 판매자가 구매자보다 더 많은 정보를 가지고 있을 때 발생한다. 이 현상은 에커로프Akerlof(1978)에 의해 '레몬 시장'이라는 비유로 완벽하게 구성됐다. 이 프레임워크 내에서 '레몬'은 품질이 낮은 상품을 의미한다.

저품질과 고품질의 자동차가 같이 있는 자동차 시장을 생각해보자. 구매자는 저품질의 차를 사게 될 가능성이 있음을 알고 있는데 이는 균형 가격을 낮추는 역할을 한다. 그러나 판매자는 차가 저품질인지 고품질인지 여부를 더 잘 알고 있다. 따라서 이 상황에서는 교환의 이익이 사라지고 거래가 일어나지 않을 수 있다.

그 복잡성과 불투명성 때문에 금융 위기 이전의 모기지 시장은 역선택의 좋은 예다. 채무자는 채권자보다 자신의 지불 의지 및 능력에 대해 더 잘 알고 있었다. 금융 위험은 대출(즉, 모기지 담보부 증권)의 유동화를 통해 발생했다. 즉 모기지론을 받은 당사자들은 이를 모기지 담보부 증권의 형태로 투자자에게 판매하는 사람들보다 위험에 대해 더 많이 알고 있었다.

이제 파이썬을 사용해 역선택을 모델링해보자. 역선택은 보험 산업에서 쉽게 관찰되므로 역선택 모델링을 위해 보험 산업에 초점을 맞추고자 한다.

소비자 효용함수가 다음과 같다고 가정하자.

$$U(x) = e^{\gamma x}$$

여기서 x는 소득이고 γ는 0과 1 사이의 값을 취하는 매개변수다.

 효용함수는 재화와 서비스에 대한 소비자의 선호도를 나타내는 데 사용되는 도구이며 위험– 회피적인 사람은 오목 형태로 나타난다.

이 예시의 궁극적인 목적은 소비자 효용을 기반으로 보험에 가입할지 여부를 결정하는 것이다. 예시를 위해 수입은 2달러, 사고의 비용은 1.5달러라고 가정하자.

이제 외생적으로 주어진 균등 분포 손실 확률 π를 계산할 차례다.

마지막 단계로 균형을 찾기 위해 보험 담보 범위에 대한 수요와 공급을 정의해야 한다. 다음 코드는 역선택을 모델링하는 방법을 보여준다.

```
In [10]: import matplotlib.pyplot as plt
         import numpy as np
         plt.style.use('seaborn')

In [11]: def utility(x):
             return(np.exp(x ** gamma)) ❶

In [12]: pi = np.random.uniform(0,1,20)
         pi = np.sort(pi) ❷

In [13]: print('The highest three probability of losses are {}'
               .format(pi[-3:])) ❸
         The highest three probability of losses are [0.834261 0.93542452
         0.97721866]

In [14]: y = 2
         c = 1.5
         Q = 5
         D = 0.01
         gamma = 0.4

In [15]: def supply(Q):
             return(np.mean(pi[-Q:]) * c) ❹

In [16]: def demand(D):
             return(np.sum(utility(y - D) > pi * utility(y - c) + (1 - pi)
                     * utility(y))) ❺

In [17]: plt.figure()
         plt.plot([demand(i) for i in np.arange(0, 1.9, 0.02)],
                 np.arange(0, 1.9, 0.02),
                 'r', label='insurance demand')
         plt.plot(range(1,21), [supply(j) for j in range(1,21)],
                 'g', label='insurance supply')
         plt.ylabel("Average Cost")
         plt.xlabel("Number of People")
         plt.legend()
         plt.show()
```

❶ 위험 회피 효용함수 작성
❷ 균등 분포에서 무작위 샘플 생성
❸ 마지막 세 항목 선택
❹ 보험 계약 공급함수 작성
❺ 보험 계약 수요함수 작성

그림 1-2는 보험 수요 공급 곡선을 보여준다. 놀랍게도 두 곡선 모두 우하향한다. 즉 더 많은 사람들이 계약을 요구하고 더 많은 사람들이 계약할수록 위험이 낮아져 계약 가격에 영향을 미친다.

직선은 보험 공급과 계약의 평균 비용을 나타내고, 다른 선은 계단식 하방경사를 보여주는데, 이는 보험 계약에 대한 수요를 나타낸다. 위험 고객에 대한 분석을 시작할 때 계약에 더 많은 사람이 추가될수록 위험 수준은 평균 비용과 함께 감소한다.

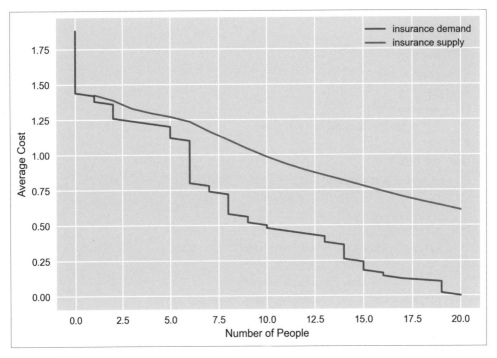

그림 1-2 역선택

도적적 해이

시장 실패도 비대칭 정보에서 비롯된다. 도덕적 해이[Moral Hazard], 상황에서는 계약의 한 당사자는 다른 당사자보다 더 많은 위험을 감수한다. 공식적으로 도덕적 해이는 정보를 더 많이 알고 있는 당사자가 마음대로 사적 정보를 이용해 다른 사람에게 손해를 입히는 상황으로 정의될 수 있다.

도덕적 해이를 더 잘 이해하기 위해 신용 시장의 간단한 예시를 들 수 있다. 기업 A가 자금 조달이 가능한 것으로 간주되는 프로젝트 자금 조달에 사용하기 위해 신용 대출을 요청한다고 가정하자. 기업 A가, 신용 대출을 해준 은행에 사전 통지 없이 그 대출금을 은행 C의 부채를 갚기 위해 사용한다면 도덕적 해이가 발생한다. 대출 배분 과정에서 은행이 직면할 수 있는 도덕적 해이 상황은 정보의 비대칭적 결과로 발생하며, 은행의 대출 의욕을 감소시키며, 이는 은행이 대출 배분 과정에 많은 노동력을 투입하는 이유 중 하나로 나타난다.

일부에서는 연준이 LTCM을 위해 수행한 구제 금융은 연준이 잘못인 줄 알면서도 계약을 체결하는 이른바 도덕적 해이로 간주될 수 있다고 주장한다.

결론

1장에서는 용어와 개념의 혼동을 피하기 위해 재무 위험 관리의 주요 개념을 제시했다. 이러한 용어와 개념은 이 책 전체에서 자주 사용된다. 또한 금융 대리인의 논거를 반박하는 행동적 접근 방식을 알아봄으로써 금융 위험의 원인을 설명할 수 있는 더욱 포괄적인 도구를 갖게 됐다.

2장에서는 대부분의 재무 데이터가 시간 차원을 가지고 있다는 점에서, 재무 분석의 주요 기초 중 하나인 시계열 접근 방식에 대해 설명한다. 시계열 처리를 위해서는 특별한 주의와 기술이 필요하다.

참고문헌

Akerlof, George A. 1978. "The Market for Lemons: Quality Uncertainty and the Market Mechanism." *Uncertainty in Economics*, 235-251. Academic Press.

Buchholtz, Alec, and Rosalind Z. Wiggins. 2019. "Lessons Learned: Thomas C. Baxter, Jr., Esq." *Journal of Financial Crises* 1, no. (1): 202-204.

Chincarini, Ludwig. 2008. "A Case Study on Risk Management: Lessons from the Collapse of Amaranth Advisors Llc." *Journal of Applied Finance* 18 (1): 152-74.

DeMarzo, Peter M., and Darrell Duffie. 1995. "Corporate Incentives for Hedging and Hedge Accounting." *The Review of Financial Studies* 8 (3): 743-771.

Froot, Kenneth A., David S. Scharfstein, and Jeremy C. Stein. 1993. "Risk Management: Coordinating Corporate Investment and Financing Policies." *The Journal of Finance* 48 (5): 1629-1658.

Harle, P., A. Havas, and H. Samandari. 2016. *The Future of Bank Risk Management*. McKinsey Global Institute.

Kahneman, D., and A. Tversky. 1984. "Choices, Values, and Frames. American Psychological Association." *American Psychologist*, 39 (4): 341-350.

Lommers, Kristof, Ouns El Harzli, and Jack Kim. 2021. "Confronting Machine Learning With Financial Research." Available at SSRN 3788349.

Markowitz H. 1952. "Portfolio Selection". *The Journal of Finance*. 7 (1): 177—91.

Stulz, Rene M. 2008. "Risk Management Failures: What Are They and When Do They Happen?" *Journal of Applied Corporate Finance* 20 (4): 39-48.

Bloomfield, S. 2013. *Theory and Practice of Corporate Governance: An Integrated Approach*. Cambridge: Cambridge University Press.

Horcher, Karen A. 2011. *Essentials of Financial Risk Management*. Vol. 32. Hoboken, NJ: John Wiley and Sons.

Hull, John. 2012. *Risk Management and Financial Institutions*. Vol. 733. Hoboken, NJ: John Wiley and Sons.

McNeil, Alexander J., Rüdiger Frey, and Paul Embrechts. 2015. *Quantitative Risk Management: Concepts, Techniques and Tools*, Revised edition. Princeton, NJ: Princeton University Press.

2장
시계열 모델링 소개

> 시장 행동은 통화 또는 주가에 대한 고빈도 매수 호가와 같은 대량의 과거 데이터를 사용해 조사된다. 풍부한 데이터는 시장에 대한 실증적 연구가 가능토록 해준다. 이에 대한 통제된 실험을 행할 수는 없지만 과거 데이터에 대해 광범위하게 테스트해볼 수는 있다.
>
> – 세르지오 포카르디Sergio Focardi(1997)

어떤 모델은 일부 현상을 더 잘 설명해준다. 특정 접근 방식은 사건의 특성을 충실하게 포착한다. 시계열 모델링이 그 좋은 예다. 대부분의 재무 데이터에는 시간 차원이 있으므로 시계열 애플리케이션은 재무에 필수 도구이기 때문이다. 간단히 말해 데이터의 순서와 그 상관관계가 중요하다.

2장은 고전적인 시계열 모델에 대해 알아보고 모델의 성능을 비교할 것이다. 딥러닝 기반의 시계열 분석은 3장에서 소개한다. 딥러닝 방식은 데이터 준비와 모델 구조 측면에서 완전히 다른 접근 방식이다. 고전적 모델에는 이동 평균MA, 자기회귀AR 그리고 자기회귀 통합 이동 평균ARIMA 모델 등이 있다. 이러한 모델에서의 공통점은 과거 관측치에 의해 전달되는 정보에 있다. 이러한 과거 관측치가 오류 항으로부터 얻은 경우에 이를 이동 평균이라고 한다. 이러한 관측값이 시계열 자체에서 나오는 경우에는 이를 자기회귀라고 한다. 다른 모델인 ARIMA는 이러한 모델을 확장한 것이다

다음은 브록웰과 데이비스Brockwell and Davis(2016)가 내린 시계열에 대한 공식적인 정의이다.

"시계열은 각각 특정 시간 t에 기록된 관측값 X_t의 집합이다. 이산 시계열…은 관측이 이뤄진 시간의 집합 T_0가 이산인 집합이다. 예를 들어 관측이 고정된 시간 간격으로 수행되는 경우다. 연속 시계열은 관찰이 일정 시간 구간에 걸쳐 연속적으로 기록될 때 얻게 된다."

시간 차원을 가진 데이터는 어떻게 보이는지 관찰해보도록 하자. 그림 2-1은 1980~2020년 기간 동안의 유가를 나타내는데, 다음 파이썬 코드는 이 도면을 생성하는 방법을 보여준다.

```python
In [1]: import quandl
        import matplotlib.pyplot as plt
        import warnings
        warnings.filterwarnings('ignore')
        plt.style.use('seaborn')

In [2]: oil = quandl.get("NSE/OIL", authtoken="insert you api token",
                         start_date="1980-01-01",
                         end_date="2020-01-01") ❶

In [3]: plt.figure(figsize=(10, 6))
        plt.plot(oil.Close)
        plt.ylabel('$')
        plt.xlabel('Date')
        plt.show()
```

❶ Quandl 데이터베이스에서 데이터 추출

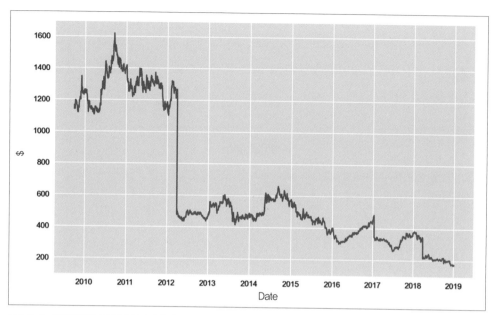

그림 2-1 1980년에서 2020년 사이의 유가

 API는 코드를 사용해 데이터를 검색하도록 설계된 도구다. 책 전반에 걸쳐 다양한 API를 사용할 것이다. 앞의 예제에서는 Quandl API가 사용됐다. Quandl API를 사용하면 Quandl 웹사이트에서 금융, 경제, 대체 데이터에 접근할 수 있다. Quandl API를 사용하려면 먼저 Quandl 웹사이트를 방문하고 필요한 단계에 따라 자신의 API 키를 얻어야 한다.

앞의 정의로부터 알 수 있듯 시계열 모델은 다음과 같은 다양한 영역에 적용할 수 있다.

- 의료

- 금융

- 경제

- 네트워크 분석

- 천문학

- 날씨

시계열 접근 방식의 우수성은 시간에 따른 관측치 사이의 상관관계가 현재 값을 더 잘 설명한다는 아이디어에서 비롯된다. 시간적 상관관계가 있는 구조의 데이터를 갖는 것은 많은 모델의 핵심 가정인 유명한 "동일하고 독립적으로 분포된^{IID}"라는 가정을 위반한다는 것을 의미한다.

IID의 정의

IID 가정을 통해 데이터의 결합 확률(joint probability)을 관측 확률의 곱으로 모델링할 수 있다. 프로세스 X_t는 평균이 0이고 분산이 σ^2인 IID라고 한다.

$$X_t \sim IID(0, \sigma^2)$$

따라서 시간적 상관관계로 인해 특정 시각 주가에 관한 역학은 자신의 과거 주가에 의해 더 잘 이해될 수 있다. 이러한 데이터의 역학은 어떻게 이해할 수 있을까? 이것이 바로 시계열 구성 성분을 정교화해 해결하고자 하는 질문이다.

시계열 구성 요소

시계열은 추세, 계절성, 주기성 그리고 잔차라는 네 가지 구성 요소를 가진다. 파이썬에서는 seasonal_decompose 함수를 사용해 시계열 구성 요소를 쉽게 시각화할 수 있다.

```
In [4]: import yfinance as yf
        import numpy as np
        import pandas as pd
        import datetime
        import statsmodels.api as sm
        from statsmodels.tsa.stattools import adfuller
        from statsmodels.tsa.seasonal import seasonal_decompose

In [5]: ticker = '^GSPC' ❶
        start = datetime.datetime(2015, 1, 1) ❷
        end = datetime.datetime(2021, 1, 1) ❷
        SP_prices = yf.download(ticker, start=start, end=end, interval='1mo')\
```

```
            .Close ❸
    [*******************100%*********************] 1 of 1 completed

In [6]: seasonal_decompose(SP_prices, period=12).plot()
        plt.show()
```

❶ S&P 500 시세 표시
❷ 시작 및 종료 날짜 식별
❸ S&P 500 종가 구하기

그림 2-2의 상단 패널에서 원시 데이터의 도면을 볼 수 있고, 두 번째 패널에서 상향 움직임을 보여주는 추세를 관찰할 수 있다. 세 번째 패널에서는 계절성을 보여주고 마지막으로 잔차가 불규칙한 변동을 나타낸다. 여기서 주기성 구성 요소는 어디에 있는지 궁금해질 것이다. 잡음과 주기성 성분은 잔차 성분 아래에 합산된다.

데이터의 특성을 이해하고 적합한 모델을 제안할 수 있도록 추가 분석을 위해서는 시계열 성분에 익숙해지는 것이 중요하다. 추세 구성 요소부터 시작해보자.

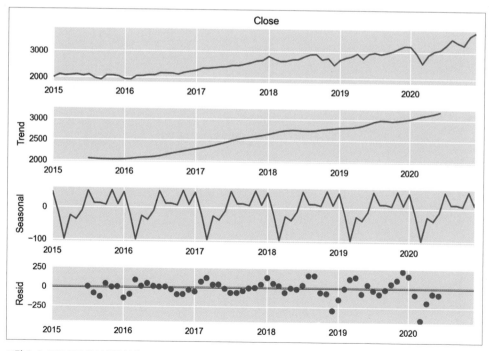

그림 2-2 S&P 500의 시계열 분해

추세

추세Trend는 주어진 기간 동안 증가 또는 감소하는 일반적인 경향을 나타낸다. 일반적으로 추세는 시작점과 끝점이 다르거나 시계열에서 상승/하향 기울기를 가질 때 나타난다. 다음 코드는 추세가 어떻게 보이는지 보여준다.

```
In [7]: plt.figure(figsize=(10, 6))
        plt.plot(SP_prices) ❶
        plt.title('S&P-500 Prices')
        plt.ylabel('$')
        plt.xlabel('Date')
        plt.show()
```

S&P 500 지수 가격이 급락한 기간을 제외하면 그림 2-3에서 보면 2010년과 2020년 사이에 분명한 상승 추세가 있음을 볼 수 있다.

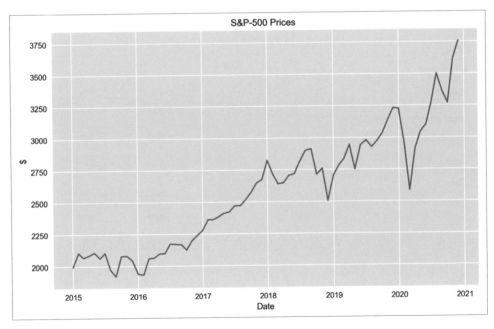

그림 2-3 S&P 500 지수

선 그림이 추세를 이해할 수 있는 유일한 옵션인 것은 아니다. 오히려 추세를 보는 데 사용할 수 있는 다른 강력한 도구가 있다. 따라서 이 시점에서 두 가지 중요한 통계 개념을 끄집어낼 필요가 있다.

- 자기상관함수

- 부분 자기상관함수

자기상관함수^{ACF}는 시계열의 현재 값과 그로부터 지연^{lagged} 값 사이의 관계를 분석하는 통계 도구다. ACF를 그래프로 나타내면 시계열에서 계열 종속성을 쉽게 관찰할 수 있다.

$$\hat{\rho}(h) = \frac{\mathrm{Cov}(X_t, X_{t-h})}{\mathrm{Var}(X_t)}$$

그림 2-4는 ACF 그림을 보여준다.

수직선은 상관계수를 나타낸다. 첫 번째 선은 시차가 0인 계열의 상관관계 즉 자기 자신과의 상관관계다. 두 번째 선은 시간 $t-1$과 t 사이의 계열 상관관계를 나타낸다. 이렇게 보면 S&P 500이 계열 의존성을 보인다는 결론을 내릴 수 있다. ACF 도면에서 선으로 표시되는 상관계수가 천천히 감소하므로 현재 값과 S&P 500 데이터의 지연 값 사이에는 강한 의존성이 있는 것으로 보인다.

다음은 파이썬에서 ACF를 그리는 방법이다.

```
In [8]: sm.graphics.tsa.plot_acf(SP_prices, lags=30) ❶
        plt.xlabel('Number of Lags')
        plt.show()
```

❶ ACF 도식화

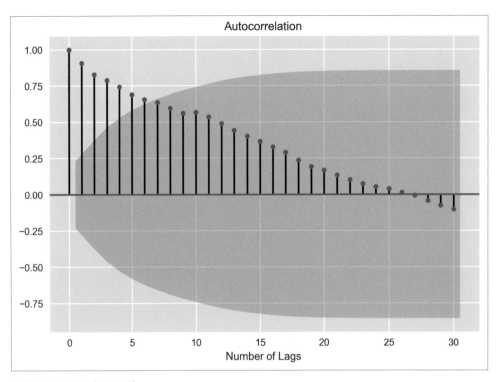

그림 2-4 S&P 500의 ACF 그림

이제 문제는 자기상관의 가능성을 가진 원인이 무엇이냐는 것이다.

다음은 몇 가지 원인이다.

- 자기상관의 주 원인은 '이월^{carryover}'이다. 즉 앞서의 관측치가 현재 관측치에 영향을 미치는 것이다.

- 잘못된 모델 지정

- 기본적으로 관측치와 실제 값 차이인 측정 오차

- 설명력이 있는 변수의 누락

부분 자기상관함수^{PACF}는 X_t와 X_{t-p}, $p \in \mathbb{Z}$ 간의 관계를 조사하는 또 다른 방법이다. 일반적으로 PACF는 빠르게 감쇠하지 않으면서 0에 가까워지기 때문에 MA(q) 모델에서는 ACF가 유용한 도구로 간주된다. 그러나 ACF의 패턴은 MA에 더 적합한다. 반면 PACF는 AR(p) 프로세스와 잘 작동한다.

PACF는 시계열의 현재 값과 지연 값 사이의 상관관계에 대한 정보를 제공해 다른 상관관계를 통제한다. 무슨 의미인지 단번에 파악하기는 쉽지 않을 것이다. 예를 들어보자. X_t와 X_{t-h} 사이의 부분상관관계를 계산한다고 가정하자.

수학식으로 나타내면 다음과 같다.

$$\hat{\rho}(h) = \frac{\text{Cov}\left(X_t, X_{t-h} \mid X_{t-1}, X_{t-2} \cdots X_{t-h-1}\right)}{\sqrt{\text{Var}\left(X_t \mid X_{t-1}, X_{t-2}, \ldots, X_{t-h-1}\right) \text{Var}\left(X_{t-h} \mid X_{t-1}, X_{t-2}, \ldots, X_{t-h-1}\right)}}$$

여기서 h는 지연이다. 다음은 S&P 500의 PACF 도면에 대한 파이썬 코드다.

```
In [9]: sm.graphics.tsa.plot_pacf(SP_prices, lags=30)
        plt.xlabel('Number of Lags')
        plt.show()
```

❶ PACF 도식화

그림 2-5는 원시 S&P 500 데이터의 PACF를 보여준다. PACF를 해석할 때는, 신뢰구간을 나타내는 어두운 영역 외부의 돌출에 초점을 맞춘다. 그림 2-5는 일부 지연점에서 돌출점이 보이지만 지연 10은 신뢰구간 밖에 있다. 따라서 지연 10까지의 모든 지연을 포함하도록 지연이 10인 모델을 선택하는 것이 좋을 수 있다. 설명한 것처럼 PACF는 중간 효과를 분리하는 방식으로 계열의 현재 값과 지연 값 간의 상관관계를 측정한다.

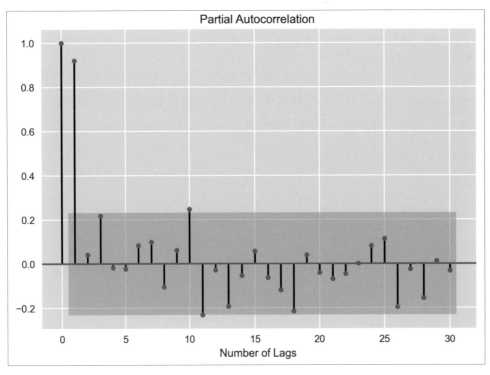

그림 2-5 S&P의 PACF 도면

계절성

계절성은 주어진 주기 동안 규칙적인 변화가 있는 경우 존재한다. 예를 들어, 에너지 사용량은 계절적 특성을 보여준다. 더 구체적으로 말하자면 에너지 사용량은 1년 중 특정 기간 동안 증가하거나 감소한다.

계절성 요소를 탐지하는 방법을 보여주기 위해 은행, 고용, 환율, 국내 총생산, 금리, 무역 및 국제 거래 등에 관한 FRED^Federal Reserve Economic Database의 데이터를 사용한다.

```
In [10]: from fredapi import Fred
         import statsmodels.api as sm

In [11]: fred = Fred(api_key='insert you api key')
```

```
In [12]: energy = fred.get_series("CAPUTLG2211A2S",
                                   observation_start="2010-01-01",
                                   observation_end="2020-12-31") ❶
         energy.head(12)
Out[12]: 2010-01-01    83.7028
         2010-02-01    84.9324
         2010-03-01    82.0379
         2010-04-01    79.5073
         2010-05-01    82.8055
         2010-06-01    84.4108
         2010-07-01    83.6338
         2010-08-01    83.7961
         2010-09-01    83.7459
         2010-10-01    80.8892
         2010-11-01    81.7758
         2010-12-01    85.9894
         dtype: float64

In [13]: plt.plot(energy)
         plt.title('Energy Capacity Utilization')
         plt.ylabel('$')
         plt.xlabel('Date')
         plt.show()
In [14]: sm.graphics.tsa.plot_acf(energy, lags=30)
         plt.xlabel('Number of Lags')
         plt.show()
```

❶ 2010~2020년 기간 동안 FRED의 에너지 용량 효율에 접근

그림 2-6을 보면 에너지 이용 효율은 약 10년에 걸쳐 주기적으로 연초에 상승하고 연
말로 갈수록 하락하는 모습을 보여준다. 이는 에너지 이용 효율에 계절성이 있음을 확
인시켜준다.

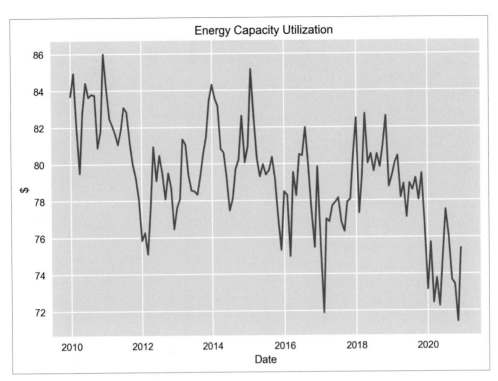

그림 2-6 에너지 용량 효율성의 계절성

ACF 도면을 그려 봐도 주기적인 상승과 하락을 관찰할 수 있으므로 계절성에 대한 정보를 얻을 수도 있다. 그림 2-7은 계절성이 존재할 때의 상관관계 구조를 보여준다.

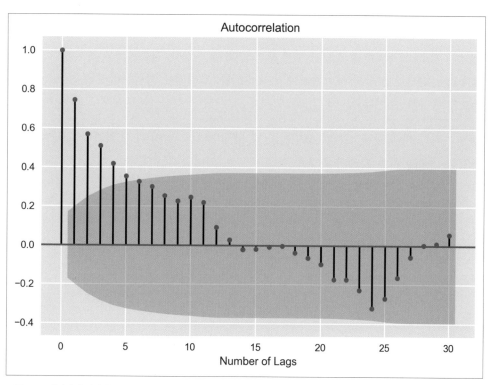

그림 2-7 에너지 용량 활용의 ACF

주기성

데이터가 고정된 주기의 움직임을 보이지 않으면 어떻게 될까? 이 시점에서 주기성이 나타난다. 주기성^{cyclicality}은 추세보다 높은 주기적 변동이 나타날 때 존재한다. 어떤 사람들은 둘 다 팽창과 수축을 나타낸다는 의미에서 주기성과 계절성을 혼동한다. 그러나 주기성은 순환을 완료하는 데 오랜 시간이 걸리고 그 기복이 긴 시간에 걸쳐 있는 비즈니스 사이클에 비유할 수 있다. 따라서 주기성은 변동이 고정된 기간이 아니라는 점에서 계절성과 다르다. 주기성의 예로는 모기지 이자율에 따른 주택 구입(또는 판매)을 들 수 있다. 즉, 모기지 금리가 인하(또는 인상)되면 주택 구매(또는 판매)가 증가한다.

잔차

잔차[Residual]는 시계열의 불규칙한 구성 요소로 알려져 있다. 기술적으로 말하자면 잔차란 관측치와 연관된 적합치 사이의 차이와 같다. 즉, 모델에서 적합화하지 못하고 남은 부분으로 생각할 수 있다.

앞서 논의한 바와 같이 시계열 모델에는 몇 가지 핵심 가정이 빠져 있지만, 그렇다고 시계열 모델에는 가정 자체가 없다는 것을 반드시 의미하지는 않는다. 이 중 가장 중요한 하나를 강조하고 싶은데, 바로 정상성[Stationarity]이다.

정상성은 시계열의 평균, 분산, 공분산과 같은 통계적 속성이 시간이 지남에 따라 변하지 않는 것을 의미한다.

정상성에는 두 가지 형태가 있다.

약한 정상성

시계열 X_t는 다음과 같은 경우 정상성이라고 한다.

- X_t는 유한 분산, X_t를 가진다. $\mathbb{E}(X_t^2) < \infty, \forall t \in \mathbb{Z}$

- X_t의 평균 값은 일정하며 시간에만 종속된다. $\mathbb{E}(X_t^2) = \mu, t \forall \in \mathbb{Z}$

- 공분산 구조 $\gamma(t, t+h)$는 시간차에만 종속된다.

$$\gamma(h) = \gamma_h + \gamma(t+h, t)$$

즉, 시계열은 평균이 일정한 유한 분산과 시간차의 함수인 공분산 구조를 가져야 한다.

강한 정상성

$X_{t1}, X_{t2}, \ldots X_{tk}$의 결합분포가 그의 이동한 버전인 $X_{t1+h}, X_{t2+h}, \ldots X_{tk+h}$와 동일할 경우 강한 정상성이라고 한다. 따라서 정상성이 강하다는 것은 랜덤 프로세스의 랜덤변수 분포가 시간-인덱스를 이동한 것과 동일함을 의미한다.

문제는 왜 우리에게 정상성이 필요한가다. 그 이유는 두 가지다.

첫째, 추정 과정에서 시간이 흐름에 따라 어느 정도 분포를 갖는 것이 필수적이다. 즉, 시계열의 분포가 시간이 흐름에 따라 변경되면 예측이 불가능하게 되므로 모델링할 수 없게 된다.

시계열 모델의 궁극적인 목표는 예측이다. 예측을 위해서는 먼저 ML에의 학습에 해당하는 계수를 추정해야 한다. 일단 예측 분석을 학습하고 수행하면 추정한 데이터 분포가 같은 추정 계수를 가지며 동일하게 유지된다고 가정한다. 그렇지 않다면 이전에 추정된 계수로는 예측할 수 없기 때문에 계수를 다시 추정해야 한다.

금융 위기와 같은 구조적 붕괴가 발생하면 분포의 변화가 발생한다. 이 시기는 조심스럽게 그리고 별도로 살펴봐야 한다.

정상성이 필요한 또 다른 이유는 가정에 따라 일부 통계 모델에서 정상성 데이터가 필요하지만, 그 모델에서 오로지 정상적 데이터만 필요하다는 의미는 아니다. 오히려 모든 모델에는 정상성이 필요하지만, 모델에 비정상 데이터를 제공하더라도 일부 모델은 설계에 의해 이를 정상 데이터로 변환해 처리한다.

그림 2-4는 시계열의 지연 사이에 높은 상관관계가 지속되기 때문에 비정상에 해당하는 천천히 감소하는 지연을 보여준다.

비정상성을 감지하는 방법에는 대개 시각화와 통계적 방법 이 두 가지가 있다. 물론 후자는 비정상성을 감지하는 더 우수하고 강력한 방법이다. 그러나 이해를 돕기 위해 ACF부터 시작해보자. 천천히 감소하는 ACF는 시간에 따른 강한 상관관계를 나타내기 때문에 데이터가 비정상성을 의미한다. 그것이 S&P 500 데이터에서 관찰된 것이다.

먼저 데이터가 정상인지 아닌지 확인해야 한다. 시각화도 이 작업에 쓸 수 있지만 궁극적으로는 부적절한 도구다. 대신 더 강력한 통계적 방법이 필요하며 ADF^Augmented Dickey-Fuller 테스트가 바로 그 방법이다.

신뢰구간을 95%로 설정했다고 가정하면 다음 결과는 데이터가 정상성이 아님을 나타낸다.

```
In [15]: stat_test = adfuller(SP_prices)[0:2] ❶
         print("The test statistic and p-value of ADF test are {}"
             .format(stat_test)) ❷
The test statistic and p-value of ADF test are (0.030295120072926063,
    0.9609669053518538)
```

❶ ADF 정상성 테스트
❷ ADF 검정의 통계량 및 p-값

차분을 취하는 것은 정상성을 제거하는 효율적인 기술이다. 이는 단지 첫 번째 지연 값을 계열의 현재 값에서 빼는 것, 즉 $x_t - x_{t-1}$을 의미하며 다음 파이썬 코드는 이 기술을 적용하는 방법을 보여준다(코드에서 그림 2-8과 2-9 생성).

```
In [16]: diff_SP_price = SP_prices.diff() ❶

In [17]: plt.figure(figsize=(10, 6))
         plt.plot(diff_SP_price)
         plt.title('Differenced S&P-500 Price')
         plt.ylabel('$')
         plt.xlabel('Date')
         plt.show()
In [18]: sm.graphics.tsa.plot_acf(diff_SP_price.dropna(),lags=30)
         plt.xlabel('Number of Lags')
         plt.show()
In [19]: stat_test2 = adfuller(diff_SP_price.dropna())[0:2] ❷
         print("The test statistic and p-value of ADF test after differencing are {}"\
             .format(stat_test2))
The test statistic and p-value of ADF test after differencing are
    (-7.0951058730170855, 4.3095548146405375e-10)
```

❶ S&P 500 지수 차이를 구하기
❷ 차분화한 S&P 500 데이터를 기반으로 한 ADF 검정 결과

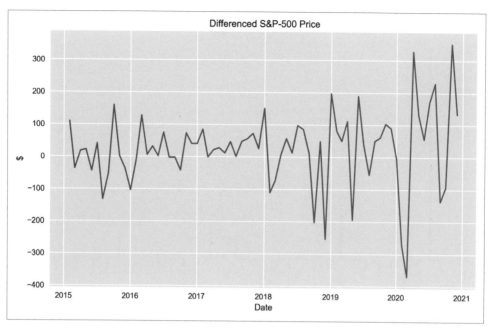

그림 2-8 추세를 없앤 S&P 500 지수

1차 차분을 취한 후 ADF 검정을 다시 실행해 작동 여부를 확인해보자. 그렇다. 작동한다. ADF의 매우 낮은 p-값은 S&P 500 데이터가 현재 정상 상태임을 나타낸다. 이는 그림 2-8의 선 그림에서도 관찰할 수 있다. 원시 S&P 500 그래프와 달리 이 그래프는 변동성이 유사한 평균 주변의 변화를 보여주므로 정상 계열이다.

그림 2-9는 지연 7에서 통계적으로 유의한 상관 구조가 하나만 있음을 보여준다.

말할 필요도 없이, 추세가 비정상성의 유일한 지표는 아니다. 계절성은 비정상성의 또 다른 원인이며, 이제 계절성을 다루는 방법을 알아보자.

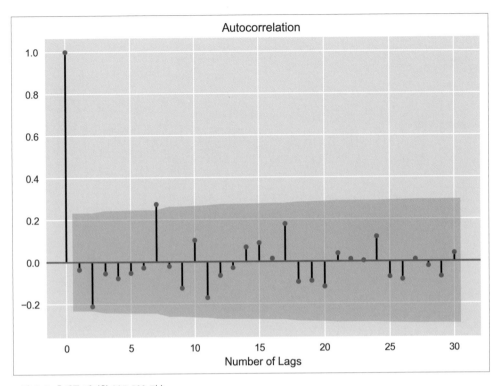

그림 2-9 추세를 제거한 S&P 500 지수

먼저 그림 2-7에서 에너지 용량 효율의 ACF를 살펴보자. 그림 2-7은 비정상성의 신호인 주기적인 상승과 하락을 보여준다. 계절성을 없애기 위해 먼저 resample 메서드를 적용해 다음 공식에서 분모로 사용할 연간 평균을 계산한다.

$$\text{계절 지수} = \frac{\text{계절 시계열 값}}{\text{계절 평균}}$$

따라서 이를 적용한 계절 지수는 계절화성이 제거된 시계열을 제공한다. 다음 코드는 파이썬에서 이 공식을 코딩하는 방법을 보여준다.

```
In [20]: seasonal_index = energy.resample('Q').mean() ❶
```

```
In [21]: dates = energy.index.year.unique() ❷
         deseasonalized = []
```

```
        for i in dates:
            for j in range(1, 13):
                deseasonalized.append((energy[str(i)][energy[str(i)]\
                                                    .index.month==j])) ❸
        concat_deseasonalized = np.concatenate(deseasonalized) ❹
In [22]: deseason_energy = []
        for i,s in zip(range(0, len(energy), 3), range(len(seasonal_index))):
            deseason_energy.append(concat_deseasonalized[i:i+3] /
                                    seasonal_index.iloc[s]) ❺
        concat_deseason_energy = np.concatenate(deseason_energy)
        deseason_energy = pd.DataFrame(concat_deseason_energy,
                                        index=energy.index)
        deseason_energy.columns = ['Deaseasonalized Energy']
        deseason_energy.head()
Out[22]:           Deaseasonalized Energy
        2010-01-01              1.001737
        2010-02-01              1.016452
        2010-03-01              0.981811
        2010-04-01              0.966758
        2010-05-01              1.006862


In [23]: sm.graphics.tsa.plot_acf(deseason_energy, lags=10)
        plt.xlabel('Number of Lags')
        plt.show()
In [24]: sm.graphics.tsa.plot_pacf(deseason_energy, lags=10)
        plt.xlabel('Number of Lags')
        plt.show()
```

❶ 분기별 에너지 이용 평균 계산
❷ 계절성 분석을 수행하는 연도 정의
❸ 계절 지수 공식의 분자 계산
❹ 계절성을 없앤 에너지 이용 연결
❺ 미리 정의된 공식을 사용해 계절 지수 계산

그림 2-10은 지연 1과 2에서 통계적으로 유의한 상관관계가 있음을 시사하지만 ACF는 주기적인 특성을 나타내지 않는다. 이는 계절성이 제거됐음을 알 수 있는 또 다른 방법이다.

이와 유사하게, 그림 2-11에서는 일부 지연에서 돌출선이 있지만 PACF는 주기적인 상승이나 하락을 나타내지 않는다. 따라서 데이터에 계절 지수 공식을 적용해 계절성이 제거됐다고 말할 수 있다.

이제 에너지-용량 이용도가 덜 주기적으로 오르락내리락하는 데이터를 가지게 됐다. 즉, 데이터의 계절화성이 제거된 것으로 나타난다.

마지막으로 시계열 모델에 대해 설명할 준비가 됐다.

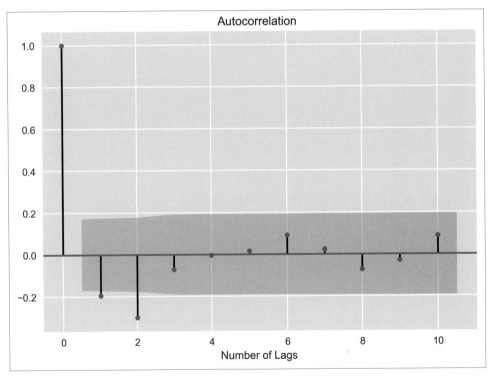

그림 2-10 에너지 이용의 계절성이 제거된 ACF

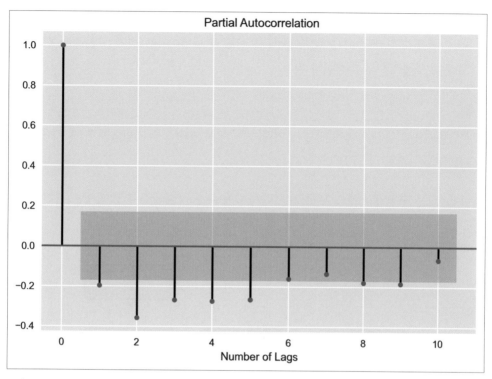

그림 2-11 에너지 이용의 계절성이 제거된 PACF

시계열 모델

전통적인 시계열 모델은 일변량 모델이며 다음 단계를 따른다.

식별

이 과정에서 ACF와 PACF를 사용해 데이터를 탐색하고 패턴을 식별하고 통계 검정을 수행한다.

추정

적절한 최적화 기술을 통해 계수를 추정한다.

진단

추정 후에 정보 기준이나 ACF/PACF를 사용해 모델이 유효한지 확인해야 한다. 유효하다면 예측 단계로 넘어간다.

예측

이 부분은 모델의 성능에 관한 것이다. 예측에서는 추정을 기반으로 미래 가치를 예상한다.

그림 2-12는 모델링 과정을 보여준다. 따라서 변수를 식별하고 추정 과정을 거친 후 모형을 실행한다. 적절한 진단을 실행한 후에야 예측 분석을 수행할 수 있다.

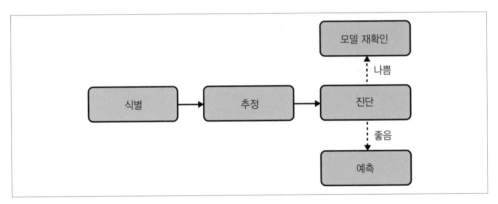

그림 2-12 모델링 과정

시간 차원을 가진 데이터를 모델링할 때는 인접한 시점의 상관관계를 고려해야 한다. 이 고려 사항으로 인해 시계열 모델링이 필요하다. 시계열 모델링의 목표는 모델을 적합화하고 시간에 따라 무작위로 변동하는 시계열의 통계적 특성을 이해하는 것이다. 가장 기본적인 시계열 모델이며, 종종 백색 잡음이라고도 부르는 IID 프로세스에 관한 설명을 상기해보라. 백색 잡음의 개념을 알아보자.

백색 잡음

시계열 ϵ_t가 다음을 만족하는 경우 백색 잡음이라고 한다.

$$\epsilon_t \sim WN\left(0, \sigma_\epsilon^2\right)$$

$$\text{Corr}(\epsilon_t, \epsilon_s) = 0, \forall t \neq s$$

즉, ϵ_t는 평균이 0이고 분산이 일정하다. 또한 ϵ_t의 연속적인 항들 사이에는 상관관계가 없다. 통상 백색 잡음 과정은 정상성이며 백색 잡음의 도면은 시간에 따라 무작위 형태로 평균 주변에서 변동된다고 표현한다. 그러나 백색 잡음은 상관관계가 없는 시퀀스에 의해 형성되므로 예측의 관점에서는 매력적인 모델이 아니다. 상관되지 않은 시퀀스는 미래 값을 예측하는 것을 방해한다.

다음 코드와 그림 2-13에서 볼 수 있듯이 백색 잡음은 평균 주위에서 진동하며 완전히 불규칙하다.

```
In [25]: mu = 0
         std = 1
         WN = np.random.normal(mu, std, 1000)

         plt.plot(WN)
         plt.xlabel('Number of Simulations')
         plt.show()
```

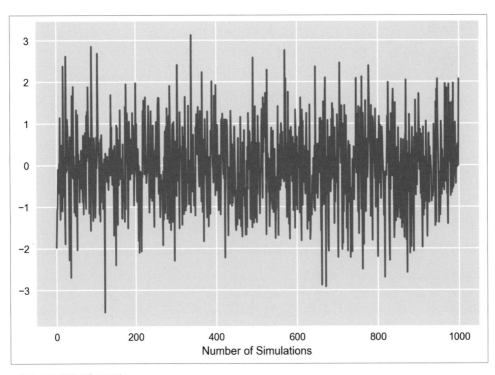

그림 2-13 백색 잡음 프로세스

이제 시계열 모델을 실행하기 전에 최적의 지연 수를 알아내야 한다. 짐작하듯 최적의 지연 수를 찾는 것은 어려운 작업이다. 가장 널리 사용되는 방법은 ACF, PACF 그리고 정보 기준이다.

ACF와 PACF는 이미 알아봤다. 정보 기준, 특히 아카이케^Akaike 정보 기준^AIC에 대한 자세한 내용은 다음 메모를 참조하라.

정보 기준

최적의 지연 수를 결정하는 것은 번거로운 작업이다. 잠재적으로 여러 좋은 모델이 있을 수 있으므로 데이터에 가장 적합한 모델을 결정하기 위한 기준이 필요하다. 카바노프와 니스(Cavanaugh and Neath(2019))는 AIC를 다음과 같이 설명한다.

> "AIC는 최대 우도 원칙의 확장으로 도입됐다. 모델의 구조와 차원이 정해지면 모델의 매개변수를 추정하기 위해 일반적으로 최대 우도가 적용된다."

AIC는 수학적으로 다음과 같이 정의할 수 있다.

$$AIC = -2\ln(최대 우도) + 2d$$

여기서 d는 매개변수의 총 수다.

마지막 항인 $2d$는 과적합의 위험을 줄이는 것을 목표로 한다. 이항은 또 한 모델의 불필요한 중복을 걸러낼 수 있는 페널티 항이라고도 한다.

베이즈 정보 기준(BIC)은 최상의 모델을 선택하는 데 사용되는 또 다른 정보 기준이다. BIC의 페널티 항은 AIC의 페널티 항보다 크다.

$$BIC = -2\ln(최대 우도) + \ln(n)d$$

여기서 n은 관측치의 수다.

제시된 모델이 유한 차원인 경우라면 AIC를 주의해서 다뤄야 한다. 이 사실은 허비치와 사이[Hurvich and Tsai](1989)가 잘 설명했다.

> "참 모델이 무한 차원인 경우 실제로 가장 현실적인 경우 AIC는 점근적으로 모델을 근사하는 유한 차원의 효율적 선택이다. 그러나 참 모델이 유한 차원인 경우 아카이케의 FPE(Akaike, 1970), AIC, 파르젠(Parzen)의 CAT(Parzen, 1977)과 같은 점근적으로 효율적인 방법은 일관된 모델 차수 선택을 제공하지 않는다."

이동 평균 모델을 사용해 전통적인 시계열 모델부터 살펴보자.

이동 평균 모형

MA와 잔차는 밀접하게 관련된 모형이다. MA는 잔차의 지연 값을 고려하는 경향이 있으므로 평활 모델로 간주될 수 있다. 편의상 MA(1)부터 시작하자.

$$X_t = \epsilon_t + \alpha\epsilon_{t-1}$$

$\alpha \neq 0$이 아니라면 적지 않은 상관 구조를 갖는다. 직관적으로 MA(1)은 시계열이 ϵ_t와 ϵ_{t-1}에 의해서만 영향을 받았음을 알려준다.

일반적으로 MA(q)는 다음과 같다.

$$X_t = \epsilon_t + \alpha_1\epsilon_{t-1} + \alpha_2\epsilon_{t-2}\cdots + \alpha_q\epsilon_{t-q}$$

지금부터 일관성을 위해 애플과 마이크로소프트라는 두 주요 기술 회사의 데이터를 모델링한다.

야후 파이낸스는 2019년 1월 1일부터 2021년 1월 1일까지 관련 주식의 종가를 확인할 수 있는 편리한 도구를 제공해준다.

첫 단계로 결측값을 삭제하고 데이터가 정상인지 확인했는데 애플이나 마이크로소프트의 주가는 모두 예상대로 정상성 구조를 갖지 않는 것으로 나타났다. 따라서 이 단계에서는 이러한 데이터를 정상성으로 만들기 위해 1차 차분을 취하고 데이터를 훈련과 테스트로 분할한다. 다음 코드(그림 2-14 생성)는 파이썬에서 이를 수행하는 방법을 보여준다.

```
In [26]: ticker = ['AAPL', 'MSFT']
         start = datetime.datetime(2019, 1, 1)
         end = datetime.datetime(2021, 1, 1)
         stock_prices = yf.download(ticker, start, end, interval='1d')\
                        .Close ❶
[**********************100%**********************] 2 of 2 completed

In [27]: stock_prices = stock_prices.dropna()

In [28]: for i in ticker:
             stat_test = adfuller(stock_prices[i])[0:2]
```

```
         print("The ADF test statistic and p-value of {} are {}"\
               .format(i,stat_test))
    The ADF test statistic and p-value of AAPL are (0.29788764759932335,
     0.9772473651259085)
    The ADF test statistic and p-value of MSFT are (-0.8345360070598484,
     0.8087663305296826)


In [29]: diff_stock_prices = stock_prices.diff().dropna()


In [30]: split = int(len(diff_stock_prices['AAPL'].values) * 0.95) ❷
         diff_train_aapl = diff_stock_prices['AAPL'].iloc[:split] ❸
         diff_test_aapl = diff_stock_prices['AAPL'].iloc[split:] ❹
         diff_train_msft = diff_stock_prices['MSFT'].iloc[:split] ❺
         diff_test_msft = diff_stock_prices['MSFT'].iloc[split:] ❻


In [31]: diff_train_aapl.to_csv('diff_train_aapl.csv') ❼
         diff_test_aapl.to_csv('diff_test_aapl.csv')
         diff_train_msft.to_csv('diff_train_msft.csv')
         diff_test_msft.to_csv('diff_test_msft.csv')


In [32]: fig, ax = plt.subplots(2, 1, figsize=(10, 6))
         plt.tight_layout()
         sm.graphics.tsa.plot_acf(diff_train_aapl,lags=30,
                                  ax=ax[0], title='ACF - 애플')
         sm.graphics.tsa.plot_acf(diff_train_msft,lags=30,
                                  ax=ax[1], title='ACF - 마이크로소프트')
         plt.show()
```

❶ 월별 종가 검색
❷ 데이터를 95% 및 5%로 분할
❸ 애플 주가 데이터의 95%를 훈련 집합에 할당
❹ 테스트 집합에 애플 주가 데이터의 5% 할당
❺ 마이크로소프트 주식 가격 데이터의 95%를 훈련 집합에 할당
❻ 테스트 집합에 마이크로소프트 주가 데이터의 5% 할당
❼ 향후 사용을 위해 데이터 저장

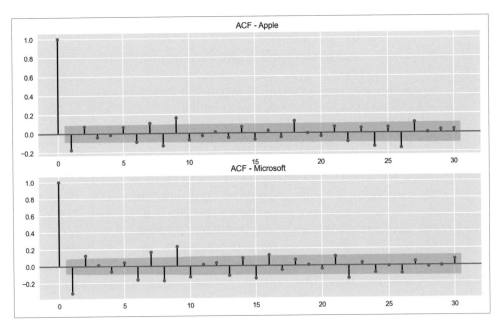

그림 2-14 1차 차분 후 ACF

그림 2-14의 상단 패널을 보면 일부 지연에서 상당한 돌파선이 있음을 알 수 있으므로 애플의 경우 짧은 MA 모델에 대해 지연 9를 선택하고 긴 MA 모델에 대해 22를 선택한다. 이는 MA 모델링에서 9차가 단기 차수가 되고 22가 장기 차수가 될 것임을 의미한다.

```
In [33]: short_moving_average_appl = diff_train_aapl.rolling(window=9).mean() ❶
         long_moving_average_appl = diff_train_aapl.rolling(window=22).mean() ❷
```

```
In [34]: fig, ax = plt.subplots(figsize=(10, 6))
         ax.plot(diff_train_aapl.loc[start:end].index,
                 diff_train_aapl.loc[start:end],
                 label='Stock Price', linestyle='--') ❸
         ax.plot(short_moving_average_appl.loc[start:end].index,
                 short_moving_average_appl.loc[start:end],
                 label = 'Short MA', linestyle='solid') ❹
         ax.plot(long_moving_average_appl.loc[start:end].index,
                 long_moving_average_appl.loc[start:end],
                 label = 'Long MA', linestyle='solid') ❺
         ax.legend(loc='best')
         ax.set_ylabel('Price in $')
```

```
ax.set_title('Stock Prediction-애플')
plt.show()
```

❶ 애플 주식에 대한 단기 윈도우의 이동 평균
❷ 애플 주식에 대한 장기 윈도우의 이동 평균
❸ 1차 차분 애플 주가의 선 그림
❹ 애플의 단기 윈도우 MA 결과 시각화
❺ 애플의 장기 윈도우 MA 결과 시각화

그림 2-15는 단기 MA 모델 결과를 실선으로 표시하고 장기 MA 모델 결과를 점선으로
표시한다. 예상대로 단기 MA는 장기 MA보다 애플 주가의 일변화에 더 민감하게 반응
하는 경향이 있는 것으로 나타났다. 이 경향은 긴 MA를 고려할 때 더 부드러운 예측이
생성된다는 것을 감안하면 상식에 부합한다.

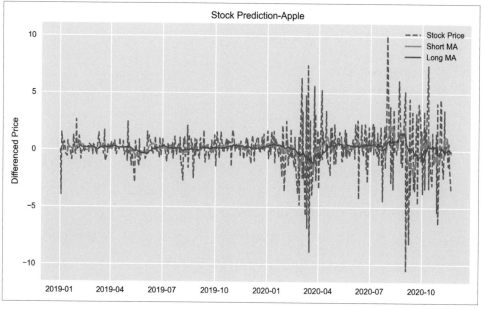

그림 2-15 애플의 MA 모델 예측 결과

다음 단계에서는 서로 다른 윈도우를 사용한 MA 모델을 이용해 마이크로소프트의 주
가를 예측해본다. 그러나 그 전에 MA 분석에 사용할 적절한 길이의 창을 선택하는 것이
좋은 모델링의 핵심이라고 말해주고 싶다. 그림 2-14의 하단 패널에서 2와 22에서 상

당한 돌파점이 있는 것으로 보이므로 단기 및 장기 MA 분석에서 각각 이러한 지연을 사용할 것이다. 윈도우 길이를 식별했으면, 다음 애플리케이션을 사용해 데이터를 MA 모델에 적합화한다.

```
In [35]: short_moving_average_msft = diff_train_msft.rolling(window=2).mean()
         long_moving_average_msft = diff_train_msft.rolling(window=22).mean()
```

```
In [36]: fig, ax = plt.subplots(figsize=(10, 6))
         ax.plot(diff_train_msft.loc[start:end].index,
                 diff_train_msft.loc[start:end],
                 label='Stock Price', linestyle='--')
         ax.plot(short_moving_average_msft.loc[start:end].index,
                 short_moving_average_msft.loc[start:end],
                 label = 'Short MA', linestyle='solid')
                 ax.plot(long_moving_average_msft.loc[start:end].index,
                 long_moving_average_msft.loc[start:end],
                 label = 'Long MA', linestyle='-.')
         ax.legend(loc='best')
         ax.set_ylabel('$')
         ax.set_xlabel('Date')
         ax.set_title('Stock Prediction-마이크로소프트')
         plt.show()
```

이와 유사하게 짧은 MA 분석을 기반으로 한 예측은 그림 2-16과 같이 긴 MA 모델의 예측보다 응답성이 더 높은 경향이 있다. 하지만 마이크로소프트의 경우 단기 MA 예측은 실제 데이터에 매우 근접해 보인다. 이는 시계열 모델에서 단기 범위 창이 데이터의 역학을 보다 더 잘 포착할 수 있고 결과적으로 더 나은 예측 성능을 얻는 데 도움이 될 수 있다는 점에서 시계열에서 기대하는 점이기도 하다.

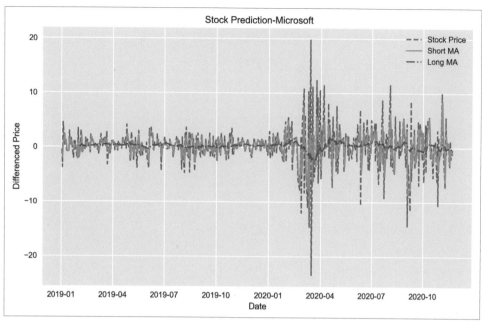

그림 2-16 마이크로소프트의 MA 모델 예측 결과

자기회귀 모델

AR 모델에서는 연속 항의 종속 구조가 가장 독특한 특징인데, 바로 현재 값 자체의 지연 값에 대해 회귀된다는 점 때문이다. 따라서 기본적으로 과거 값의 선형 조합을 사용해 시계열 X_t의 현재 값을 예측한다. 수학적으로 AR(p)의 일반식은 다음과 같이 쓸 수 있다.

$$X_t = c + \alpha_1 X_{t-1} + \alpha_2 X_{t-2} \cdots + \alpha_p X_{t-p} + \epsilon_t$$

여기서 ϵ_t는 잔차를 나타내고 c는 절편 항이다. AR(p) 모델은 p차까지의 과거 값이 X_t에 대해 어느 정도 설명력을 갖는다는 것을 의미한다. 관계가 더 짧은 기간 사이에 형성된 다면 더 적은 수의 지연으로도 X_t를 모델링할 가능성이 높다.

앞서 시계열의 주요 속성 중 하나인 정상성에 대해 논의했다. 다른 중요한 속성은 가역성이다. AR 모델을 도입했으니 MA 프로세스의 가역성을 보여줄 차례다. 무한 AR 모델로 변환할 수 있다면 가역적이라고 한다.

경우에 따라 MA는 무한 AR 프로세스로 작성될 수 있다. 이러한 상황은 정상 공분산 구조, 확정적 부분 및 가역 MA 과정을 가진다. 그렇게 함으로써 $|\alpha| < 1$이라는 가정 덕분에 무한 AR이라는 또 다른 모델을 갖게 됐다.

$$X_t = \epsilon_t + \alpha\epsilon_{t-1}$$

$$= \epsilon_t + \alpha\left(X_{t-1} - \alpha\epsilon_{t-2}\right)$$

$$= \epsilon_t + \alpha X_{t-1} - \alpha^2\epsilon_{t-2}$$

$$= \epsilon_t + \alpha X_{t-1} - \alpha^2\left(X_{t-2} + \alpha\epsilon_{t-3}\right)$$

$$= \epsilon_t + \alpha X_{t-1} - \alpha^2 X_{t-2} + \alpha^3\epsilon_{t-3})$$

$$= \dots$$

$$= \alpha X_{t-1} - \alpha^2 X_{t-2} + \alpha^3\epsilon_{t-3} - \alpha^4\epsilon_{t-4} + \dots - (-\alpha)^n\epsilon_{t-n}$$

필요한 연산을 수행하고 나면 방정식은 다음과 형식이 된다.

$$\alpha^n\epsilon_{t-n} = \epsilon_t - \sum_{i=0}^{n-1} \alpha^i X_{t-i}$$

이 경우 $|\alpha| < 1$이면 $n \to \infty$이다.

$$\mathbb{E}\left(\epsilon_t - \sum_{i=0}^{n-1} \alpha^i X_{t-i}\right)^2 = \mathbb{E}\left(\alpha^{2n}\epsilon_{t-n}^2 \to \infty\right)$$

마지막으로 MA(1) 프로세스는 다음과 같다.

$$\epsilon_t = \sum_{i=0}^{\infty} \alpha^i X_{t-i}$$

AR과 MA 프로세스 간의 이중성으로 인해 AR(1)을 무한 MA, 즉 MA(∞)로 표현할 수 있다. 즉, AR(1) 프로세스는 과거 값의 함수로 표현될 수 있다.

$$X_t = \epsilon_t + \theta X_{t-1}$$

$$= \theta\big(\theta X_{t-2} + \epsilon_{t-1}\big) + \epsilon_t$$

$$= \theta^2 X_{t-2} + \theta \epsilon_{t-1} + \epsilon_t$$

$$= \theta^2\big(\theta X_{t-3} + \theta \epsilon_{t-2}\big)\theta \epsilon_{t-1} + \epsilon_t$$

$$X_t = \epsilon_t + \epsilon_{t-1} + \theta^2 \epsilon_{t-2} + \dots + \theta^t X_t$$

$n \to \infty$, $\theta^t \to 0$이므로 AR(1)을 무한 MA 프로세스로 나타낼 수 있다. 다음 분석에서는 AR 모델을 실행해 애플과 마이크로소프트 주가를 예측한다. MA와 달리 부분 ACF는 AR 모델에서 최적의 차수를 찾는 데 유용한 도구다. AR에서는 X_t와 X_{t-k}와 같은 두 개의 서로 다른 시간 사이의 시계열 관계를 찾는 것을 목표로 하고 그림 2-17과 2-18에서처럼 그 사이에 있는 다른 시차의 영향을 필터링해야 하기 때문이다.

```
In [37]: sm.graphics.tsa.plot_pacf(diff_train_aapl, lags=30)
         plt.title('PACF of 애플')
         plt.xlabel('Number of Lags')
         plt.show()
In [38]: sm.graphics.tsa.plot_pacf(diff_train_msft, lags=30)
         plt.title('PACF of 마이크로소프트')
         plt.xlabel('Number of Lags')
         plt.show()
```

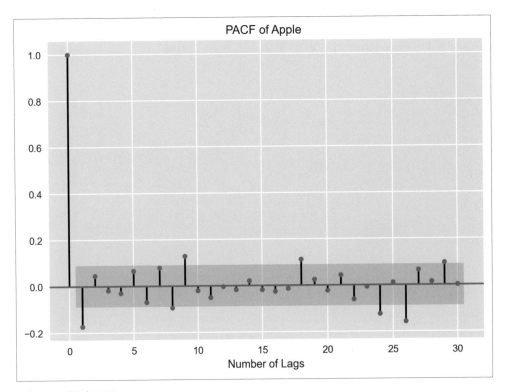

그림 2-17 애플의 PACF

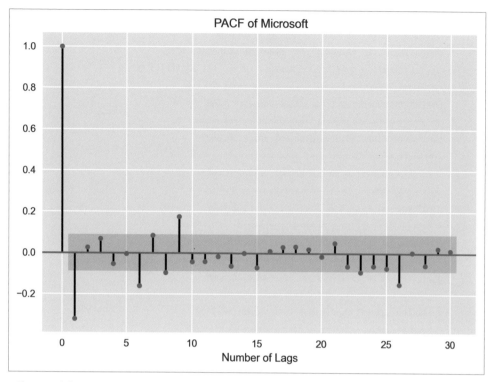

그림 2-18 마이크로소프트의 PACF

그림 2-17은 애플 주가를 1차 차분해 얻은 그림으로서 지연 29에서 상당한 급등점이 관찰되며 그림 2-18의 마이크로소프트의 경우는 지연 26에서 비슷한 급등을 보인다. 따라서 29와 26은 각각 애플과 마이크로소프트의 AR 모델링에 사용할 지연이다.

```
In [39]: from statsmodels.tsa.ar_model import AutoReg
         import warnings
         warnings.filterwarnings('ignore')

In [40]: ar_aapl = AutoReg(diff_train_aapl.values, lags=29)
         ar_fitted_aapl = ar_aapl.fit() ❶

In [41]: ar_predictions_aapl = ar_fitted_aapl.predict(start=len(diff_train_aapl),
                                                       end=len(diff_train_aapl)\
                                                       + len(diff_test_aapl) - 1,
                                                       dynamic=False) ❷
```

```
In [42]: for i in range(len(ar_predictions_aapl)):
             print('==' * 25)
             print('predicted values:{:.4f} & actual values:{:.4f}'\
                   .format(ar_predictions_aapl[i], diff_test_aapl[i])) ❸
         ==================================================
         predicted values:1.6511 & actual values:1.3200
         ==================================================
         predicted values:-0.8398 & actual values:0.8600
         ==================================================
         predicted values:-0.9998 & actual values:0.5600
         ==================================================
         predicted values:1.1379 & actual values:2.4600
         ==================================================
         predicted values:-0.1123 & actual values:3.6700
         ==================================================
         predicted values:1.7843 & actual values:0.3600
         ==================================================
         predicted values:-0.9178 & actual values:-0.1400
         ==================================================
         predicted values:1.7343 & actual values:-0.6900
         ==================================================
         predicted values:-1.5103 & actual values:1.5000
         ==================================================
         predicted values:1.8224 & actual values:0.6300
         ==================================================
         predicted values:-1.2442 & actual values:-2.6000
         ==================================================
         predicted values:-0.5438 & actual values:1.4600
         ==================================================
         predicted values:-0.1075 & actual values:-0.8300
         ==================================================
         predicted values:-0.6167 & actual values:-0.6300
         ==================================================
         predicted values:1.3206 & actual values:6.1000
         ==================================================
         predicted values:0.2464 & actual values:-0.0700
         ==================================================
         predicted values:0.4489 & actual values:0.8900
         ==================================================
         predicted values:-1.3101 & actual values:-2.0400
```

```
==================================================
predicted values:0.5863 & actual values:1.5700
==================================================
predicted values:0.2480 & actual values:3.6500
==================================================
predicted values:0.0181 & actual values:-0.9200
==================================================
predicted values:0.9913 & actual values:1.0100
==================================================
predicted values:0.2672 & actual values:4.7200
==================================================
predicted values:0.8258 & actual values:-1.8200
==================================================
predicted values:0.1502 & actual values:-1.1500
==================================================
predicted values:0.5560 & actual values:-1.0300
```

```
In [43]: ar_predictions_aapl = pd.DataFrame(ar_predictions_aapl) ❹
         ar_predictions_aapl.index = diff_test_aapl.index ❺


In [44]: ar_msft = AutoReg(diff_train_msft.values, lags=26)
         ar_fitted_msft = ar_msft.fit() ❻


In [45]: ar_predictions_msft = ar_fitted_msft.predict(start=len(diff_train_msft),
                                                       end=len(diff_train_msft)\
                                                       +len(diff_test_msft) - 1,
                                                       dynamic=False) ❼


In [46]: ar_predictions_msft = pd.DataFrame(ar_predictions_msft) ❽
         ar_predictions_msft.index = diff_test_msft.index ❾
```

❶ AR 모델에 애플 주식 데이터 적합화
❷ 애플 주가 예측
❸ 예측값과 참값 비교
❹ 배열을 데이터프레임으로 변환해 인덱스 할당
❺ 예측값에 테스트 데이터 인덱스 할당
❻ AR 모델에 마이크로소프트 주식 데이터 적합화
❼ 마이크로소프트 주가 예측
❽ 배열을 데이터프레임으로 변환해 인덱스 할당
❾ 예측값에 테스트 데이터 인덱스 할당

그림 2-19를 그리는 다음 코드는 AR 모델을 기반으로 한 예측을 보여준다. 실선은 애플과 마이크로소프트 주가 예측을 나타내고, 점선은 실제 데이터를 나타낸다. 결과는 주가를 포착하는 데 MA 모델이 AR 모델보다 성능이 우수함을 보여준다.

```
In [47]: fig, ax = plt.subplots(2,1, figsize=(18, 15))

         ax[0].plot(diff_test_aapl, label='Actual Stock Price', linestyle='--')
         ax[0].plot(ar_predictions_aapl, linestyle='solid', label="Prediction")
         ax[0].set_title('Predicted Stock Price-애플')
         ax[0].legend(loc='best')
         ax[1].plot(diff_test_msft, label='Actual Stock Price', linestyle='--')
         ax[1].plot(ar_predictions_msft, linestyle='solid', label="Prediction")
         ax[1].set_title('Predicted Stock Price-마이크로소프트')
         ax[1].legend(loc='best')
         for ax in ax.flat:
             ax.set(xlabel='Date', ylabel='$')
         plt.show()
```

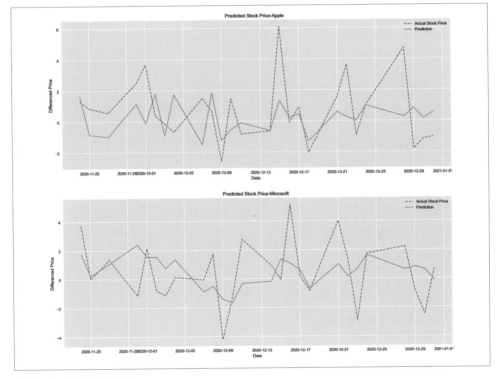

그림 2-19 AR 모델 예측 결과

78

자기회귀 통합 이동 평균 모델

ARIMA는 시계열의 과거 값과 백색 잡음의 함수다. ARIMA는 AR 및 MA의 일반화를 위해 제안됐지만 통합된 매개변수가 없으므로 모델에 원시 데이터를 사용하는 데 도움이 된다. 이와 관련해 비정상성 데이터를 포함하더라도 ARIMA는 통합 매개변수를 적절하게 정의해 정상성 데이터를 만든다.

ARIMA에는 p, d 및 q의 세 가지 매개변수가 있다. 이전 시계열 모델에서 친숙한 것처럼 p와 q는 각각 AR과 MA의 차수를 나타낸다. d 매개변수는 차분 차이를 제어한다. $d = 1$이면 1차 차분에 해당하고 값이 0이면 모델이 ARIMA임을 의미한다.

이 값이 1보다 클 수도 있지만 1인 경우만큼 흔하지는 않다. ARIMA(p, 1, q) 방정식의 구조는 다음과 같다.

$$X_t = \alpha_1 dX_{t-1} + \alpha_2 dX_{t-2}\cdots + \alpha_p dX_{t-p} + \epsilon_t + \beta_1 \epsilon_{t-1} + \beta_2 \epsilon_{t-2}\cdots + \beta_q \epsilon_{t-q}$$

여기서 d는 차분을 나타낸다.

ARIMA 모델은 널리 사용되고 적용 가능한 모델이므로 그 장단점을 살펴봐 좀 더 친숙해지도록 하자.

장점

- ARIMA를 사용하면 정상성 데이터인지 여부를 고려하지 않고, 원시 데이터로 작업할 수 있다.

- 고빈도 데이터에 잘 작동한다.

- 다른 모델에 비해 데이터의 변동에 덜 민감하다.

단점

- ARIMA는 계절성을 포착하지 못할 수 있다.

- 긴 계열과 단기(일별, 시간별) 데이터에서 더 잘 작동한다.

- ARIMA에서는 자동 갱신이 발생하지 않으므로 분석 중에 구조적 변화[structural break]가 없어야 한다.

- ARIMA 프로세스를 조정하지 않으면 불안정해진다.

이제 동일한 애플과 마이크로소프트 주식을 사용해 ARIMA가 어떻게 작동하는지 살펴보자. 그러나 이번에는 AR과 MA 모델과 결과를 비교하기 위해 다른 단기 지연 구조를 사용한다.

```
In [48]: from statsmodels.tsa.arima_model import ARIMA

In [49]: split = int(len(stock_prices['AAPL'].values) * 0.95)
         train_aapl = stock_prices['AAPL'].iloc[:split]
         test_aapl = stock_prices['AAPL'].iloc[split:]
         train_msft = stock_prices['MSFT'].iloc[:split]
         test_msft = stock_prices['MSFT'].iloc[split:]

In [50]: arima_aapl = ARIMA(train_aapl,order=(9, 1, 9)) ❶
         arima_fit_aapl = arima_aapl.fit() ❷

In [51]: arima_msft = ARIMA(train_msft, order=(6, 1, 6)) ❸
         arima_fit_msft = arima_msft.fit() ❹

In [52]: arima_predict_aapl = arima_fit_aapl.predict(start=len(train_aapl),
                                                      end=len(train_aapl)\
                                                      + len(test_aapl) - 1,
                                                      dynamic=False) ❺
         arima_predict_msft = arima_fit_msft.predict(start=len(train_msft),
                                                      end=len(train_msft)\
                                                      + len(test_msft) - 1,
                                                      dynamic=False) ❻

In [53]: arima_predict_aapl = pd.DataFrame(arima_predict_aapl)
         arima_predict_aapl.index = diff_test_aapl.index
         arima_predict_msft = pd.DataFrame(arima_predict_msft)
         arima_predict_msft.index = diff_test_msft.index
```

❶ 애플 주식에 대한 ARIMA 모델 구성
❷ ARIMA 모델을 애플 주가에 적합화
❸ 마이크로소프트 주식 ARIMA 모델 구성
❹ ARIMA 모델을 마이크로소프트의 주가에 적합화
❺ ARIMA를 기반으로 한 애플 주가 예측
❻ ARIMA를 기반으로 한 마이크로소프트 주가 예측
❼ 예측을 위한 인덱스 구성

그림 2-20을 그리는 다음 코드는 애플과 마이크로소프트의 주가를 기반으로 한 예측 결과를 보여주며 AR과 MA 모델의 단기 차수를 사용하므로 결과가 완전히 다르진 않다.

```
In [54]: fig, ax = plt.subplots(2, 1, figsize=(18, 15))

         ax[0].plot(diff_test_aapl, label='Actual Stock Price', linestyle='--')
         ax[0].plot(arima_predict_aapl, linestyle='solid', label="Prediction")
         ax[0].set_title('Predicted Stock Price-Apple')
         ax[0].legend(loc='best')
         ax[1].plot(diff_test_msft, label='Actual Stock Price', linestyle='--')
         ax[1].plot(arima_predict_msft, linestyle='solid', label="Prediction")
         ax[1].set_title('Predicted Stock Price-Microsoft')
         ax[1].legend(loc='best')
         for ax in ax.flat:
             ax.set(xlabel='Date', ylabel='$')
         plt.show()
```

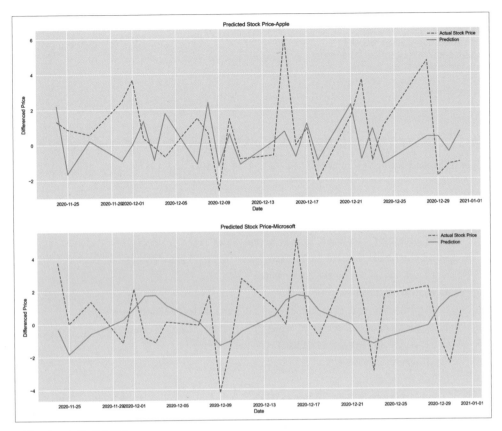

그림 2-20 ARIMA 예측 결과

이 시점에서 시계열 모델에 대한 최적의 지연 선택을 위한 대안을 살펴보는 것이 좋겠다. AIC는 적절한 지연 수를 선택하기 위해 여기서 사용한 방법이다.

AIC의 결과가 (4, 0, 4)라는 결과를 제시하더라도 모델은 이 차수에 수렴하지 않는다는 점에 유의하자. 따라서 (4, 1, 4)가 대신 적용된다.

```
In [55]: import itertools

In [56]: p = q = range(0, 9) ❶
         d = range(0, 3) ❷
         pdq = list(itertools.product(p, d, q)) ❸
         arima_results_aapl = [] ❹
```

```
        for param_set in pdq:
            try:
                arima_aapl = ARIMA(train_aapl, order=param_set) ❺
                arima_fitted_aapl = arima_aapl.fit() ❻
                arima_results_aapl.append(arima_fitted_aapl.aic) ❼
            except:
                continue
        print('**'*25)
        print('The Lowest AIC score is' + \
            '{:.4f} and the corresponding parameters are {}'.format( \
                pd.DataFrame(arima_results_aapl).where( \
                pd.DataFrame(arima_results_aapl).T.notnull().all()).min()[0],
                pdq[arima_results_aapl.index(min(arima_results_aapl))]])) ❽
        **************************************************
        The Lowest AIC score is 1951.9810 and the corresponding parameters are
        (4, 0, 4)


In [57]: arima_aapl = ARIMA(train_aapl, order=(4, 1, 4)) ❾
        arima_fit_aapl = arima_aapl.fit() ❾


In [58]: p = q = range(0, 6)
        d = range(0, 3)
        pdq = list(itertools.product(p, d, q))
        arima_results_msft = []
        for param_set in pdq:
            try:
                arima_msft = ARIMA(stock_prices['MSFT'], order=param_set)
                arima_fitted_msft = arima_msft.fit()
                arima_results_msft.append(arima_fitted_msft.aic)
            except:
                continue
        print('**' * 25)
        print('The lowest AIC score is {:.4f} and parameters are {}'
            .format(pd.DataFrame(arima_results_msft)
                    .where(pd.DataFrame(arima_results_msft).T.notnull()\
                        .all()).min()[0],
                pdq[arima_results_msft.index(min(arima_results_msft))]])) ❿
        **************************************************
        The Lowest AIC score is 2640.6367 and the corresponding parameters are
        (4, 2, 4)
```

```
In [59]: arima_msft = ARIMA(stock_prices['MSFT'], order=(4, 2 ,4)) ⑪
         arima_fit_msft= arima_msft.fit() ⑪

In [60]: arima_predict_aapl = arima_fit_aapl.predict(start=len(train_aapl),
                                                      end=len(train_aapl)\
                                                      +len(test_aapl) - 1,
                                                      dynamic=False) ⑫
         arima_predict_msft = arima_fit_msft.predict(start=len(train_msft),
                                                      end=len(train_msft)\
                                                      + len(test_msft) - 1,
                                                      dynamic=False) ⑫

In [61]: arima_predict_aapl = pd.DataFrame(arima_predict_aapl)
         arima_predict_aapl.index = diff_test_aapl.index
         arima_predict_msft = pd.DataFrame(arima_predict_msft)
         arima_predict_msft.index = diff_test_msft.index
```

❶ AR 및 MA 1차수 범위 정의
❷ 차분항 범위 정의
❸ *p*, *d*, *q*에 대한 반복 적용
❹ AIC 값을 저장할 빈 리스트 만들기
❺ 애플 데이터에 맞게 ARIMA 모델 구성
❻ 가능한 모든 지연으로 ARIMA 모델 실행
❼ AIC 값을 리스트에 저장
❽ 애플데이터에 대한 가장 낮은 AIC 값 출력
❾ 최적의 차수로 ARIMA 모델 구성 및 적합화
❿ 마이크로소프트 데이터에 대해 가능한 모든 지연으로 ARIMA 모델 실행
⑪ ARIMA 모델을 최적의 차수로 마이크로소프트 데이터에 적합화
⑫ 애플과 마이크로소프트 주가 예측

애플과 마이크로소프트에 대해 알아낸 차수는 각각 (4, 1, 4) 및 (4, 2, 4)이다. ARIMA는 다음과 같이 주가를 잘 예측한다. 그러나 차수를 잘못 식별하면 적합도가 떨어지고 결과적으로 만족스럽지 못한 예측이 생성된다는 점에 유의하자. 그림 2-21를 그리는 다음 코드는 이러한 결과를 보여준다.

```
In [62]: fig, ax = plt.subplots(2, 1, figsize=(18, 15))

         ax[0].plot(diff_test_aapl, label='Actual Stock Price', linestyle='--')
         ax[0].plot(arima_predict_aapl, linestyle='solid', label="Prediction")
         ax[0].set_title('Predicted Stock Price-Apple')
```

```
ax[0].legend(loc='best')
ax[1].plot(diff_test_msft, label='Actual Stock Price', linestyle='--')
ax[1].plot(arima_predict_msft, linestyle='solid', label="Prediction")
ax[1].set_title('Predicted Stock Price-Microsoft')
ax[1].legend(loc='best')
for ax in ax.flat:
    ax.set(xlabel='Date', ylabel='$')
plt.show()
```

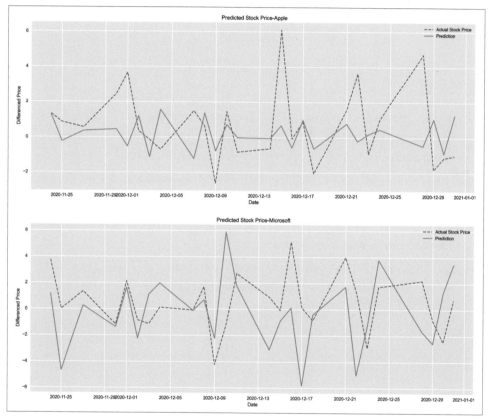

그림 2-21 ARIMA 예측 결과

결론

시계열 분석은 재무 분석에서 중심적인 역할을 한다. 이는 대부분의 재무 데이터에 시간 차원이 있고 이러한 유형의 데이터는 신중하게 모델링해야 하기 때문이다. 2장에서는 시간 차원을 가진 데이터를 모델링하는 첫 번째 시도를 수행했으며 이를 위해 MA, AR 그리고 마지막으로 ARIMA와 같은 고전적인 시계열 모델을 사용했다.

하지만 이것이 전부는 아니다. 3장에서는 딥러닝 모델을 사용해 시계열을 모델링하는 방법을 살펴본다.

참고문헌

Cavanaugh, J. E., and A. A. Neath. 2019. "The Akaike Information Criterion: Background, Derivation, Properties, Application, Interpretation, and Refinements." *Wiley Interdisciplinary Reviews: Computational Statistics* 11 (3): e1460.

Hurvich, Clifford M., and Chih-Ling Tsai. 1989. "Regression and Time Series Model Selection in Small Samples." *Biometrika* 76 (2): 297-30.

Books cited in this chapter: Brockwell, Peter J., and Richard A. Davis. 2016. *Introduction to Time Series and Forecasting*. Springer.

Focardi, Sergio M. 1997. *Modeling the Market: New Theories and Techniques*. The Frank J. Fabozzi Series, Vol. 14. New York: John Wiley and Sons.

3장

딥러닝 시계열 모델링

...그렇다. 튜링 기계는 충분한 기억 장치와 충분한 시간만 주어지면 연산 가능한 모든 함수를 계산할 수 있는 것이 사실이지만 자연은 실시간으로 문제를 해결해야 한다. 이를 위해 지구상에서 가장 강력한 컴퓨터 등의 대규모 병렬 프로세서가 있는 신경망 뇌를 사용했다. 효율적으로 실행되는 알고리듬은 결국 승리한다.

– 테런스 J. 세즈노스키Terrence J. Sejnowski (2018)

딥러닝이 최근 화제가 된 데는 그럴 만한 이유가 있다. 또한 딥러닝 방식을 개선하려는 요즈음의 시도도 처음은 아니다. 그러나 딥러닝이 거의 20년 동안 높이 평가돼 온 이유는 충분히 이해할 수 있다. 딥러닝은 추상적인 개념이므로 몇 단어로 정의하기 어렵다. 신경망NN과 달리 딥러닝은 구조가 더 복잡하고 은닉층이 복잡도를 정의한다. 따라서 일부 연구자들은 신경망을 딥러닝과 구별하기 위한 비교 벤치마크로 은닉층의 수를 사용한다. 이 구분은 유용하지만 특별히 정확한 방법은 아니다. 더 나은 정의를 통해 차이점을 더욱 명확히 할 수 있다.

개념적으로 딥러닝은 다음과 같이 정의할 수 있다.

딥러닝 기법은 여러 단계의 표현이 있는 표현–학습[1] 기법으로서, 단순하지만 비선형인 모듈을

---

[1] 표현–학습은 독특한 방식으로 개념을 정의하는 데 도움이 된다. 예를 들어 어떤 것이 원인지 아닌지를 탐지하는 작업이라면 선분이 중요한 역할을 한다. 원에는 선분이 없기 때문이다. 따라서 색상, 모양, 크기를 사용해 객체에 대한 표현을 만들 수 있다. 본질적으로 이것이 인간의 두뇌가 작동하는 방식이며, 딥러닝 구조는 뇌의 기능에 의해 영감을 받았다는 것을 알고 있다.

구성해 각 모듈이 한 수준(원시 입력으로 시작)의 표현을 더 높고 약간 더 추상적인 수준의 표현으로 변환한다.

– 르 쿤 외[Le Cunn et al.](2015)

딥러닝 응용은 노버트 위너[Norbert Wiener]의 『사이버네틱스(Cybernetics)』가 출판된 1940년대로 거슬러 올라간다. 이후 연결주의 사고는 1980년대와 1990년대 사이를 지배했다.

역전파와 신경망과 같은 최근 딥러닝 발전은 현재 우리가 알고 딥러닝을 만들었다. 기본적으로 딥러닝의 세 번의 물결이 있었는데 왜 지금 딥러닝이 전성기인지 궁금할 수 있다. Good-friend et al.(2016)은 다음과 같은 몇 가지 그럴듯한 이유를 나열한다.

- 데이터 크기 증가

- 모델 크기 증가

- 정확도, 복잡도, 실세계 영향의 증가

현대 기술과 데이터 가용성은 새로운 데이터 기반 방법을 제안해 색다른 모델을 사용해 시계열을 모델링할 수 있는 딥러닝 시대의 길을 열어준 것으로 보인다. 이러한 발전은 딥러닝의 새로운 물결을 일으켰다. 딥러닝 중 좀 더 긴 기간을 다룰 수 있는 능력에서 순환신경망[RNN]과 장단기 기억[LSTM]은 더욱 두드러진다. 이 절에서는 이론적 배경을 간략히 설명한 후 이러한 모델의 실용성을 파이썬을 사용해 집중적으로 알아볼 것이다.

순환신경망

순환신경망 즉, RNN은 네트워크가 시퀀스를 학습할 수 있도록 최소한 하나 이상의 피드백 연결을 갖는 신경망 구조를 하고 있다. 피드백 연결은 순환을 생성해 비선형 특성을 밝힐 수 있다. 이러한 유형의 연결은 새롭고 매우 유용한 속성인 '기억'을 제공한다. 따라서 RNN은 입력 데이터뿐만 아니라 이전 출력도 활용할 수 있으며, 이는 시계열 모델링과 관련해 무척 매력적으로 보인다. RNN은 다음과 같은 다양한 형태로 제공된다.

일대일

일대일 RNN은 단일 입력과 단일 출력으로 구성돼 있으며 가장 기본적인 RNN 유형이다.

일대다

이 형식에서 RNN은 단일 입력에 대해 여러 출력을 생성한다.

다대일

일대다 구조와 반대로 다대일에서는 단일 출력에 대해 여러 입력이 있다.

다대다

이 구조는 다중 입력과 출력을 가지며 가장 복잡한 RNN 구조로 알려져 있다.

RNN의 은닉 유닛은 자체적으로 신경망으로 피드백돼 RNN이 (피드포워드feed forward 신경망과 달리) 순환층을 갖도록 해 시계열 데이터를 모델링하는 데 적합한 방법이다. 따라서 RNN에서 뉴런의 활성화는 RNN이 네트워크 인스턴스의 누적 상태를 나타내는 이전 시간 단계 값에서 비롯된다(Buduma and Locascio, 2017).

니엘슨Nielsen(2019)은 다음과 같이 요약한다.

- RNN에는 한 번에 하나씩 순서대로 시간 단계가 있다.
- 네트워크 상태는 한 단계에서 다른 단계로 그대로 유지된다.
- RNN은 시간 단계를 기반으로 상태를 갱신한다.

이러한 차원은 그림 3-1에 나와 있다. 보다시피 오른쪽의 RNN 구조에는 피드포워드 네트워크와 주요 차이점인 시간 단계가 있다.

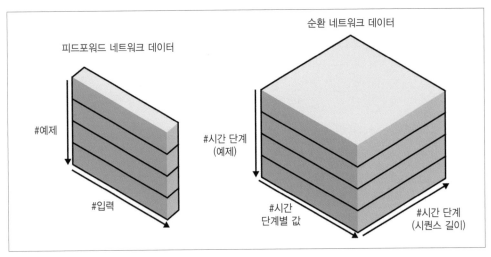

그림 3-1 RNN 구조[2]

RNN은 다음과 같은 3차원을 가진다.

- 배치 크기

- 시간 단계

- 특징 수

배치 크기는 관측치 수 또는 데이터 행 수를 나타낸다. 시간 단계는 모델에 데이터를 공급하는 횟수이다. 마지막으로 특징의 수는 각 샘플의 열 수다.

다음 코드로 시작하자.

```
In [1]: import numpy as np
        import pandas as pd
        import math
        import datetime
        import yfinance as yf
        import matplotlib.pyplot as plt
        import tensorflow as tf
```

---

2   Patterson et al, 2017. "Deep learning: A practitioner's approach."

```
         from tensorflow.keras.models import Sequential
         from tensorflow.keras.callbacks import EarlyStopping
         from tensorflow.keras.layers import (Dense, Dropout,
                                    Activation, Flatten,
                                    MaxPooling2D, SimpleRNN)
         from sklearn.model_selection import train_test_split

In [2]: n_steps = 13 ❶
        n_features = 1 ❷

In [3]: model = Sequential() ❸
        model.add(SimpleRNN(512, activation='relu',
                            input_shape=(n_steps, n_features),
                            return_sequences=True)) ❹
        model.add(Dropout(0.2)) ❺
        model.add(Dense(256, activation = 'relu')) ❻
        model.add(Flatten()) ❼
        model.add(Dense(1, activation='linear')) ❽

In [4]: model.compile(optimizer='rmsprop',
                      loss='mean_squared_error',
                      metrics=['mse']) ❾

In [5]: def split_sequence(sequence, n_steps):
        X, y = [], []
        for i in range(len(sequence)):
            end_ix = i + n_steps
            if end_ix > len(sequence) - 1:
                break
            seq_x, seq_y = sequence[i:end_ix], sequence[end_ix]
            X.append(seq_x)
            y.append(seq_y)
        return np.array(X), np.array(y) ❿
```

❶ 예측 단계 수 정의
❷ 특징의 수를 1로 정의
❸ RNN을 실행하기 위해 순차 모델 호출
❹ 은닉 뉴런의 개수, 활성화함수, 입력 형태 파악
❺ 과적합을 방지하기 위해 드롭아웃 레이어 추가
❻ relu 활성화함수를 사용해 256개의 뉴런이 있는 은닉층을 하나 더 추가
❼ 3차원 행렬을 벡터로 변환하기 위한 모델 평탄화

❽ 선형 활성화함수로 출력 계층 추가하기
❾ RNN 모델 컴파일
❿ 종속변수 생성 y

활성화함수

활성화함수는 신경망 구조에서 출력을 결정하는 데 사용되는 수학식이다. 이러한 도구는 은닉층에 비선형성을 도입해 비선형 문제를 모델링할 수 있다.

다음은 가장 유명한 활성화함수들이다.

시그모이드

이 활성화함수를 사용하면 모델에 작은 변화를 일으키면 소량의 출력을 통합할 수 있다. 0과 1 사이의 값을 취한다.

시그모이드의 수학식은 다음과 같다.

$$\text{sigmoid}(x) = \frac{1}{1 + exp\left(-\sum_i w_i x_i - b\right)}$$

여기서 w는 가중치, x는 데이터, b는 편향, 첨자 i는 특징을 나타낸다.

Tanh

음수를 처리하는 경우 tanh 활성화함수를 사용하는 것이 좋다. 시그모이드 함수와 달리 범위는 −1에서 1 사이이다.

tanh 공식은 다음과 같다.

$$\tanh(x) = \frac{sinh(x)}{cosh(x)}$$

선형

선형 활성화함수를 사용하면 독립변수와 종속변수 간의 선형 관계를 구성할 수 있다. 선형 활성화함수는 입력을 받고 가중치를 곱해 입력에 비례하는 출력을 형성한다. 이는 시계열 모델에서 편리한 활성화함수다. 선형 활성화함수는 다음과 같은 형식을 취한다.

$$f(x) = wx$$

정류 선형

ReLu로 알려진 정류 선형 활성화함수는 입력이 0이거나 0 미만이면 0을 취한다. 입력이 0보다 크면 x에 따라 선형으로 올라간다.

수학적으로는 다음과 같다.

$$\text{ReLu}(x) = \max(0, x)$$

소프트맥스

시그모이드와 마찬가지로 이 활성화함수는 분류 문제에 널리 적용할 수 있다. softmax는 입력 수의 지수에 비례하는 확률 분포로 변환하기 때문이다.

$$\text{softmax}(x_i) = \frac{exp(x_i)}{\sum_i exp(x_i)}$$

모델을 구성한 후 종속변수를 생성하고 데이터를 추출한다음 애플과 마이크로소프트의 주가 예측을 실행해보겠다.

```
In [6]: ticker = ['AAPL', 'MSFT']
        start = datetime.datetime(2019, 1, 1)
        end = datetime.datetime(2020, 1 ,1)
        stock_prices = yf.download(ticker,start=start, end = end, interval='1d')\
                    .Close
[*********************100%**********************] 2 of 2 completed

In [7]: diff_stock_prices = stock_prices.diff().dropna()

In [8]: split = int(len(diff_stock_prices['AAPL'].values) * 0.95)
        diff_train_aapl = diff_stock_prices['AAPL'].iloc[:split]
        diff_test_aapl = diff_stock_prices['AAPL'].iloc[split:]
        diff_train_msft = diff_stock_prices['MSFT'].iloc[:split]
        diff_test_msft = diff_stock_prices['MSFT'].iloc[split:]

In [9]: X_aapl, y_aapl = split_sequence(diff_train_aapl, n_steps) ❶
        X_aapl = X_aapl.reshape((X_aapl.shape[0], X_aapl.shape[1],
                        n_features)) ❷
```

```
In [10]: history = model.fit(X_aapl, y_aapl,
                             epochs=400, batch_size=150, verbose=0,
                             validation_split = 0.10) ❸

In [11]: start = X_aapl[X_aapl.shape[0] - n_steps] ❹
         x_input = start ❺
         x_input = x_input.reshape((1, n_steps, n_features))

In [12]: tempList_aapl = [] ❻
         for i in range(len(diff_test_aapl)):
             x_input = x_input.reshape((1, n_steps, n_features)) ❼
             yhat = model.predict(x_input, verbose=0) ❽
             x_input = np.append(x_input, yhat)
             x_input = x_input[1:]
             tempList_aapl.append(yhat) ❾

In [13]: X_msft, y_msft = split_sequence(diff_train_msft, n_steps)
         X_msft = X_msft.reshape((X_msft.shape[0], X_msft.shape[1],
                                 n_features))

In [14]: history = model.fit(X_msft, y_msft,
                             epochs=400, batch_size=150, verbose=0,
                             validation_split = 0.10)

In [15]: start = X_msft[X_msft.shape[0] - n_steps]
         x_input = start
         x_input = x_input.reshape((1, n_steps, n_features))

In [16]: tempList_msft = []
         for i in range(len(diff_test_msft)):
             x_input = x_input.reshape((1, n_steps, n_features))
             yhat = model.predict(x_input, verbose=0)
             x_input = np.append(x_input, yhat)
             x_input = x_input[1:]
             tempList_msft.append(yhat)
```

❶ split_sequence 함수를 호출해 룩백(lookback) 기간 정의
❷ 훈련 데이터를 3차원 예제로 재구성
❸ 애플 주가에 RNN 모델 적합화
❹ 애플에 대한 예측의 시작점 정의
❺ 변수 이름 바꾸기

❻ 예측을 저장할 빈 리스트 만들기
❼ 예측에 사용되는 x_input 재구성
❽ 애플 주식에 대한 예측 실행
❾ tempList_aapl에 yhat 저장

시각화를 위해 다음 코드를 사용해 그림 3-2를 작성한다.

```
In [17]: fig, ax = plt.subplots(2,1, figsize=(18,15))
         ax[0].plot(diff_test_aapl, label='Actual Stock Price', linestyle='--')
         ax[0].plot(diff_test_aapl.index, np.array(tempList_aapl).flatten(),
                    linestyle='solid', label="Prediction")
         ax[0].set_title('Predicted Stock Price-Apple')
         ax[0].legend(loc='best')
         ax[1].plot(diff_test_msft, label='Actual Stock Price', linestyle='--')
         ax[1].plot(diff_test_msft.index,np.array(tempList_msft).flatten(),
                    linestyle='solid', label="Prediction")
         ax[1].set_title('Predicted Stock Price-Microsoft')
         ax[1].legend(loc='best')

         for ax in ax.flat:
             ax.set(xlabel='Date', ylabel='$')
         plt.show()
```

그림 3-2는 애플과 마이크로소프트의 주가 예측 결과를 보여준다. 이를 간단히 관찰하면 두 경우 모두 모델의 예측 성능 측면에서 개선의 여지가 있음을 쉽게 관찰할 수 있다.

만족스러운 예측 성능을 얻을 수 있다 하더라도 RNN 모델의 단점을 간과해서는 안 된다. 모델의 주요 단점은 다음과 같다.

- 소멸 또는 폭발하는 그래디언트 문제(다음 팁을 참조하라)

- 데이터 양이 많을 경우 RNN을 훈련시키는 것은 상당히 어려운 작업이다.

- tanh 활성화함수를 사용할 경우 RNN은 매우 긴 시퀀스를 처리할 수 없다.

그래디언트 소멸은 제대로 설계되지 않은 딥러닝 시나리오에서 흔히 볼 수 있는 문제다. 그 래디언트 소멸은 역전파를 수행함에 따라 기울기가 갈수록 더욱 작아지는 경향이 있을때 발 생한다. 이는 뉴런이 너무 느리게 학습해 최적화가 중단됨을 의미한다. 소멸 그래디언트 문 제와 달리 폭발 그래디언트 문제는 역전파의 작은 변화로 인해 최적화 프로세스 동안 가중치 가 크게 갱신될 때 발생한다.

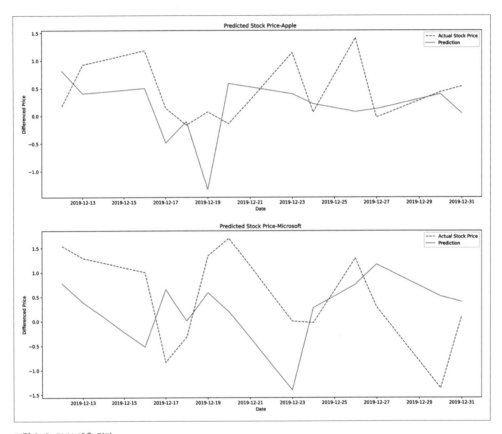

그림 3-2 RNN 예측 결과

RNN의 단점은 하비브 외[Haviv et al.](2019)에 다음과 같이 잘 기술돼 있다.

> "이는 과거 상태에 대한 네트워크의 종속성과 전체 입력 기록에 대한 네트워크의 종속성 때문이다. 이 능력에는 희생이 따른다—RNN은 훈련하기 어려운 것으로 알려져 있다(Pascanu et al., 2013a). 이 어려움은 일반적으로 오랜 시간에 걸쳐 오류를 전파하려고 할 때 나타나는 그래디언트 소멸과 관련이 있다(Hochreiter, 1998). 훈련이 성공하면 네트워크의 은닉 상태가 이러한 기억을 나타낸다. 훈련 전반에 걸쳐 그러한 표현이 어떻게 형성되는지 이해하면 기억 관련 작업의 학습을 개선하기 위한 새로운 길을 열 수 있다."

장단기 기억

LSTM 딥러닝 접근 방식은 호흐라이터와 슈미트후버[Hochreiter and Schmidhuber](1997)에 의해 개발됐으며 주로 GRU[Gated Recurrent Unit]를 기반으로 한다. GRU는 신경망 구조에서 가중치 갱신이 네트워크에 큰 변화를 일으키기에는 너무 작을 때 일반적으로 발생하는 그래디언트 소멸 문제를 극복하기 위해 제안됐다. GRU는 업데이트[Update]와 리셋[Reset]이라는 두 개의 게이트로 구성된다. 초기 관찰이 매우 중요한 것으로 감지되면 은닉 상태를 갱신하지 않는다. 이와 유사하게, 초기 관찰이 중요하지 않으면 상태를 재설정하게 된다.

앞서 설명한 대로 RNN의 가장 매력적인 기능 중 하나는 과거와 현재 정보를 연결하는 기능이다. 그러나 이 기능은 장기적인 종속성이 나타나면 작동하지 않는다. 장기 종속성은 모델이 초기 관찰에서 학습한다는 것을 의미한다.

예를 들어 다음 문장을 살펴보자.

> "국가마다 고유한 통화가 있다. 미국도 그렇다. 미국에서는 사람들이 달러로 거래한다…"

단기 종속성에 의하면 다음 예측 단어는 통화에 관한 것임을 알 수 있다. 그러나 어떤 나라의 통화에 관한 것인지 묻는다면 어떻게 될까? 만약 텍스트의 앞부분에서 더욱 다양한 국가를 언급했다면 이는 장기적인 종속성이 생기며 상황이 복잡해진다. 달러를 사용하는 국가와 관련된 무언가를 찾으려면 뒤로 돌아갈 필요가 있다.

LSTM은 장기 의존성에 관한 RNN의 약점을 공격하려고 한다. LSTM은 불필요한 정보를 제거해 좀 더 효율적으로 작동하도록 하는 매우 유용한 도구를 갖고 있다. LSTM은 게이트와 함께 작동해 관련 없는 데이터를 잊어버릴 수 있다.

이러한 게이트는 다음과 같다.

- 포겟^{forget} 게이트
- 입력 게이트
- 출력 게이트

포겟 게이트는 LSTM이 RNN보다 더 효율적으로 수행할 수 있도록 필요한 것과 불필요한 정보를 분류하기 위해 생성된다. 그렇게 할 때 관련이 없는 정보일 경우 활성화함수인 시그모이드의 값은 0이 된다.

포겟 게이트는 다음과 같이 식으로 나타낼 수 있다.

$$F_t = \sigma\left(X_t W_I + h_{t-1} W_f + b_f\right)$$

여기서 σ는 활성화함수, h_{t-1}은 이전 은닉 상태, W_I과 W_f는 가중치, 마지막으로 b_f는 포겟 셀의 편향 매개변수다.

입력 게이트에는 현재 시간 단계 X_t와 이전 시간 단계의 은닉 상태 $t-1$가 들어간다. 입력 게이트의 목표는 정보를 얼마나 장기 상태로 추가할지 그 정도를 결정하는 것이다.

입력 게이트는 다음과 같이 식으로 나타낼 수 있다.

$$I_t = \sigma\left(X_t W_I + h_{t-1} W_f + b_I\right)$$

출력 게이트는 기본적으로, 읽어야 하는 출력의 범위를 결정하고 다음과 같이 작동한다.

$$O_t = \sigma\left(X_t W_o + h_{t-1} W_o + b_I\right)$$

이러한 게이트만이 LSTM의 유일한 구성 요소인 것은 아니다.

다른 구성 요소는 다음과 같다.

- 후보 기억 셀candiate memory cell

- 기억 셀memory cell

- 은닉 상태hidden state

후보 기억 셀은 정보가 셀cell 상태로 전달되는 정도를 결정한다. 이와 달리 후보 셀의 활성화함수는 tanh이고 다음 형식을 취한다.

$$\widehat{C_t} = \phi(X_t W_c + h_{t-1} W_c + b_c)$$

기억 셀을 통해 LSTM은 정보를 기억하거나 잊어버릴 수 있다.

$$C_t = F_t \odot C + t - 1 + I_t \odot \widehat{C_t}$$

여기서 $\odot$는 아다마르 곱Hadamard Product이다.

이러한 순환 네트워크에서 은닉 상태는 정보를 순환시키는 도구다. 기억 셀은 출력 게이트를 은닉 상태와 연결한다.

$$h_t = \phi(c_t) \odot O_t$$

그림 3-3은 LSTM 구조를 보여준다.

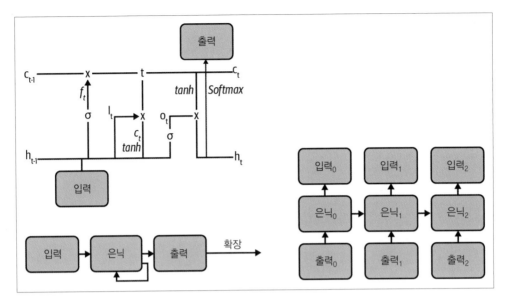

그림 3-3 LSTM 구조

이제 LSTM을 사용해 주가를 예측해보자.

```
In [18]: from tensorflow.keras.layers import LSTM
```

```
In [19]: n_steps = 13 ❶
         n_features = 1 ❷
```

```
In [20]: model = Sequential()
         model.add(LSTM(512, activation='relu',
                 input_shape=(n_steps, n_features),
                 return_sequences=True)) ❸
         model.add(Dropout(0.2)) ❹
         model.add(LSTM(256,activation='relu')) ❺
         model.add(Flatten()) ❻
         model.add(Dense(1, activation='linear')) ❼
```

```
In [21]: model.compile(optimizer='rmsprop', loss='mean_squared_error',
         metrics=['mse']) ❽
```

```
In [22]: history = model.fit(X_aapl, y_aapl,
                         epochs=400, batch_size=150, verbose=0,
```

                          validation_split = 0.10) ❾

In [23]: start = X_aapl[X_aapl.shape[0] - 13]
         x_input = start
         x_input = x_input.reshape((1, n_steps, n_features))

❶ 예측 단계 수 정의
❷ 특징의 수를 1로 정의
❸ 은닉 뉴런의 개수, relu 활성화함수, 입력 형태 파악
❹ 과적합을 방지하기 위해 드롭아웃 계층 추가
❺ relu 활성화함수를 사용해 256개의 뉴런이 있는 은닉층을 하나 더
❻ 3차원 행렬을 벡터화하기 위해 모델 평탄화
❼ 선형 활성화함수로 출력 계층 추가
❽ LSTM을 rmsprop(Root Mean Square Propagation)과 mean_squared_error(평균 제곱 오차)로 컴파일
❾ LSTM 모델을 애플 주가에 적합화

RMSProp(Root Mean Square Propagation)은 각 가중치에 대한 제곱 기울기의 이동 평균을 계산하는 최적화 방법이다. 그런 다음 새로운 가중치를 계산할 때 가중치의 차이를 사용한다.

$$v_t = \rho_{v_{t-1}} + 1 - \rho g_t^2$$

$$\Delta w_t = -\frac{v}{\sqrt{\eta + \epsilon}} g_t$$

$$w_{t+1} = w_t + \Delta w_t$$

동일한 절차를 따라 마이크로소프트 주가에 대한 예측 분석을 수행한다.

In [24]: tempList_aapl = []
         for i in range(len(diff_test_aapl)):
             x_input = x_input.reshape((1, n_steps, n_features))
             yhat = model.predict(x_input, verbose=0)
             x_input = np.append(x_input, yhat)
             x_input = x_input[1:]
             tempList_aapl.append(yhat)

```
In [25]: history = model.fit(X_msft, y_msft,
                             epochs=400, batch_size=150, verbose=0,
                             validation_split = 0.10)

In [26]: start = X_msft[X_msft.shape[0] - 13]
         x_input = start
         x_input = x_input.reshape((1, n_steps, n_features))

In [27]: tempList_msft = []
         for i in range(len(diff_test_msft)):
             x_input = x_input.reshape((1, n_steps, n_features))
             yhat = model.predict(x_input, verbose=0)
             x_input = np.append(x_input, yhat)
             x_input = x_input[1:]
             tempList_msft.append(yhat)
```

다음 코드는 예측 결과를 보여주는 그림 3-4의 도면을 그린다.

```
In [28]: fig, ax = plt.subplots(2, 1, figsize=(18, 15))
         ax[0].plot(diff_test_aapl, label='Actual Stock Price', linestyle='--')
         ax[0].plot(diff_test_aapl.index, np.array(tempList_aapl).flatten(),
                    linestyle='solid', label="Prediction")
         ax[0].set_title('Predicted Stock Price-Apple')
         ax[0].legend(loc='best')
         ax[1].plot(diff_test_msft, label='Actual Stock Price', linestyle='--')
         ax[1].plot(diff_test_msft.index, np.array(tempList_msft).flatten(),
                    linestyle='solid', label="Prediction")
         ax[1].set_title('Predicted Stock Price-Microsoft')
         ax[1].legend(loc='best')

         for ax in ax.flat:
             ax.set(xlabel='Date', ylabel='$')
         plt.show()
```

LSTM은 특히 극단값을 더 잘 포착하는 데 있어서 RNN보다 성능이 우수한 것으로 보인다.

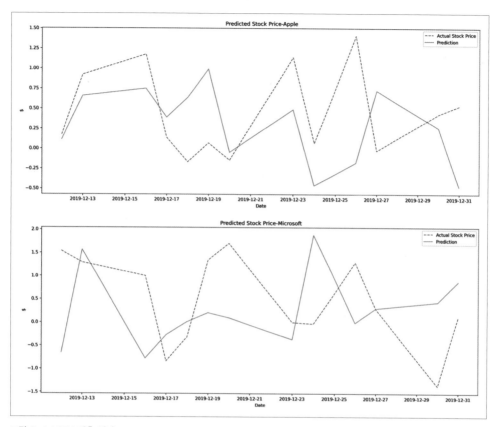

그림 3-4 LSTM 예측 결과

결론

3장에서는 딥러닝을 기반으로 주가를 예측하는 방법을 알아봤다. 사용된 모델은 더 긴 기간을 처리할 수 있는 RNN 및 LSTM이다. 이러한 모델로 현저하게 개선이 이뤄지지는 않지만 여전히 시계열 데이터를 모델링하는 데 사용할 수 있다. 여기서 LSTM은 예측을 위해 13단계 룩백^{lookback} 기간을 고려했다. 확장을 위해서는 모수적 시계열 모델에서는 허용되지 않았던 여러 특징을 딥러닝 기반 모델에 포함시켜보는 것이 더욱 현명한 접근 방식일 것이다. 4장에서는 성능을 비교할 수 있도록 매개변수와 ML 모델을 기반으로 한 변동성 예측을 설명한다.

참고문헌

Ding, Daizong, et al. 2019. "Modeling Extreme Events in Time Series Prediction." *Proceedings of the 25th ACM SIGKDD International Conference on Knowledge Discovery and Data Mining.* 1114-1122.

Haviv, Doron, Alexander Rivkind, and Omri Barak. 2019. "Understanding and Controlling Memory in Recurrent Neural Networks." arXiv preprint. arXiv: 1902.07275.

Hochreiter, Sepp, and Jurgen Schmidhuber. 1997. "Long Short-term Memory." *Neural Computation* 9 (8): 1735-1780.

LeCun, Yann, Yoshua Bengio, and Geoffrey Hinton. 2015. "Deep Learning." *Nature* 521, (7553): 436-444.

Buduma, N., and N. Locascio. 2017. *Fundamentals of Deep Learning: Designing Nextgeneration Machine Intelligence Algorithms.* Sebastopol: O'Reilly.

Goodfellow, I., Y. Bengio, and A. Courville. 2016. *Deep Learning.* Cambridge, MA: MIT Press.

Nielsen, A. 2019. *Practical Time Series Analysis: Prediction with Statistics and Machine Learning.* Sebastopol: O'Reilly.

Patterson, Josh, and Adam Gibson. 2017. *Deep Learning: A Practitioner'S Approach.* Sebastopol: O'Reilly.

Sejnowski, Terrence J. 2018. *The Deep Learning Revolution.* Cambridge, MA: MIT Press.

2부

시장, 신용, 유동성, 운영 리스크에서의 머신러닝

4장

머신러닝 기반 변동성 예측

"조건부 수익률 분포의 가장 중요한 특징은 두 번째 모멘트 구조이며, 이는 경험적으로 분포의 지배적인 시간 변화 특성이다. 이 사실은 수익 변동성의 모델링과 예측에 대한 방대한 연구에 박차를 가했다."

– 앤더슨 외[Andersen et al.](2003)

"어떤 개념은 이해하기는 쉽지만 정의하기가 어렵다. 이는 변동성에 대해서도 마찬가지다." 이것은 마코위츠[Markowitz] 이전에 살았던 사람의 이야기일 수 있다. 마코위츠는 변동성을 매우 명확하고 직관적으로 모델링했기 때문이다. 마코위츠는 유명한 포트폴리오 이론을 제안했는데, 거기서 변동성을 표준편차로 정의했다. 그 이후로 금융과 수학은 더 밀접하게 연관됐다.

변동성은 투자자에게 정보 신호를 제공할 뿐만 아니라 다양한 금융 모델의 입력으로 사용된다는 점에서 금융에서 중추적 역할을 한다. 변동성이 중요하게 된 이유는 무엇일까? 그 대답은 재무 모델의 주요 특성인 불확실성의 중요성에서 기인한다.

점점 더 통합돼가는 금융 시장은 해당 시장의 불확실성을 장기화하고 금융 자산의 가치가 변하는 정도를 나타내는 변동성의 중요성이 더욱 강조되고 있는 것이다. 위험의 지표로 사용되는 변동성은 자산 가격 산정과 위험 관리를 포함한 여러 분야에서 가장 중요한 변수 중 하나다. 변동성은 늘 존재하며 또 그 잠재성으로 인해 모델링이 필수적이다. 위험 척도로서의 변동성은 1996년에 발효된 바젤[Basel] 협정 이후 위험 관리에서 핵심적인 역할을 하게 됐다(Karasan and Gaygisiz, 2020).

탁월한 연구들 즉 블랙Black(1976), 앤더슨과 볼레스러프Andersen and Bollerslev(1997), 라주와 고쉬Raju and Ghosh(2004), 도쿠차예프Dokuchaev(2014), 드 스테파니 외De Stefani et al.(2017)를 따라 점점 더 많은 문헌에서 변동성 추정에 관해 다루고 있다. 여기서는 변동성 클러스터링, 정보 비대칭 등과 같은 실패를 유발할 수 있는 특정 단점을 가진 ARCH와 GARCH 유형 모델을 사용하는 변동성 예측의 오랜 전통에 대해 다룬다. 이러한 문제는 다양한 모델로 해결되지만 최근 금융 시장의 변동과 머신러닝의 발전으로 인해 연구자들은 변동성 추정을 재고하게 됐다.

4장의 목표는 ML 기반 모델을 사용해 예측 성능을 향상시킬 수 있는 방법을 보여주는 것이다. 여기서는 서포트 벡터 회귀, 신경망, 딥러닝을 지원하는 다양한 머신러닝 알고리듬을 살펴보고 예측 성능을 비교할 것이다.

변동성을 모델링하는 것은 불확실성을 모델링하는 것이므로, 불확실성을 더 잘 이해하고 접근하면 실세계를 충분히 근사할 수 있다. 제안된 모델이 실상황을 설명하는 정도를 측정하려면 실현 변동성Realized volatility이라고도 하는 수익 변동성을 계산해야 한다. 실현 변동성은 수익률 제곱의 합인 실현 분산의 제곱근이다. 실현 변동성은 변동성 예측 방법의 성능을 계산하는 데 사용된다. 수익률 변동성에 대한 공식은 다음과 같다.

$$\hat{\sigma} = \sqrt{\frac{1}{n-1}\sum_{n=1}^{N}(r_n - \mu)^2}$$

여기서 r과 μ는 수익률과 평균 수익률이고 n은 관측치의 수다.

파이썬에서는 수익률 변동성이 어떻게 계산되는지 보자.

```
In [1]: import numpy as np
        from scipy.stats import norm
        import scipy.optimize as opt
        import yfinance as yf
        import pandas as pd
        import datetime
        import time
```

```
        from arch import arch_model
        import matplotlib.pyplot as plt
        from numba import jit
        from sklearn.metrics import mean_squared_error as mse
        import warnings
        warnings.filterwarnings('ignore')

In [2]: stocks = '^GSPC'
        start = datetime.datetime(2010, 1, 1)
        end = datetime.datetime(2021, 8, 1)
        s_p500 = yf.download(stocks, start=start, end = end, interval='1d')
        [*******************100%**********************] 1 of 1 completed

In [3]: ret = 100 * (s_p500.pct_change()[1:]['Adj Close']) ❶
        realized_vol = ret.rolling(5).std()

In [4]: plt.figure(figsize=(10, 6))
        plt.plot(realized_vol.index,realized_vol)
        plt.title('Realized Volatility- S&P-500')
        plt.ylabel('Volatility')
        plt.xlabel('Date')
        plt.show()
```

❶ 조정 종가를 기반으로 S&P 500의 수익률을 계산한다.

그림 4-1은 2010-2021년 기간 동안 S&P 500의 실현 변동성을 보여준다. 가장 눈에 띄는 점은 코로나19 사태를 둘러싼 급증이다.

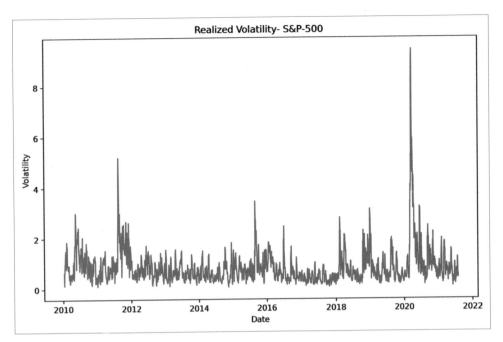

그림 4-1 실현 변동성 – S&P 500

변동성을 추정하는 방식은 관련 분석의 신뢰성과 정확성에 분명히 영향을 미친다. 따라서 4장에서는 ML 기반 모델의 우수한 예측 성능을 보여주기 위해 고전적 방법과 ML 기반 변동성 예측 기술을 모두 다룬다. 새로운 ML 기반 모델을 비교하기 위해 고전적 변동성 모델을 모델링하는 것부터 시작한다. 잘 알려진 고전적 변동성 모델에는 다음과 같은 것들이 있다.

- ARCH
- GARCH
- GJR-GARCH
- EGARCH

이제 고전적인 변동성 모델을 파헤쳐보자. ARCH 모델부터 시작하겠다.

ARCH 모델

변동성을 모델링하려는 초기 시도 중 하나는 이글^{Eagle}(1982)에 의해 제안됐으며 ARCH 모델로 알려져 있다. ARCH 모델은 일변량 모델이며 과거 자산 수익률을 기반으로 한다. ARCH(p) 모델의 식은 다음과 같다.

$$\sigma_t^2 = \omega + \sum_{k=1}^{p} \alpha_k (r_{t-k})^2$$

여기서 평균 모델은 다음과 같다.

$$r_t = \sigma_t \epsilon_t$$

여기서 t는 정규분포를 따른다고 가정한다. 이 모수적 모델에서는 모두 양의 분산을 갖기 위해서는 몇 가지 가정을 충족해야 한다. 이와 관련해 다음 조건이 충족돼야 한다.

- $\omega > 0$

- $\alpha_k \geq 0$

모든 식은 ARCH가 과거 수익률의 제곱으로 변동성을 추정하는 일변량 및 비선형 모델임을 알려준다.

ARCH의 가장 두드러진 특징 중 하나는 시간에 따라 변하는 조건부 분산[1]의 속성을 가지고 있다는 것이다. 이로 인해 ARCH는 변동성 클러스터링으로 알려진 현상을 모델링할 수 있다. 변동성 군집화^{clustering}란 만델브로^{Mandelbrot}(1963)가 설명한 것처럼 작은 변화는 대개 작은 변화 뒤에 오는 경향이 있고 큰 변화는 큰 변화 뒤에 발생하는 경향이 있다는 것이다. 따라서 시장에 중요한 발표가 나면 큰 변동성을 초래할 수 있다.

다음 코드는 군집화를 도식화 방법과 군집화의 모양으로 보여준다.

---

1   조건부 분산은 변동성 추정이 과거 자산 수익률의 함수라는 의미다.

```
In [5]: retv = ret.values ❶

In [6]: plt.figure(figsize=(10, 6))
        plt.plot(s_p500.index[1:], ret)
        plt.title('Volatility clustering of S&P-500')
        plt.ylabel('Daily returns')
        plt.xlabel('Date')
        plt.show()
```

❶ 데이터프레임을 numpy 형태로 반환

실현 변동성의 급등과 유사하게 그림 4-2는 몇 가지 큰 움직임을 보여주며, 당연히 이러한 기복은 2020년 중반의 코로나19 대유행과 같은 중요한 사건을 중심으로 발생했다.

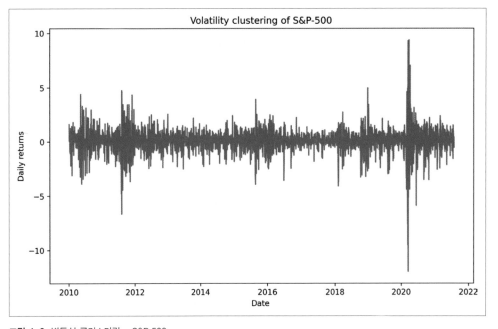

그림 4-2 변동성 클러스터링 – S&P 500

단순성, 비선형성, 용이성 및 예측 조정과 같은 매력적인 기능에도 불구하고 ARCH 모델에는 다음과 같은 몇 가지 단점이 있다.

- 양 및 음의 충격에 대해 동일하게 반응한다.

- 매개변수 제한과 같은 강력한 가정이 필요하다

- 큰 움직임에 대한 느린 조정으로 인한 잘못된 예측 가능성이 있다.

이러한 단점으로 인해 연구자들은 ARCH 모델의 확장, 특히 볼레스러프와 테일러[Bollerslev and Taylor](1986)가 제안한 GARCH 모델을 연구하게 됐으며 이에 대해서는 곧 살펴보게 될 것이다.

이제 ARCH 모델을 사용해 변동성을 예측해보겠다. 먼저 자체 파이썬 코드를 생성한 다음 이를 ARCH 라이브러리의 내장함수와 비교해 차이점을 확인한다.

```
In [7]: n = 252
        split_date = ret.iloc[-n:].index ❶


In [8]: sgm2 = ret.var() ❷
        K = ret.kurtosis() ❸
        alpha = (-3.0 * sgm2 + np.sqrt(9.0 * sgm2 ** 2 - 12.0 *
                                (3.0 * sgm2 - K) * K)) / (6 * K) ❹
        omega = (1 - alpha) * sgm2 ❺
        initial_parameters = [alpha, omega]
        omega, alpha
Out[8]: (0.6345749196895419, 0.46656704131150534)


In [9]: @jit(nopython=True, parallel=True) ❻
        def arch_likelihood(initial_parameters, retv):
            omega = abs(initial_parameters[0]) ❼
            alpha = abs(initial_parameters[1]) ❼
            T = len(retv)
            logliks = 0
            sigma2 = np.zeros(T)
            sigma2[0] = np.var(retv) ❽
            for t in range(1, T):
                sigma2[t] = omega + alpha * (retv[t - 1]) ** 2 ❾
```

```
        logliks = np.sum(0.5 * (np.log(sigma2)+retv ** 2 / sigma2)) ❿
        return logliks



In [10]: logliks = arch_likelihood(initial_parameters, retv)
         logliks
Out[10]: 1453.127184488521


In [11]: def opt_params(x0, retv):
             opt_result = opt.minimize(arch_likelihood, x0=x0, args = (retv),
                                       method='Nelder-Mead',
                                       options={'maxiter': 5000}) ⓫
             params = opt_result.x ⓬
             print('\nResults of Nelder-Mead minimization\n{}\n{}'
                   .format(''.join(['-'] * 28), opt_result))
             print('\nResulting params = {}'.format(params))
             return params

In [12]: params = opt_params(initial_parameters, retv)


         Results of Nelder-Mead minimization
         ----------------------------
          final_simplex: (array([[0.70168795, 0.39039044],
                [0.70163494, 0.3904423 ],
             [0.70163928, 0.39033154]]), array([1385.79241695,
                1385.792417, 1385.79241907]))
                    fun: 1385.7924169507244
                message: 'Optimization terminated successfully.'
                   nfev: 62
                    nit: 33
                 status: 0
                success: True
                      x: array([0.70168795, 0.39039044])


         Resulting params = [0.70168795 0.39039044]


In [13]: def arch_apply(ret):
             omega = params[0]
             alpha = params[1]
             T = len(ret)
```

```
        sigma2_arch = np.zeros(T + 1)
        sigma2_arch[0] = np.var(ret)
        for t in range(1, T):
            sigma2_arch[t] = omega + alpha * ret[t - 1] ** 2
        return sigma2_arch

In [14]: sigma2_arch = arch_apply(ret)
```

❶ 분할 위치 정의 및 분할 변수에 분할 데이터 할당
❷ S&P 500의 분산 계산
❸ S&P 500의 첨도 계산
❹ 기울기 계수 α의 초깃값 식별
❺ 상수항 ω의 초깃값 식별
❻ 병렬 처리를 사용해 처리 시간 단축
❼ 절댓값을 취하고 초깃값을 관련 변수에 할당
❽ 변동성의 초깃값 식별
❾ S&P 500 분산 반복
❿ 로그 우도 계산
⓫ 로그 우도 함수 최소화
⓬ 최적화 매개변수로 사용할 params 변수 생성

자, 이제 자체 최적화 방법과 ARCH 방정식을 사용해 ARCH를 통해 변동성을 모델링했다. 그리고 내장된 파이썬 코드와 비교해보자. 내장 코드는 arch 라이브러리에서 임포트할 수 있으며 사용이 매우 쉽다. 내장함수의 결과는 다음과 같다. 이 두 결과는 서로 매우 유사하다.

```
In [15]: arch = arch_model(ret, mean='zero', vol='ARCH', p=1).fit(disp='off')
         print(arch.summary())

                    Zero Mean - ARCH Model Results                        \
=============================================================================
Dep. Variable:              Adj Close   R-squared:                     0.000
Mean Model:                 Zero Mean   Adj. R-squared:                0.000
Vol Model:                       ARCH   Log-Likelihood:             -4063.63
Distribution:                  Normal   AIC:                         8131.25
Method:          Maximum Likelihood     BIC:                         8143.21
No. Observations:                2914

Date:               Mon, Sep 13 2021   Df Residuals:                   2914
Time:                        21:56:56   Df Model:                          0
```

```
                         Volatility Model
=====================================================================
                coef      std err         t       P>|t|   95.0% Conf. Int.
---------------------------------------------------------------------
omega          0.7018    5.006e-02      14.018    1.214e-44 [  0.604,  0.800]
alpha[1]       0.3910    7.016e-02       5.573    2.506e-08 [  0.253,  0.529]
=====================================================================

Covariance estimator: robust
```

자체 코드를 개발해보면 항상 도움이 되고 이해도 향상되지만 그렇다고 내장함수나 라 이브러리를 사용할 필요가 없다는 의미는 아니다. 오히려 이러한 함수는 효율성과 사용 편의성이 더 쉽다.

단순히 for 루프를 만들고 적절한 정보 기준을 정의하기만 하면 된다. 여기서는 모델과 지연을 정하기 위해 BIC[Bayesian Information Criteria]를 선택했다. BIC를 사용한 이유는 충분한 표본이 있는 한 BIC가 번햄과 앤더슨[Burnham and Anderson](2002와 2004)에 있는 신뢰할 수 있 는 모델 선택 도구이기 때문이다.

이제 ARCH 모델을 1에서 5 지연까지 반복한다.

```
In [16]: bic_arch = []

         for p in range(1, 5): ❶
             arch = arch_model(ret, mean='zero', vol='ARCH', p=p)\
                     .fit(disp='off') ❷
             bic_arch.append(arch.bic)
             if arch.bic == np.min(bic_arch): ❸
                 best_param = p
         arch = arch_model(ret, mean='zero', vol='ARCH', p=best_param)\
                 .fit(disp='off') ❹
         print(arch.summary())
         forecast = arch.forecast(start=split_date[0]) ❺
         forecast_arch = forecast
```

116

```
                 Zero Mean - ARCH Model Results
================================================================
Dep. Variable:              Adj Close   R-squared:                  0.000
Mean Model:                 Zero Mean   Adj. R-squared:             0.000
Vol Model:                       ARCH   Log-Likelihood:          -3712.38
Distribution:                  Normal   AIC:                      7434.75
Method:          Maximum Likelihood     BIC:                      7464.64
No. Observations:                2914
Date:               Mon, Sep 13 2021    Df Residuals:                2914
Time:                        21:56:58   Df Model:                       0
                 Volatility Model


================================================================

               coef     std err         t      P>|t|    95.0% Conf. Int.
----------------------------------------------------------------
omega        0.2798    2.584e-02    10.826   2.580e-27   [ 0.229, 0.330]
alpha[1]     0.1519    3.460e-02     4.390   1.136e-05  [8.406e-02, 0.220]
alpha[2]     0.2329    3.620e-02     6.433   1.249e-10   [ 0.162, 0.304]
alpha[3]     0.1917    3.707e-02     5.170   2.337e-07   [ 0.119, 0.264]
alpha[4]     0.1922    4.158e-02     4.623   3.780e-06   [ 0.111, 0.274]
================================================================
```

Covariance estimator: robust

```python
In [17]: rmse_arch = np.sqrt(mse(realized_vol[-n:] / 100,
                          np.sqrt(forecast_arch\
                          .variance.iloc[-len(split_date):]
                          / 100))) ❻
         print('The RMSE value of ARCH model is {:.4f}'.format(rmse_arch))
         The RMSE value of ARCH model is 0.0896
```

```python
In [18]: plt.figure(figsize=(10, 6))
         plt.plot(realized_vol / 100, label='Realized Volatility')
         plt.plot(forecast_arch.variance.iloc[-len(split_date):] / 100,
                 label='Volatility Prediction-ARCH')
         plt.title('Volatility Prediction with ARCH', fontsize=12)
         plt.legend()
         plt.show()
```

❶ 지정된 구간 동안 ARCH 매개변수 p 반복
❷ 다른 p 값으로 ARCH 모델 실행
❸ 최적의 모델을 선택하기 위한 최소 BIC 점수 찾기
❹ 최고의 p 값으로 ARCH 모델 실행
❺ 최적화된 ARCH 모델을 기반으로 변동성 예측
❻ RMSE(평균 제곱근 오차) 점수 계산

첫 번째 모델을 기반으로 한 변동성 예측 결과는 그림 4-3에 나와 있다.

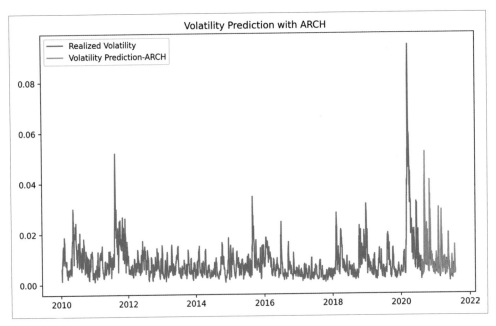

그림 4-3 ARCH 모델을 사용한 변동성 예측

GARCH 모델

GARCH는 지연 조건 분산을 통합한 ARCH 모델의 확장이다. ARCH에 p개의 지연된 조건부 분산을 추가해 개선하면 다변량 GARPH 모델이 되는데, 이는 p개의 지연 제곱 수익률과 q개의 지연 조건부 분산을 갖는 조건 분산의 자기 회귀 이동 평균 모델이다.

GARCH(p, q)는 다음과 같이 나타낼 수 있다.

$$\sigma_t^2 = \omega + \sum_{k=1}^{q} \alpha_k r_{t-k}^2 + \sum_{k=1}^{p} \beta_k \sigma_{t-k}^2$$

여기서 ω, β, α는 추정하려는 매개변수이고 p와 q는 모델의 최대 지연이다. GARCH가 일관성을 가지려면 다음 조건이 충족돼야 한다.

- $\omega > 0$

- $\beta \geq 0$

- $\alpha \geq 0$

- $\beta + \alpha < 1$

ARCH 모델은 과거 혁신적 영향을 포착할 수 없다. 그러나 GARCH 모델은 무한차 ARCH로 표현될 수 있기 때문에 좀 더 간결한 모델로서 역사적 혁신의 변화를 설명할 수 있다. GARCH가 ARCH의 무한 차수로 어떻게 표시되는지 보자.

$$\sigma_t^2 = \omega + \alpha r_{t-1}^2 + \beta \sigma_{t-1}^2$$

그런 다음 σ_{t-2}^2를 $\omega + \alpha r_{t-3}^2 + \beta \sigma_{t-3}^2$로 바꾼다.

$$\sigma_t^2 = \omega + \alpha r_{t-1}^2 + \beta\left(\omega + \alpha r_{t-2}^2 \sigma_{t-2}^2\right)$$

$$= \omega(1 + \beta) + \alpha r_{t-1}^2 + \beta \alpha r_{t-2}^2 + \beta^2 \sigma_{t-2}^2)$$

이제 σ_{t-2}^2를 $\omega + \alpha r_{t-3}^2 + \beta \sigma_{t-3}^2$로 대체하고 필요한 연산을 하고 나면 다음을 얻는다.

$$\sigma_t^2 = \omega\left(1 + \beta + \beta^2 + \dots\right) + \alpha \sum_{k=1}^{\infty} \beta^{k-1} r_{t-k}$$

ARCH 모델과 유사하게 파이썬에서 GARCH를 사용해 변동성을 모델링하는 방법은 여러 가지가 있다. 먼저 최적화 기술을 사용해 자체 파이썬 기반 코드를 개발해보자. 다음은 arch 라이브러리를 사용해 변동성을 예측한다.

```
In [19]: a0 = 0.0001
         sgm2 = ret.var()
         K = ret.kurtosis()
         h = 1 - alpha / sgm2
         alpha = np.sqrt(K * (1 - h ** 2) / (2.0 * (K + 3)))
         beta = np.abs(h - omega)
         omega = (1 - omega) * sgm2
         initial_parameters = np.array([omega, alpha, beta])
         print('Initial parameters for omega, alpha, and beta are \n{}\n{}\n{}'
               .format(omega, alpha, beta))
         Initial parameters for omega, alpha, and beta are
         0.43471178001576827
         0.512827280537482
         0.02677799855546381


In [20]: retv = ret.values


In [21]: @jit(nopython=True, parallel=True)
         def garch_likelihood(initial_parameters, retv):
             omega = initial_parameters[0]
             alpha = initial_parameters[1]
             beta = initial_parameters[2]
             T = len(retv)
             logliks = 0
             sigma2 = np.zeros(T)
             sigma2[0] = np.var(retv)
             for t in range(1, T):
                 sigma2[t] = omega + alpha * (retv[t - 1]) ** 2 +
                             beta * sigma2[t-1]
             logliks = np.sum(0.5 * (np.log(sigma2) + retv ** 2 / sigma2))
             return logliks


In [22]: logliks = garch_likelihood(initial_parameters, retv)
         print('The Log likelihood is {:.4f}'.format(logliks))
         The Log likelihood is 1387.7215


In [23]: def garch_constraint(initial_parameters):
             alpha = initial_parameters[0]
             gamma = initial_parameters[1]
             beta = initial_parameters[2]
```

```
                return np.array([1 - alpha - beta])


In [24]: bounds = [(0.0, 1.0), (0.0, 1.0), (0.0, 1.0)]


In [25]: def opt_paramsG(initial_parameters, retv):
                opt_result = opt.minimize(garch_likelihood,
                                          x0=initial_parameters,
                                          constraints=np.array([1 - alpha - beta]),
                                          bounds=bounds, args = (retv),
                                          method='Nelder-Mead',
                                          options={'maxiter': 5000})
                params = opt_result.x
                print('\nResults of Nelder-Mead minimization\n{}\n{}'\
                      .format('-' * 35, opt_result))
                print('-' * 35)
                print('\nResulting parameters = {}'.format(params))
                return params


In [26]: params = opt_paramsG(initial_parameters, retv)

         Results of Nelder-Mead minimization
         -----------------------------------
          final_simplex: (array([[0.03918956, 0.17370549, 0.78991502],
               [0.03920507, 0.17374466, 0.78987403],
               [0.03916671, 0.17377319, 0.78993078],
          [0.03917324, 0.17364595, 0.78998753]]), array([979.87109624, 979.8710967 ,
          979.87109865, 979.8711147 ]))
                    fun: 979.8710962352685
                message: 'Optimization terminated successfully.'
                   nfev: 178
                    nit: 102
                 status: 0
                success: True
                      x: array([0.03918956, 0.17370549, 0.78991502])
         -----------------------------------

         Resulting parameters = [0.03918956 0.17370549 0.78991502]


In [27]: def garch_apply(ret):
                omega = params[0]
```

```
        alpha = params[1]
        beta = params[2]
        T = len(ret)
        sigma2 = np.zeros(T + 1)
        sigma2[0] = np.var(ret)
        for t in range(1, T):
            sigma2[t] = omega + alpha * ret[t - 1] ** 2 +
                        beta * sigma2[t-1]
        return sigma2
```

자체 GARCH 코드에서 얻은 매개변수는 대략 다음과 같다.

- $\omega = 0.0392$

- $\alpha = 0.1737$

- $\beta = 0.7899$

이제 내장된 파이썬 함수로 시도해보자.

```
In [28]: garch = arch_model(ret, mean='zero', vol='GARCH', p=1, o=0, q=1)\
               .fit(disp='off')
         print(garch.summary())
```

```
            Zero Mean - GARCH Model Results
==============================================================================
Dep. Variable:              Adj Close   R-squared:                      0.000
Mean Model:                 Zero Mean   Adj. R-squared:                 0.000
Vol Model:                      GARCH   Log-Likelihood:              -3657.62
Distribution:                  Normal   AIC:                          7321.23
Method:            Maximum Likelihood   BIC:                          7339.16
No. Observations:                2914
Date:                Mon, Sep 13 2021   Df Residuals:                    2914
Time:                        21:57:08   Df Model:                           0
```

```
================================================================
         coef     std err        t      P>|t|      95.0% Conf. Int.
----------------------------------------------------------------
omega    0.0392   8.422e-03     4.652   3.280e-06  [2.268e-02,5.569e-02]
alpha[1] 0.1738   2.275e-02     7.637   2.225e-14   [ 0.129, 0.218]
beta[1]  0.7899   2.275e-02    34.715   4.607e-264  [ 0.745, 0.835]
================================================================
```

Covariance estimator: robust

내장함수를 통해 얻은 매개변수가 우리의 것과 거의 같기 때문에 제대로 수행됐음을 확인할 수 있다. 이를 통해 변동성을 예측하기 위해 GARCH와 ARCH 모델을 코딩하는 방법을 배웠다.

GARCH(1, 1)로 작업하는 것이 쉬운 것은 분명하지만 매개변수가 최적인지를 알 수 있는 방법은 무엇일까? 가장 낮은 BIC 값을 얻으면 최적의 매개변수 집합으로 결정하자 (그리고 그렇게 함으로써 그림 4-4를 생성한다).

```
In [29]: bic_garch = []

         for p in range(1, 5):
             for q in range(1, 5):
                 garch = arch_model(ret, mean='zero', vol='GARCH', p=p, o=0, q=q)\
                         .fit(disp='off')
                 bic_garch.append(garch.bic)
                 if garch.bic == np.min(bic_garch):
                     best_param = p, q
         garch = arch_model(ret, mean='zero', vol='GARCH',
                             p=best_param[0], o=0, q=best_param[1])\
                 .fit(disp='off')
         print(garch.summary())
         forecast = garch.forecast(start=split_date[0])
         forecast_garch = forecast
```

```
            Zero Mean - GARCH Model Results
==============================================================================
Dep. Variable:           Adj Close   R-squared:                        0.000
Mean Model:              Zero Mean   Adj. R-squared:                   0.000
Vol Model:                   GARCH   Log-Likelihood:                -3657.62
Distribution:               Normal   AIC:                            7321.23
Method:         Maximum Likelihood   BIC:                            7339.16
No. Observations:             2914
Date:          Mon, Sep 13 2021   Df Residuals:                       2914
Time:                  21:57:10   Df Model:                              0
Volatility Model


==============================================================================
              coef     std err        t      P>|t|      95.0% Conf. Int.
------------------------------------------------------------------------------
omega       0.0392   8.422e-03     4.652   3.280e-06  [2.268e-02, 5.569e-02]
alpha[1]    0.1738   2.275e-02     7.637   2.225e-14      [ 0.129, 0.218]
beta[1]     0.7899   2.275e-02    34.715   4.607e-264     [ 0.745, 0.835]
==============================================================================

        Covariance estimator: robust
```

```python
In [30]: rmse_garch = np.sqrt(mse(realized_vol[-n:] / 100,
                                   np.sqrt(forecast_garch\
                                   .variance.iloc[-len(split_date):]
                                   / 100)))
         print('The RMSE value of GARCH model is {:.4f}'.format(rmse_garch))
         The RMSE value of GARCH model is 0.0878


In [31]: plt.figure(figsize=(10,6))
         plt.plot(realized_vol / 100, label='Realized Volatility')
         plt.plot(forecast_garch.variance.iloc[-len(split_date):] / 100,
                   label='Volatility Prediction-GARCH')
         plt.title('Volatility Prediction with GARCH', fontsize=12)
         plt.legend()
         plt.show()
```

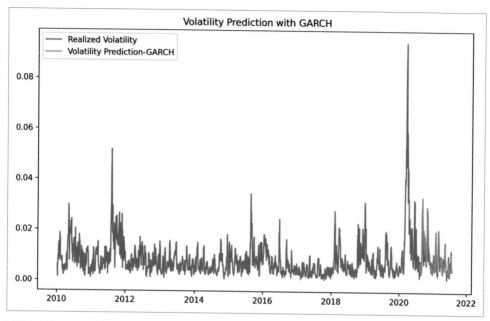

그림 4-4 GARCH를 사용한 변동성 예측

수익률의 변동성은 GARCH 모델로 잘 적합화된다. 변동성 클러스터링과 부분적으로는 수익의 급첨[leptokurtic] 속성을 설명하기 위해 GARCH는 수익이 독립적이라고 가정하지 않기 때문이다. 그러나 이러한 유용한 속성과 직관성에도 불구하고 GARCH는 충격의 비대칭 반응을 모델링할 수 없다(Karasan and Gaygisiz, 2020). 이 문제를 해결하기 위해 글로스텐[Glosten], 자가나단[Jaganathan] 그리고 런클[Runkle](1993)에 의해 GJR-GARCH가 제안됐다.

GJR-GARCH

GJR-GARCH 모델은 나쁜 소식이 좋은 소식보다 더 큰 영향을 미치는 방식으로 발표의 비대칭 효과를 잘 모델링한다. 즉, 비대칭이 있는 경우 손실의 분포가 이익의 분포보다 꼬리가 두꺼워진다. 모델 방정식은 매개변수 γ를 하나 더 포함하며 다음 형식을 취한다.

$$\log\left(\sigma_t^2\right) = \omega + \sum_{k=1}^{p} \beta_k \log\sigma_{t-k}^2 + \sum_{k=1}^{q} \alpha_i \frac{|r_{k-1}|}{\sqrt{\sigma_{t-k}^2}} + \sum_{k=1}^{q} \gamma_k \frac{r_{t-k}}{\sqrt{\sigma_{t-k}^2}}$$

여기서 γ는 발표의 비대칭성을 제어한다. 그리고 γ 값에 따라 다음과 같다.

$\gamma = 0$

과거 충격에 대한 반응은 동일하다.

$\gamma > 0$

과거의 부정적인 충격에 대한 반응은 긍정적인 것보다 더 강력하다.

$\gamma < 0$

과거의 긍정적인 충격에 대한 반응은 부정적인 것보다 더 강력하다.

이제 BIC를 사용해 최적의 매개변숫값을 찾고 그림 4-5를 생성하며 GJR-GARCH 모델을 실행해보자.

```
In [32]: bic_gjr_garch = []

         for p in range(1, 5):
             for q in range(1, 5):
                 gjrgarch = arch_model(ret, mean='zero', p=p, o=1, q=q)\
                             .fit(disp='off')
                 bic_gjr_garch.append(gjrgarch.bic)
                 if gjrgarch.bic == np.min(bic_gjr_garch):
                     best_param = p, q
         gjrgarch = arch_model(ret,mean='zero', p=best_param[0], o=1,
                             q=best_param[1]).fit(disp='off')
         print(gjrgarch.summary())
         forecast = gjrgarch.forecast(start=split_date[0])
         forecast_gjrgarch = forecast
```

```
              Zero Mean - GJR-GARCH Model Results
==============================================================================
Dep. Variable:              Adj Close   R-squared:                      0.000
Mean Model:                 Zero Mean   Adj. R-squared:                 0.000
Vol Model:                  GJR-GARCH   Log-Likelihood:              -3593.36
Distribution:                  Normal   AIC:                          7194.73
Method:           Maximum Likelihood   BIC:                          7218.64
No. Observations:                2914
Date:               Mon, Sep 13 2021   Df Residuals:                    2914
Time:                        21:57:14   Df Model:                           0
Volatility Model


==============================================================================
                 coef    std err          t      P>|t|      95.0% Conf. Int.
------------------------------------------------------------------------------
omega          0.0431  7.770e-03      5.542  2.983e-08   [2.784e-02,5.829e-02]
alpha[1]       0.0386  3.060e-02      1.261      0.207  [-2.139e-02,9.855e-02]
gamma[1]       0.2806  4.818e-02      5.824  5.740e-09        [ 0.186, 0.375]
beta[1]        0.7907  2.702e-02     29.263 3.029e-188        [ 0.738, 0.844]
==============================================================================

         Covariance estimator: robust


In [33]: rmse_gjr_garch = np.sqrt(mse(realized_vol[-n:] / 100,
                               np.sqrt(forecast_gjrgarch\
                               .variance.iloc[-len(split_date):]
                               / 100)))
         print('The RMSE value of GJR-GARCH models is {:.4f}'
               .format(rmse_gjr_garch))
         The RMSE value of GJR-GARCH models is 0.0882


In [34]: plt.figure(figsize=(10, 6))
         plt.plot(realized_vol / 100, label='Realized Volatility')
         plt.plot(forecast_gjrgarch.variance.iloc[-len(split_date):] / 100,
                 label='Volatility Prediction-GJR-GARCH')
         plt.title('Volatility Prediction with GJR-GARCH', fontsize=12)
         plt.legend()
         plt.show()
```

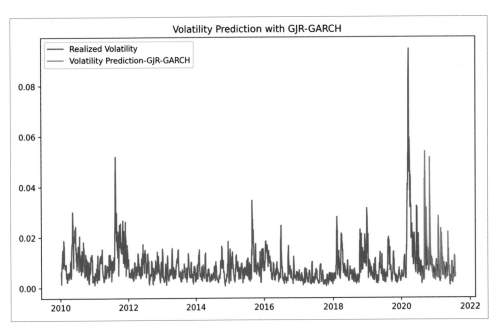

그림 4-5 GJR-GARCH EGARCH를 사용한 변동성 예측

EGARCH

GJR-GARCH 모델과 함께 넬슨[Nelson](1991)이 제안한 EGARCH 모델은 비대칭 공지의 효과를 제어하기 위한 또 다른 도구다. 또한 로그 형식으로 지정되므로 음의 변동성을 피하기 위한 추가적 제약이 필요 없다.

$$\log\left(\sigma_t^2\right) = \omega + \sum_{k=1}^{p} \beta_k \log\sigma_{t-k}^2 + \sum_{k=1}^{q} \alpha_i \frac{|r_{k-1}|}{\sqrt{\sigma_{t-k}^2}} + \sum_{k=1}^{q} \gamma_k \frac{r_{t-k}}{\sqrt{\sigma_{t-k}^2}}$$

EGARCH 방정식의 주요 차이점은 방정식의 왼쪽에 있는 분산에 로그를 취한다는 것이다. 이는 레버리지 효과를 나타내며, 과거 자산 수익률과 변동성 간에 음의 상관관계가 있음을 의미한다. $\gamma < 0$이면 레버리지 효과를 의미하고, $\gamma \neq 0$이면 변동성의 비대칭성을 나타낸다.

이전에 사용한 것과 동일한 절차에 따라 EGARCH 모델을 사용해 변동성을 모델링해보
자(결과는 그림 4-6).

```
In [35]: bic_egarch = []

         for p in range(1, 5):
             for q in range(1, 5):
                 egarch = arch_model(ret, mean='zero', vol='EGARCH', p=p, q=q)\
                         .fit(disp='off')
                 bic_egarch.append(egarch.bic)
                 if egarch.bic == np.min(bic_egarch):
                     best_param = p, q
         egarch = arch_model(ret, mean='zero', vol='EGARCH',
                         p=best_param[0], q=best_param[1])\
                 .fit(disp='off')
         print(egarch.summary())
         forecast = egarch.forecast(start=split_date[0])
         forecast_egarch = forecast


         Zero Mean - EGARCH Model Results
        ==============================================================================
        Dep. Variable:           Adj Close   R-squared:                    0.000
        Mean Model:              Zero Mean   Adj. R-squared:               0.000
        Vol Model:                  EGARCH   Log-Likelihood:            -3676.18
        Distribution:               Normal   AIC:                        7358.37
        Method:         Maximum Likelihood   BIC:                        7376.30
        No. Observations:             2914
        Date:            Mon, Sep 13 2021   Df Residuals:                  2914
        Time:                    21:57:19   Df Model:                         0
        Volatility Model


        ==============================================================================
                       coef    std err        t      P>|t|      95.0% Conf. Int.
        ------------------------------------------------------------------------------
        omega      2.3596e-03  6.747e-03    0.350      0.727  [-1.086e-02,1.558e-02]
        alpha[1]       0.3266  3.427e-02    9.530  1.567e-21      [ 0.259,  0.394]
        beta[1]        0.9456  1.153e-02   82.023      0.000      [ 0.923,  0.968]
        ==============================================================================
```

```
         Covariance estimator: robust

In [36]: rmse_egarch = np.sqrt(mse(realized_vol[-n:] / 100,
                                    np.sqrt(forecast_egarch.variance\
                                    .iloc[-len(split_date):] / 100)))
         print('The RMSE value of EGARCH models is {:.4f}'.format(rmse_egarch))
         The RMSE value of EGARCH models is 0.0904


In [37]: plt.figure(figsize=(10, 6))
         plt.plot(realized_vol / 100, label='Realized Volatility')
         plt.plot(forecast_egarch.variance.iloc[-len(split_date):] / 100,
                  label='Volatility Prediction-EGARCH')
         plt.title('Volatility Prediction with EGARCH', fontsize=12)
         plt.legend()
         plt.show()
```

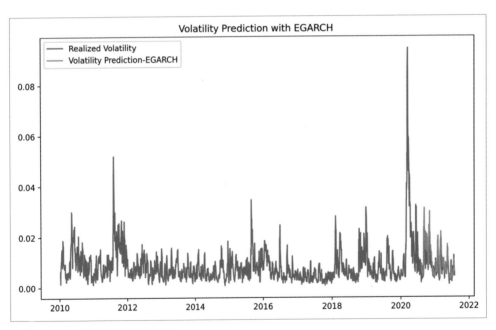

그림 4-6 EGARCH를 사용한 변동성 예측

표 4-1에 나와 있는 RMSE 결과를 살펴보면 최고 성능 모델과 최악 성능 모델은 각각
GARCH와 EGARCH이다. 그러나 여기서 사용한 모델의 성능에는 큰 차이가 없다. 특

히 나쁜 소식/좋은 소식이 발표되는 동안 시장의 비대칭으로 인해 EGARCH와 GJR-GARCH의 성능이 다를 수 있다.

표 4-1 네 가지 모델 모두에 대한 RMSE 결과

모델	RMSE
ARCH	0.0896
GARCH	0.0878
GJR-GARCH	0.0882
EGARCH	0.0904

지금까지 고전적인 변동성 모델에 대해 알아봤지만, 지금부터는 ML과 베이즈 접근 방식을 사용해 변동성을 모델링하는 방법을 살펴본다.

ML의 맥락에서 서포트 벡터 머신과 신경망은 첫 번째 고려 대상 모델이 될 것이다.

서포트 벡터 회귀: GARCH

서포트 벡터 머신^{SVM}은 분류와 회귀 모두에 적용할 수 있는 지도 학습 알고리듬이다. SVM의 목적은 두 부류를 구분하는 선을 찾는 것이다. 말은 쉽지만 난해한 부분이 있다. 부류를 구별하는 데 사용할 수 있는 선이 거의 무한 개라는 점이다. 그러나 부류를 완벽하게 구별할 수 있는 최적의 선을 찾고자 한다.

선형 대수학에서 최적의 선은 초평면이라고 부르며, 초평면에 가장 가깝지만 다른 부류에 속하는 점 사이의 거리를 최대화한다. 두 점 사이의 거리(서포트 벡터)를 마진^{margin}이라고 한다. 따라서 SVM에서 하려는 것은 서포트 벡터 사이의 마진을 최대화하는 것이다.

분류를 위한 SVM은 서포트 벡터 분류^{SVC}로 알려져 있다. SVM의 모든 특성을 유지하면서 회귀에 적용할 수도 있다. 다시 말하지만, 이 회귀의 목표는 오차를 최소화하고 마진을 최대화하는 초평면을 찾는 것이다. 이 방법을 SVR$^{Support\ Vector\ Regression}$이라고 하며 여기서 SVR을 GARCH 모델에 적용한다. 이 두 모델을 결합하면 SVRGARCH가 된다.

커널함수

작업하는 데이터가 선형으로 분리될 수 없다면 어떻게 될까? 그 경우 큰 골칫거리가 되겠지만 걱정하지 말라. 이 문제를 해결할 커널함수라는 것이 있기 때문이다. 커널함수는 비선형과 고차원 데이터를 모델링 하는 훌륭하고도 쉬운 방법이다.

커널 SVM에서 취하는 단계는 다음과 같다.

> 1. 데이터를 고차원으로 이동
>
> 2. 적절한 초평면 찾기
>
> 3. 초기 데이터로 돌아가기

이를 위해 커널함수를 사용한다.

특징 맵이라는 아이디어를 사용해 원시 변수는 새로운 수 집합에 매핑된 다음 학습 알고리듬에 전달된다.

마지막으로 입력 데이터 대신 최적화 절차에서 다음과 같은 주요 커널함수를 사용한다.

다항 커널

$$K(x, z) = \left(x^T z + b \right)$$

방사형 기저(가우스) 커널

$$K(x, z) = \exp\left(- \frac{|x - z|^2}{2\sigma^2} \right)$$

지수 커널

$$K(x, z) = \exp\left(- \frac{|x - z|}{\sigma} \right)$$

여기서 x는 입력, b는 편향 또는 상수, z는 x의 선형 조합[2]

다음 코드는 파이썬에서 SVR-GARCH를 실행하기 전 준비 사항을 보여준다.[2]

여기서 가장 중요한 단계는 실현 변동성과 과거 수익률의 제곱인 독립변수를 얻는 것이다.

---

2 이들 함수에 대한 더욱 자세한 정보는 앤드류 응(Andrew Ng)의 강의 노트를 참고하라.

```
In [38]: from sklearn.svm import SVR
         from scipy.stats import uniform as sp_rand
         from sklearn.model_selection import RandomizedSearchCV

In [39]: realized_vol = ret.rolling(5).std() ❶
         realized_vol = pd.DataFrame(realized_vol)
         realized_vol.reset_index(drop=True, inplace=True)

In [40]: returns_svm = ret ** 2
         returns_svm = returns_svm.reset_index()
         del returns_svm['Date']

In [41]: X = pd.concat([realized_vol, returns_svm], axis=1, ignore_index=True)
         X = X[4:].copy()
         X = X.reset_index()
         X.drop('index', axis=1, inplace=True)

In [42]: realized_vol = realized_vol.dropna().reset_index()
         realized_vol.drop('index', axis=1, inplace=True)

In [43]: svr_poly = SVR(kernel='poly', degree=2) ❷
         svr_lin = SVR(kernel='linear') ❷
         svr_rbf = SVR(kernel='rbf') ❷
```

❶ 실현 변동성을 계산하고 realized_vol이라는 새 변수를 할당한다.
❷ 각 SVR 커널에 대한 새로운 변수 생성

선형 커널을 사용해 첫 번째 SVR-GARCH 애플리케이션을 실행한 후 살펴보자(그림 4-7 생성). 여기서는 RMSE 척도를 사용해 비교한다.

```
In [44]: para_grid = {'gamma': sp_rand(),
                      'C': sp_rand(),
                      'epsilon': sp_rand()} ❶
         clf = RandomizedSearchCV(svr_lin, para_grid) ❷
         clf.fit(X.iloc[:-n].values,
                 realized_vol.iloc[1:-(n-1)].values.reshape(-1,)) ❸
         predict_svr_lin = clf.predict(X.iloc[-n:]) ❹
```

```
In [45]: predict_svr_lin = pd.DataFrame(predict_svr_lin)
         predict_svr_lin.index = ret.iloc[-n:].index

In [46]: rmse_svr = np.sqrt(mse(realized_vol.iloc[-n:] / 100,
                                 predict_svr_lin / 100))
         print('The RMSE value of SVR with Linear Kernel is {:.6f}'
               .format(rmse_svr))
         The RMSE value of SVR with Linear Kernel is 0.000462

In [47]: realized_vol.index = ret.iloc[4:].index

In [48]: plt.figure(figsize=(10, 6))
         plt.plot(realized_vol / 100, label='Realized Volatility')
         plt.plot(predict_svr_lin / 100, label='Volatility Prediction-SVR-GARCH')
         plt.title('Volatility Prediction with SVR-GARCH (Linear)', fontsize=12)
         plt.legend()
         plt.show()
```

❶ 튜닝을 위한 초매개변수 공간 식별
❷ RandomizedSearchCV로 초매개변수 튜닝 적용
❸ 선형 커널로 SVR–GARCH를 데이터에 적합화
❹ 지난 252개의 관측치를 기반으로 변동성을 예측하고 이를 predict_svr_lin에 저장

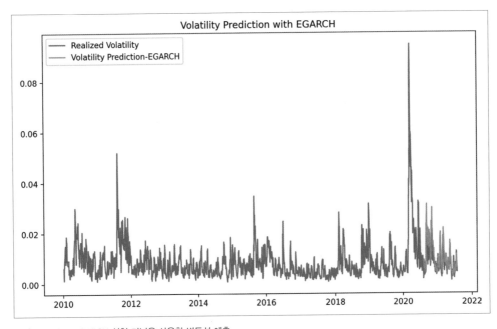

그림 4-7 SVR–GARCH 선형 커널을 사용한 변동성 예측

그림 4-7은 예측값과 실제 관측값을 보여준다. 눈으로 보면 SVR-GARCH가 잘 수행되고 있음을 알 수 있다. 짐작할 수 있듯이 선형 커널은 데이터셋이 선형으로 분리 가능한 경우 제대로 작동한다. 이는 오캄의 면도날^{Occam's razor3}에서도 잘 제시해놓았다. 그러나 데이터셋이 선형으로 분리할 수 없다면 어떻게 될까?

계속해서 방사형 기저함수^{RBF}와 다항식 커널에 대해 알아보자. 전자는 관측치 주위의 타원 곡선을 사용하고 후자는 처음 두 개와 달리 샘플 조합에 중점을 둔다. 이제 어떻게 작동하는지 보자.

먼저 데이터를 새로운 벡터 공간에 투영하는 함수인 RBF 커널을 사용하는 SVR-GARCH 애플리케이션부터 시작한다.

실용적인 관점에서 다른 커널을 사용하는 SVR-GARCH 애플리케이션은 간단하다. 다음과 같이 단지 커널 이름을 변경하기만 하면 된다(코드는 그림 4-8을 생성한다).

```
In [49]: para_grid ={'gamma': sp_rand(),
                      'C': sp_rand(),
                      'epsilon': sp_rand()}
         clf = RandomizedSearchCV(svr_rbf, para_grid)
         clf.fit(X.iloc[:-n].values,
                 realized_vol.iloc[1:-(n-1)].values.reshape(-1,))
         predict_svr_rbf = clf.predict(X.iloc[-n:])

In [50]: predict_svr_rbf = pd.DataFrame(predict_svr_rbf)
         predict_svr_rbf.index = ret.iloc[-n:].index

In [51]: rmse_svr_rbf = np.sqrt(mse(realized_vol.iloc[-n:] / 100,
                                    predict_svr_rbf / 100))
         print('The RMSE value of SVR with RBF Kernel is {:.6f}'
               .format(rmse_svr_rbf))
         The RMSE value of SVR with RBF Kernel is 0.000970

In [52]: plt.figure(figsize=(10, 6))
         plt.plot(realized_vol / 100, label='Realized Volatility')
```

---

3 오캄의 면도칼(Occam's razor)은 절약 법칙(law of parsimony)이라고도 부르는데, 여러 가지 해석이 가능한 경우라면 그중 더 단순한 해석이 가장 가능성 높은 것이라는 법칙이다.

```
plt.plot(predict_svr_rbf / 100, label='Volatility Prediction-SVR_GARCH')
plt.title('Volatility Prediction with SVR-GARCH (RBF)', fontsize=12)
plt.legend()
plt.show()
```

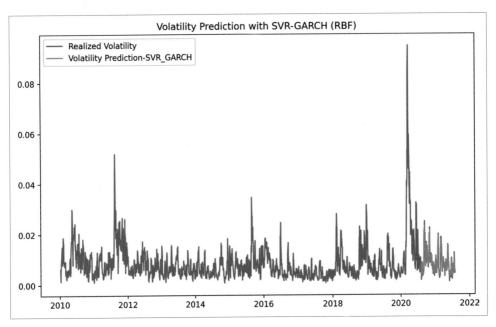

그림 4-8 SVR-GARCH RBF 커널을 사용한 변동성 예측

RMSE 점수와 시각화 모두 선형 커널을 사용하는 SVR-GARCH가 RBF 커널을 사용하는 SVR-GARCH보다 성능이 우수함을 가리킨다. 선형과 RBF 커널 SVR-GARCH의 RMSE는 각각 0.000462 및 0.000970이다. 따라서 선형 커널 SVR이 잘 수행된다.

마지막으로 다항 커널로 SVR-GARCH를 사용해보자. 다항은 RMSE(0.002386)가 가장 높은 것으로 밝혀져 이 세 가지 애플리케이션 중에서 성능이 가장 떨어지는 커널임을 의미한다. 다항식 커널 사용하는 SVR-GARCH의 예측 성능은 그림 4-9에서 확인할 수 있다.

```
In [53]: para_grid = {'gamma': sp_rand(),
                       'C': sp_rand(),
                       'epsilon': sp_rand()}
         clf = RandomizedSearchCV(svr_poly, para_grid)
         clf.fit(X.iloc[:-n].values,
                 realized_vol.iloc[1:-(n-1)].values.reshape(-1,))
         predict_svr_poly = clf.predict(X.iloc[-n:])


In [54]: predict_svr_poly = pd.DataFrame(predict_svr_poly)
         predict_svr_poly.index = ret.iloc[-n:].index


In [55]: rmse_svr_poly = np.sqrt(mse(realized_vol.iloc[-n:] / 100,
                                     predict_svr_poly / 100))
         print('The RMSE value of SVR with Polynomial Kernel is {:.6f}'\
               .format(rmse_svr_poly))
         The RMSE value of SVR with Polynomial Kernel is 0.002386


In [56]: plt.figure(figsize=(10, 6))
         plt.plot(realized_vol/100, label='Realized Volatility')
         plt.plot(predict_svr_poly/100, label='Volatility Prediction-SVR-GARCH')
         plt.title('Volatility Prediction with SVR-GARCH (Polynomial)',
                   fontsize=12)
         plt.legend()
         plt.show()
```

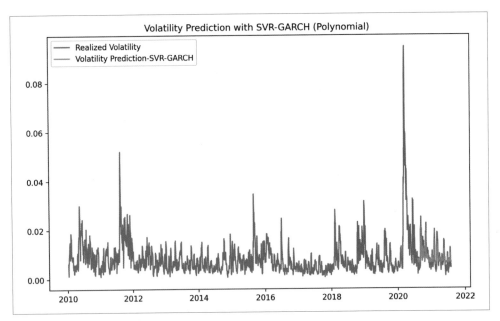

그림 4-9 SVR-GARCH 다항식 커널을 사용한 변동성 예측

신경망

신경망은 딥러닝을 구성하는 블록이다. 신경망에서는 결정을 내리기 위해 데이터가 여러 단계로 처리된다. 각 뉴런은 내적 결과를 입력으로 취하고 이를 활성화함수에서 사용해 결정을 내린다.

$$z = w_1x_1 + w_2x_2 + b$$

여기서 b는 편향, w는 가중치, x는 입력 데이터다.

이 과정에서 입력 데이터는 은닉층과 출력층에서 다양한 방식으로 수학적으로 조작된다. 일반적으로 신경망에는 세 가지 유형의 계층이 있다.

- 입력 계층
- 은닉 계층
- 출력 계층

그림 4-10은 계층 간의 관계를 설명하는 데 도움을 준다.

입력 계층에는 원시 데이터가 포함된다. 입력 계층에서 은닉 계층으로 이동하면서 계수를 학습한다. 네트워크 구조에 따라 하나 이상의 은닉층이 있을 수 있다. 네트워크의 은닉층이 많을수록 복잡해진다. 입력 계층과 출력 계층 사이에 위치한 은닉 계층은 활성화함수를 통해 비선형 변환을 수행한다.

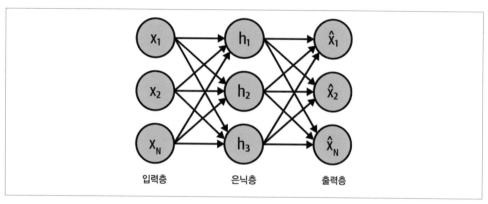

그림 4-10 신경망 구조

마지막으로 출력 계층은 출력이 생성되고 결정이 내려지는 계층이다. ML에서는 비용함수를 최소화하는 최적의 매개변수를 찾기 위해 그래디언트 하강법을 적용하지만, 신경망 내에서 사슬 모양의 구조로 인해 신경망에서 그래디언트 하강법만 사용하는 것은 실현 가능하지 않다. 따라서 비용함수를 최소화하기 위해 역전파^{backpropagation}라는 새로운 개념이 제시된다.

역전파의 아이디어는 관찰된 출력과 실제 출력 사이의 오차를 계산한 다음 이 오차를 은닉층에 전달하자는 것이다. 따라서 후방으로 이동하고, 이때 주요 식은 다음과 같은 형태를 취한다.

$$\delta^l = \frac{\delta J}{\delta z_j^l}$$

여기서 z는 선형 변환이고 δ는 오차를 나타낸다. 할 말이 더 많지만 계속 진행하기 위해 여기에서 멈추겠다. 신경망 뒤에 숨은 수학에 대해 더 자세히 알아보려면 윌모트 [Wilmott](2013)와 알페이딘[Alpaydin](2020)을 참고하라.

그래디언트 하강법

현재 우리가 언덕 꼭대기에 위치해 있고 비용함수를 최소화하는 골짜기에 도달하려 한다고 가정한다. 식을 보자면 그래디언트 하강법은 다음의 갱신 규칙을 통해 비용함수를 최소화하는 최적의 매개변수 공간 (w, b)을 검색하는 데 사용되는 최적화 알고리듬이다.

$$\theta_{t+1} = \theta_t - \lambda \frac{\delta J}{\delta \theta_t}$$

여기서 $\theta(w, b)$는 가중치 w와 편향 b의 함수다. J는 비용함수이고 λ는 학습률이며, 이는 비용함수를 최소화하려는 속도를 결정하는 상수다. 각 반복에서 오차를 최소화하기 위해 매개변수를 갱신한다.

그래디언트 하강법 알고리듬은 다음과 같은 방식으로 작동한다.

  1. w 및 b에 대한 초깃값을 선택한다.

  2. 그래디언트가 가리키는 방향과 반대 방향으로 λ 스텝을 취한다.

  3. 각 반복에서 w와 b를 갱신한다.

  4. 2단계부터 수렴될 때까지 반복한다.

파이썬에서 신경망을 실행할 수 있는 다양한 옵션[4]이 있지만, 여기서는 scikit-learn의 MLPRegressor 모듈을 사용해 신경망 기반으로 변동성 예측을 적용한다. 여기서 도입한 신경망 구조를 사용하면 결과는 다음과 같다.

```
In [57]: from sklearn.neural_network import MLPRegressor ❶
         NN_vol = MLPRegressor(learning_rate_init=0.001, random_state=1)
         para_grid_NN = {'hidden_layer_sizes': [(100, 50), (50, 50), (10, 100)],
                         'max_iter': [500, 1000],
                         'alpha': [0.00005, 0.0005 ]} ❷
         clf = RandomizedSearchCV(NN_vol, para_grid_NN)
```

---

4 다양한 옵션으로는 TensorFlow, PyTorch, NeuroLab 등이 있다.

```
        clf.fit(X.iloc[:-n].values,
                realized_vol.iloc[1:-(n-1)].values.reshape(-1, )) ❸
        NN_predictions = clf.predict(X.iloc[-n:]) ❹

In [58]: NN_predictions = pd.DataFrame(NN_predictions)
         NN_predictions.index = ret.iloc[-n:].index

In [59]: rmse_NN = np.sqrt(mse(realized_vol.iloc[-n:] / 100,
                              NN_predictions / 100))
         print('The RMSE value of NN is {:.6f}'.format(rmse_NN))
         The RMSE value of NN is 0.000583

In [60]: plt.figure(figsize=(10, 6))
         plt.plot(realized_vol / 100, label='Realized Volatility')
         plt.plot(NN_predictions / 100, label='Volatility Prediction-NN')
         plt.title('Volatility Prediction with Neural Network', fontsize=12)
         plt.legend()
         plt.show()
```

❶ MLPRegressor 모듈 가져오기
❷ 3개의 은닉층과 다양한 뉴런 개수로 신경망 모델 구성
❸ 훈련 데이터에 신경망 모델 적합화[5]
❹ 마지막 252개의 관측치를 기반으로 변동성을 예측하고 NN_predictions 변수에 저장

그림 4-11은 신경망 모델을 기반으로 한 변동성 예측 결과를 보여준다. 성능이 나쁘지 않지만 딥러닝 모델을 생성하기 위한 은닉 뉴런의 개수를 조정해볼 수 있다. 이를 위해 파이썬의 인공 신경망 인터페이스인 Keras 라이브러리를 사용할 수 있다.

---

5 자세한 사항은 MLPClassifier 문서를 참고하라.

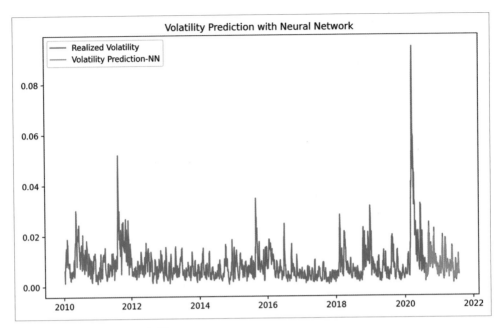

그림 4-11 신경망을 사용한 변동성 예측

이제 딥러닝을 사용해 변동성을 예측할 때다. Keras를 기반으로 네트워크 구조를 쉽게 구성할 수 있다. 여기서 필요한 것은 특정 계층의 뉴런 수를 결정하는 것이다. 여기서 첫 번째 은닉층과 두 번째 은닉층의 뉴런 수는 각각 256개와 128개다. 변동성은 연속형이므로 출력 뉴런은 하나만 있다.

```
In [61]: import tensorflow as tf
         from tensorflow import keras
         from tensorflow.keras import layers


In [62]: model = keras.Sequential(
             [layers.Dense(256, activation="relu"),
              layers.Dense(128, activation="relu"),
              layers.Dense(1, activation="linear"),]) ❶


In [63]: model.compile(loss='mse', optimizer='rmsprop') ❷


In [64]: epochs_trial = np.arange(100, 400, 4) ❸
         batch_trial = np.arange(100, 400, 4) ❸
```

142

```
        DL_pred = []
        DL_RMSE = []
        for i, j, k in zip(range(4), epochs_trial, batch_trial):
            model.fit(X.iloc[:-n].values,
                        realized_vol.iloc[1:-(n-1)].values.reshape(-1,),
                        batch_size=k, epochs=j, verbose=False) ❹
            DL_predict = model.predict(np.asarray(X.iloc[-n:])) ❺
            DL_RMSE.append(np.sqrt(mse(realized_vol.iloc[-n:] / 100,
                            DL_predict.flatten() / 100))) ❻
            DL_pred.append(DL_predict)
            print('DL_RMSE_{}:{:.6f}'.format(i+1, DL_RMSE[i]))
        DL_RMSE_1:0.000551
        DL_RMSE_2:0.000714
        DL_RMSE_3:0.000627
        DL_RMSE_4:0.000739

In [65]: DL_predict = pd.DataFrame(DL_pred[DL_RMSE.index(min(DL_RMSE))])
         DL_predict.index = ret.iloc[-n:].index

In [66]: plt.figure(figsize=(10, 6))
         plt.plot(realized_vol / 100,label='Realized Volatility')
         plt.plot(DL_predict / 100,label='Volatility Prediction-DL')
         plt.title('Volatility Prediction with Deep Learning', fontsize=12)
         plt.legend()
         plt.show()
```

❶ 계층과 뉴런의 수를 결정해 네트워크 구조 구성
❷ 손실 및 최적화 프로그램을 사용해 모델 컴파일
❸ np.arange를 사용해 에폭(Epoch)과 배치 크기 결정
❹ 딥러닝 모델 적합화
❺ 훈련 단계에서 얻은 가중치를 기반으로 변동성 예측
❻ 예측을 평탄화해 RMSE 점수 계산

에폭과 배치 크기가 100일 때 최소 RMSE 점수를 얻음을 알았다. 이것은 모델의 복잡성이 증가한다고 해서 반드시 높은 예측 성능을 의미하는 것은 아님을 보여준다. 핵심은 복잡도와 예측 성능 사이에서 최적의 지점을 찾는 것이다. 그렇지 않으면 모델이 쉽게 과적합되는 경향이 있다. 그림 4-12는 앞의 코드에서 유도된 변동성 예측 결과를 보여주며, 이는 딥러닝이 변동성을 모델링하는 강력한 도구도 제공함을 의미한다.

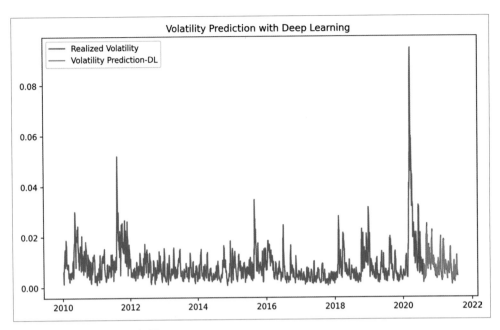

그림 4-12 딥러닝을 통한 변동성 예측

베이즈 접근 방법

우리가 확률에 다루는 방식은 매우 중요한데 고전적 (또는 빈도주의적) 접근 방식과 베이지안 접근 방식이 구별되기 때문이다. 전자에 따르면 상대 빈도는 참 확률로 수렴된다. 그러나 베이즈는 주관적인 해석을 기반으로 한다. 빈도주의자와 달리 베이즈 통계학자는 확률 분포를 불확실한 것으로 간주하고 새로운 정보가 들어오면 수정한다. 이 두 접근 방식은 확률에 대한 해석을 달리하기 때문에, 매개변수 집합이 주어지면 관찰된 이벤트의 확률로 정의되는 우도^{likelihood}는 다르게 계산된다.

결합 밀도함수에서 시작해 우도함수의 수학적 식을 나타낼 수 있다.

$$\mathscr{L}\left(\theta \middle| x_1, x_2, \ldots, x_p\right) = \Pr\left(x_1, x_2, \ldots, x_p \middle| \theta\right)$$

가능한 θ 값 중에서 우리가 찾으려는 것은 어느 것이 더 가능성이 높은지 알아내는 것이다. 우도함수에 의해 제시된 통계 모델에서는 관찰된 데이터 $x_1, \ldots, x_p$가 가장 가능성이 높다.

사실, 우리는 최대 우도 추정에 기반한 이 접근 방식에 익숙하다. 베이즈 접근 방식과 빈도주의적 접근 방식의 주요 차이점을 정의했으므로 이제 베이즈 정리에 대해 더 자세히 알아볼 차례다.

베이즈 접근 방식은 조건부 분포를 기반으로 하며, 확률은 불확실한 이벤트에 대한 정도를 측정한다. 따라서 베이즈 응용은 새로운 정보에 비춰 보유하고 있는 신념을 갱신하는 데 사용할 수 있는 규칙을 제안한다.

> "베이즈 추정은 매개변수에 대한 사전 정보가 있을 때 사용된다. 예를 들어 분포의 평균을 추정할 때, 표본을 보기 전에 1과 3 사이의 2에 가깝다는 사전 신념을 가질 수도 있다. 그러한 사전 신념은 표본이 적을 때 특히 중요하다. 그러한 경우 우리의 관심사는 데이터가 알려주는 것, 즉 표본에서 계산된 값과 사전 정보를 결합하는 것에 있다."
>
> – 라체프 외[Rachev et al.](2008)

빈도주의 애플리케이션과 유사하게 베이즈 추정은 확률 밀도 $\Pr(x|\theta)$를 기반으로 한다. 그러나 앞서 논의한 바와 같이, 베이즈와 빈도주의 방법은 매개변수 집합 θ를 달리 취급한다. 빈도주의자는 θ가 고정된 것으로 가정하는 반면, 베이즈 설정에서 θ는 확률이 사전 밀도 $\Pr(\theta)$로 알려진 확률 변수로 간주된다. 또한 다른 알려지지 않은 용어가 있지만 걱정하지 말라. 어렵지 않다.

이 정보에 비춰 사전 밀도 $\Pr(\theta)$를 사용해 $\mathscr{L}(x|\theta)$를 추정하고 다음 공식을 도출할 수 있다. 사전 분포는 주어진 관측치 매개변수의 조건부 분포를 추정할 때 사용된다.

$$\Pr\left(\theta \big| x_1, x_2, \ldots, x_p\right) = \frac{\mathscr{L}\left(x_1, x_2, \ldots, x_p \big| \theta\right) \Pr(\theta)}{\Pr\left(x_1, x_2, \ldots, x_p\right)}$$

$$\Pr(\theta | data) = \frac{\mathscr{L}(data | \theta) \Pr(\theta)}{\Pr(data)}$$

여기서,

- $\Pr(\theta|\text{데이터})$는 주어진 관측 데이터의 매개변수에 대한 정보를 제공하는 사후 밀도다.

- $\mathscr{L}(\text{데이터}|\theta)$는 주어진 매개변수의 데이터 확률을 추정하는 우도함수다.

- $\Pr(\theta)$는 사전 확률이다. 이는 매개변수의 확률이다. 사전 분포는 기본적으로 추정에 대한 초기 신념이다.

- 마지막으로 $\Pr$은 사전 분포 갱신에 사용되는 증거다.

결과적으로 베이즈의 정리는 사후 밀도가 사전과 우도 항에 직접 비례하지만 증거 항과 반비례한다고 제시한다. 확장에 대한 증거가 있으므로 이 프로세스를 다음과 같이 설명할 수 있다.

$$\text{사후} \propto \text{우도} \times \text{사전}$$

여기서 $\propto$는 "~에 비례한다"는 뜻이다. 이러한 맥락에서 베이즈의 정리는 매력적으로 들린다. 하지만 단점이 있다. 해석적으로 해결이 힘들다. 베이즈의 정리가 이론적으로는 직관적이지만 대체로 해석적으로 풀기가 어렵다. 이 점이 베이즈 정리를 광범위하게 적용하기 힘든 주요 단점이다. 그러나 좋은 소식은 수치적 방법을 통해 이 확률 모델을 풀기 위한 확실한 방법이 제공된다는 것이다.

베이즈 정리의 계산 문제를 다루기 위해 제안된 다음과 같은 몇 가지 방법은 근사해를 제공한다.

- 구적 근사치

- 최대 사후 추정^{MAP}(6장에서 설명)

- 그리드 접근 방식

- 샘플링 기반 접근 방식

- 메트로폴리스 – 헤이스팅스

- 깁스 샘플러

- 노-유턴^{No U-Turn} 샘플러

이러한 접근 방식 중에서 우리가 베이즈의 정리를 모델링하는 주된 방법으로 사용할 메트로폴리스-헤이스팅스 알고리듬^{MH}을 집중적으로 살펴본다. MH 방법은 마르코프 체인 몬테 카를로^{MCMC, Markov Chain Monte Carlo} 방법을 기반으로 한다. 따라서 더 알아보기 전에 MCMC 방식을 살펴보자.

마르코프 체인 몬테 카를로

마르코프 체인은 상태 사이의 전환 확률을 설명하는 데 사용되는 모델이다. 현재 상태 s_t의 확률이 가장 최근 상태 s_{t-1}에만 종속되는 경우 해당 체인을 마르코프^{Markovian} 체인이라고 한다.

$$\Pr\left(s_t \middle| s_{t-1}, s_{t-2}, \ldots, s_{t-p}\right) = \Pr\left(s_t \middle| s_{t-1}\right)$$

따라서 MCMC는 마르코프 체인으로 사후 확률이 가장 높은 매개변수 공간 θ를 찾는다. 표본 크기가 증가함에 따라 매개변숫값은 사후 밀도에 가까워진다.

$$\lim_{j \to +\infty} \theta^j \overset{D}{\to} \Pr\left(\theta | x\right)$$

여기서 D는 분포 근사를 나타낸다. 매개변수 공간의 실현 값을 사용해 사후 분포를 추론할 수 있다. 간단히 말해, MCMC 방법은 사후 확률을 계산할 수 있도록 사후 밀도에서 IID 샘플을 수집하게 해준다.

이를 설명하기 위해 그림 4-13을 보자. 이 그림은 한 상태에서 다른 상태로 이동할 확률을 보여준다. 편의상 확률을 0.2로 설정해 "공부"에서 "잠자기"로의 전환이 0.2의 확률을 가짐을 나타낸다.

```
In [67]: import quantecon as qe
         from quantecon import MarkovChain
         import networkx as nx
         from pprint import pprint

In [68]: P = [[0.5, 0.2, 0.3],
             [0.2, 0.3, 0.5],
             [0.2, 0.2, 0.6]]

         mc = qe.MarkovChain(P, ('studying', 'travelling', 'sleeping'))
         mc.is_irreducible
Out[68]: True

In [69]: states = ['studying', 'travelling', 'sleeping']
         initial_probs = [0.5, 0.3, 0.6]
         state_space = pd.Series(initial_probs, index=states, name='states')

In [70]: q_df = pd.DataFrame(columns=states, index=states)
         q_df = pd.DataFrame(columns=states, index=states)
         q_df.loc[states[0]] = [0.5, 0.2, 0.3]
         q_df.loc[states[1]] = [0.2, 0.3, 0.5]
         q_df.loc[states[2]] = [0.2, 0.2, 0.6]

In [71]: def _get_markov_edges(Q):
             edges = {}
             for col in Q.columns:
                 for idx in Q.index:
                     edges[(idx,col)] = Q.loc[idx,col]
             return edges
         edges_wts = _get_markov_edges(q_df)
         pprint(edges_wts)
         {('sleeping', 'sleeping'): 0.6,
          ('sleeping', 'studying'): 0.2,
          ('sleeping', 'travelling'): 0.2,
          ('studying', 'sleeping'): 0.3,
          ('studying', 'studying'): 0.5,
          ('studying', 'travelling'): 0.2,
          ('travelling', 'sleeping'): 0.5,
          ('travelling', 'studying'): 0.2,
          ('travelling', 'travelling'): 0.3}
```

```
In [72]: G = nx.MultiDiGraph()
         G.add_nodes_from(states)
         for k, v in edges_wts.items():
             tmp_origin, tmp_destination = k[0], k[1]
             G.add_edge(tmp_origin, tmp_destination, weight=v, label=v)

         pos = nx.drawing.nx_pydot.graphviz_layout(G, prog='dot')
         nx.draw_networkx(G, pos)
         edge_labels = {(n1, n2):d['label'] for n1, n2, d in G.edges(data=True)}
         nx.draw_networkx_edge_labels(G , pos, edge_labels=edge_labels)
         nx.drawing.nx_pydot.write_dot(G, 'mc_states.dot')
```

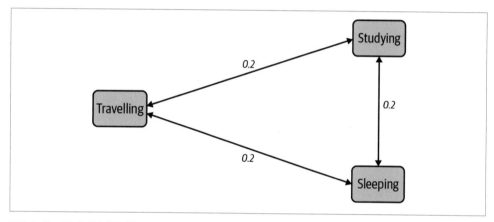

그림 4-13 다른 상태의 상호작용

두 가지 일반적인 MCMC 방법이 있다. 하나는 M-H 다른 하나는 깁스^{Gibbs} 샘플러다. 여기서는 M-H에 대해 알아보겠다.

메트로폴리스-헤이스팅스

MH를 사용하면 샘플링 절차를 두 단계로 효율적으로 수행할 수 있다. 먼저 제시된 밀도에서 샘플을 추출한 다음 수락 혹은 기각을 결정한다. $q(\theta\,|\,\theta_{t-1})$을 제시된 밀도라고 하고 θ를 매개변수 공간이라고 하자. MH의 전체 알고리듬은 다음과 같이 요약될 수 있다.

1. 매개변수 공간 θ에서 θ^1의 초깃값을 선택한다.

2. 제안 밀도에서 새 매개변숫값 θ^2를 선택한다. 편의상 가우스 분포나 균일 분포를 택한다.

3. 다음 수락 확률을 계산한다.

$$\mathrm{Pr}_a\left(\theta\ast,\theta^{t-1}\right) = min\left(1, \frac{p(\theta\ast)/q\left(\theta\ast\big|\theta^{t-1}\right)}{p\left(\theta^{t-1}\right)/q\left(\theta^{t-1}\big|\theta\ast\right)}\right)$$

4. $\mathrm{Pr}_a(\theta\ast, \theta^{t-1})$가 U(0,1)의 균등 분포에서 추출한 표본 값보다 클 경우 2단계부터 이 과정을 반복한다.

좀 어려워 보이지만 걱정하지 말라. MH 알고리듬을 쉽게 사용할 수 있게 해주는 내장 코드가 파이썬에 있다. 베이즈의 정리를 사용하기 위해 PyFlux 라이브러리를 사용한다. 변동성을 예측하기 위해 MH 알고리듬을 적용해보자.

```
In [73]: import pyflux as pf
         from scipy.stats import kurtosis
```

```
In [74]: model = pf.GARCH(ret.values, p=1, q=1) ❶
         print(model.latent_variables) ❷
         model.adjust_prior(1, pf.Normal()) ❸
         model.adjust_prior(2, pf.Normal()) ❸
         x = model.fit(method='M-H', iterations='1000') ❹
         print(x.summary())
```

Index	Latent Variable	Prior	Prior Hyperparameters
	V.I. Dist	Transform	
========	=========================	===============	
	=========================	==========	==========
0	Vol Constant	Normal	mu0: 0, sigma0: 3
	Normal	exp	
1	q(1)	Normal	mu0: 0, sigma0: 0.5
	Normal	logit	
2	p(1)	Normal	mu0: 0, sigma0: 0.5
	Normal	logit	

```
3       Returns Constant              Normal        mu0: 0, sigma0: 3
    Normal    None
Acceptance rate of Metropolis-Hastings is 0.0023
Acceptance rate of Metropolis-Hastings is 0.23925

Tuning complete! Now sampling.
Acceptance rate of Metropolis-Hastings is 0.239175
GARCH(1,1)


========================================================
 ===================================================
Dependent Variable: Series                    Method: Metropolis
 Hastings
Start Date: 1                                  Unnormalized Log
 Posterior: -3635.1348
End Date: 2913                                 AIC:
 7278.269645045323
Number of observations: 2913                   BIC:
 7302.177400073161
======================================================================
 =================================
Latent Variable                     Median        Mean
      95% Credibility Interval
========================================= ==================
 ================= ========================
Vol Constant                        0.04          0.0398
     (0.0315 | 0.0501)
q(1)                                0.1936        0.194
     (0.1638 | 0.2251)
p(1)                                0.7736        0.7737
     (0.7438 | 0.8026)
Returns Constant                    0.0866        0.0855
     (0.0646 | 0.1038)
======================================================================
 =================================
None


In [75]: model.plot_z([1, 2]) ❺
         model.plot_fit(figsize=(15, 5)) ❻
         model.plot_ppc(T=kurtosis, nsims=1000) ❼
```

● PyFlux 라이브러리를 사용해 GARCH 모델 구성
❷ 잠재변수(매개변수)의 추정값 출력
❸ 모델 잠재변수에 대한 사전 분포 조정
❹ MH 프로세스를 사용한 모델 적합화
❺ 잠재변수 도식화
❻ 적합화된 모델 도식화
❼ 사후 분포 검사를 위한 히스토그램 도식화

베이즈 기반 GARCH 모델을 사용해 변동성 예측을 위해 지금까지 수행한 결과를 시각화해 볼 필요가 있다.

그림 4-14는 잠재변수의 분포를 보여준다. 잠재변수 q는 0.2 부근에 모이고, 다른 잠재변수 p는 대부분 0.7에서 0.8 사이의 값을 취한다.

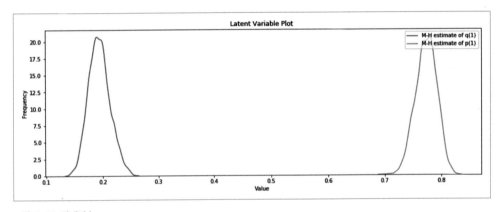

그림 4-14 잠재변수

그림 4-15는 베이즈 접근 방식을 기반으로 한 GARCH 예측 결과와 감소된 변동성 계열을 나타낸다.

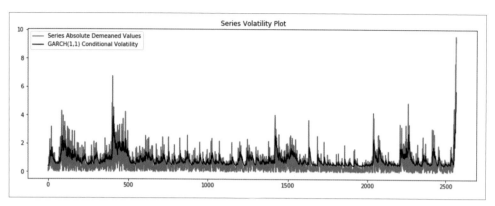

그림 4-15 모델 적합화

그림 4-16은 데이터와 함께 베이즈 모델의 사후 예측을 시각화한다. 이를 통해 시스템 적 불일치가 있는 경우 감지할 수 있다. 수직선은 검정 통계량을 나타내는데, 관측값이 모델의 값보다 크다.

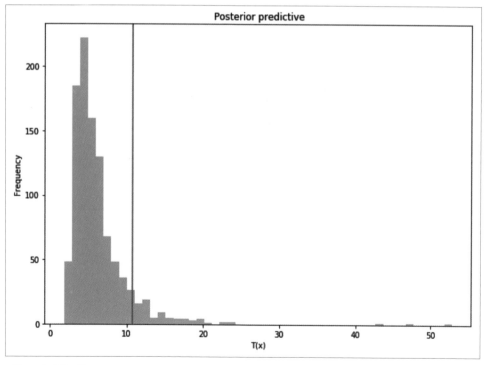

그림 4-16 사후 예측

훈련 부분이 끝나면 다음 단계인 예측으로 넘어갈 준비가 됐다. 예측 분석은 앞으로의 252단계에 대해 수행되고 주어진 실현 변동성에 대한 RMSE가 계산된다.

```
In [76]: bayesian_prediction = model.predict_is(n, fit_method='M-H') ❶
         Acceptance rate of Metropolis-Hastings is 0.11515
         Acceptance rate of Metropolis-Hastings is 0.1787
         Acceptance rate of Metropolis-Hastings is 0.2675

         Tuning complete! Now sampling.
         Acceptance rate of Metropolis-Hastings is 0.2579

In [77]: bayesian_RMSE = np.sqrt(mse(realized_vol.iloc[-n:] / 100,
                                 bayesian_prediction.values / 100)) ❷
         print('The RMSE of Bayesian model is {:.6f}'.format(bayesian_RMSE))
         The RMSE of Bayesian model is 0.004047

In [78]: bayesian_prediction.index = ret.iloc[-n:].index
```

❶ 내표본 변동성 예측
❷ RMSE 점수 계산

이제 베이즈 접근 방식의 예측 결과를 관찰할 준비가 됐다. 다음 코드에서 이를 수행해 그림 4-17을 생성한다.

```
In [79]: plt.figure(figsize=(10, 6))
         plt.plot(realized_vol / 100,
                 label='Realized Volatility')
         plt.plot(bayesian_prediction['Series'] / 100,
                 label='Volatility Prediction-Bayesian')
         plt.title('Volatility Prediction with M-H Approach', fontsize=12)
         plt.legend()
         plt.show()
```

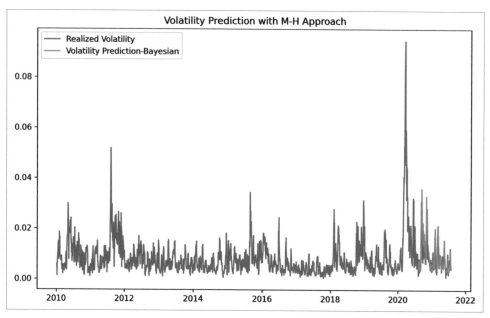

그림 4-17 베이즈 변동성 예측

그림 4-17은 M-H 기반 베이즈 접근 방식을 기반으로 한 변동성 예측을 시각화하며 2020년 말을 향해 오버슈트^{overshoot}하는 것으로 보인다. 이 방법의 전반적인 성능은 최상이 아님을 보여준다.

결론

변동성 예측은 불확실성을 측정하는 데 도움이 된다는 의미에서 금융 시장의 역학을 이해하는 데 있어 매우 중요하다. 즉, 변동성은 위험 모델을 포함한 많은 재무 모델의 입력으로 사용된다. 이러한 사실로 인해 정확한 변동성 예측의 중요성이 강조된다. 전통적으로 ARCH, GARCH와 그 확장과 같은 모수적 방법이 광범위하게 사용됐지만 이러한 모델에는 유연성이 없다. 이 문제를 해결하기 위해서는 데이터 기반 모델이 유망하며 4장에서는 이러한 모델 즉 SVM, 신경망과 딥러닝 기반 모델을 살펴봤다. 조사한 바에 의하면 데이터 기반 모델이 매개변수 모델을 능가하는 것으로 나타났다. 5장에서는 핵심 금융 리스크 주제인 시장 리스크에 대해 이론과 실증적인 관점에서 살펴보고 ML 모델을 통합해 이 리스크의 추정을 더욱 개선시킬 것이다.

참고문헌

Andersen, Torben G., Tim Bollerslev, Francis X. Diebold, and Paul Labys. 2003. "Modeling and Forecasting Realized Volatility." *Econometrica* 71 (2): 579-625.

Andersen, Torben G., and Tim Bollerslev. 1997. "Intraday Periodicity And Volatility Persistence in Financial Markets." *Journal of Empirical Finance* 4 (2-3): 115-158.

Black, Fischer. 1976. "Studies of Stock Market Volatility Changes." *1976 Proceedings of the American Statistical Association Business and Economic Statistics Section.*

Bollerslev, T. 1986. "Generalized Autoregressive Conditional Heteroskedasticity." *Journal of Econometrics* 31 (3): 307-327. 3): 542-547.

Burnham, Kenneth P., and David R. Anderson. 2004. "Multimodel Inference: Understanding AIC and BIC in Model Selection." *Sociological Methods and Research* 33 (2): 261-304.

Eagle, Robert F. 1982. "Autoregressive Conditional Heteroskedasticity with Estimates of the Variance of UK Inflation." *Econometrica* 50 (4): 987-1008.

De Stefani, Jacopo, Olivier Caelen, Dalila Hattab, and Gianluca Bontempi. 2017. "Machine Learning for Multi-step Ahead Forecasting of Volatility Proxies." MIDAS@ PKDD/ ECML, 17-28.

Dokuchaev, Nikolai. 2014. "Volatility Estimation from Short Time Series of Stock Prices." Journal of Nonparametric Statistics 26 (2): 373-384.

Glosten, L. R., R. Jagannathan, and D. E. Runkle 1993. "On the Relation between the Expected Value and the Volatility of the Nominal Excess Return on Stocks." *The Journal of Finance* 48 (5): 1779-1801.

Karasan, Abdullah, and Esma Gaygisiz. 2020. "Volatility Prediction and Risk Management: An SVR-GARCH Approach." *The Journal of Financial Data Science* 2 (4): 85-104.

Mandelbrot, Benoit. 1963. "New Methods in Statistical Economics." Journal of Political Economy 71 (5): 421-440.

Nelson, Daniel B. 1991. Conditional Heteroskedasticity in Asset Returns: A New Approach. *Econometrica* 59 (2): 347-370.

Raju, M. T., and Anirban Ghosh. 2004. "Stock Market Volatility: An International Comparison." Securities and Exchange Board of India.

Alpaydin, E. 2020. *Introduction to Machine Learning.* Cambridge: MIT press.

Burnham, Kenneth P., and David R. Anderson. 2002. *Model Selection and Multimodel Inference: A Practical Information-Theoretic Approach.* New York: Springer-Verlag.

Focardi, Sergio M. 1997. *Modeling the Market: New Theories and Techniques.* The Frank J. Fabozzi Series, Vol. 14. New York: John Wiley and Sons.

Rachev, Svetlozar T., John SJ Hsu, Biliana S. Bagasheva, and Frank J. Fabozzi. 2012. *Bayesian Methods in Finance.* New York: John Wiley and Sons.

Taylor, S. 1986. *Modeling Financial Time Series.* Chichester: Wiley.

Wilmott, Paul. 2019. *Machine Learning: An Applied Mathematics Introduction.* Panda Ohana Publishing.

5장

시장 위험 모델링

"과거 데이터에 의한 위험 측정은 미래가 과거의 패턴을 따를 것이라고 가정한다. 그 가정의 한계를 이해해야 한다. 더 중요한 것은 해당 패턴이 무너지는 시나리오를 모델링해야 한다는 것이다."

– 마일스 케네디Miles Kennedy

금융에서 위험은 도처에 있지만 계량화하기 어렵다. 무엇보다 다른 원인으로 발생하는 위험에 동일한 도구를 사용해 파악하는 것은 현명하지 않을 수 있다는 점에서 재정적 위험의 원인을 구별하는 방법을 아는 것이 무엇보다 중요하다. 따라서 다양한 금융 위험 원인을 달리 취급하는 것은 여러 위험의 영향과 이를 완화하는 데 사용되는 도구가 완전히 다르기 때문에 중요하다. 회사가 큰 시장 변동에 영향을 받는다고 가정하면 포트폴리오의 모든 자산이 이러한 변동으로 인한 위험에 취약해질 것이다.

그러나 고객 프로파일에서 발생하는 위험에 대처하려면 다른 도구를 개발해야 한다. 또한 다양한 위험 요소가 자산 가격에 크게 기여한다는 점을 염두에 두자. 이러한 모든 예는 재무에서 위험 요소를 다루는 데 신중한 고려가 필요함을 의미한다.

앞서 간략하게 논의한 바와 같이 이러한 위험은 주로 시장, 신용, 유동성, 운영에 있다. 이 리스트에 몇 가지 다른 유형도 추가될 수 있음은 분명하지만 이 네 가지 주요 위험 유형의 하위 항목으로 간주할 수 있으므로, 5장 전체에서는 중점적으로 네 가지 주요 위험을 다룰 것이다.

시장 위험은 환율, 금리, 물가 상승률 등 재무 지표의 변동으로 인해 발생하는 리스크다. 이는 시장 가격의 움직임으로 인해 발생하는 대차대조표 내/외 포지션의 손실 위험이라고 할 수 있다(BIS, 2020). 이제 이러한 요소가 시장 위험에 어떤 영향을 미치는지 살펴보고 인플레이션율의 상승이 현재 금융기관의 수익성에 위협이 된다고 가정하자. 인플레이션은 이자율에 압력을 가하기 때문이다. 인플레이션은 그다음으로 채무자의 자금 조달 비용에 영향을 미친다. 이러한 사례는 증폭될 수 있지만 이러한 재무 위험 원인의 상호작용도 주목해야 한다. 즉, 금융 위험의 단일 원인이 변경되면 다른 위험 원인도 변할 수 있다. 따라서 재무 지표는 어느 정도 상호 연관돼 있으며, 이 때문의 위험 요인의 상호작용을 고려해야 한다.

짐작하듯이 시장 위험을 관리하기 위한 다양한 도구가 있다. 그중 가장 널리 수용되는 도구는 최대 예상 손실$^{\text{VaR, Value at Risk}}$과 최대 손실 평균$^{\text{ES, Expected Shortfall}}$이다. 5장의 궁극적인 목표는 최근 머신러닝 발전을 사용해 이러한 접근 방식을 보강하는 것이다. 이 시점에서 다음과 같은 질문이 떠오를 것이다.

- 전통적인 모델은 금융에서 실패하는가?

- 머신러닝 기반 모델이 다른 점은 무엇인가?

첫 번째 질문부터 알아보자.

전통적인 모델이 해결할 수 없는 첫 번째이자 가장 중요한 문제는 금융 시스템의 복잡도다. 일부 강력한 가정이나 또는 단순히 데이터로 인한 복잡성을 포착할 수 없기 때문에 오래된 기존 모델이 머신러닝 기반 모델로 대체되기 시작했다. 이 사실은 프라도^{Prado}(2020)가 잘 설명해놓았다.

> "현대 금융 시스템의 복잡성을 고려할 때 연구원이 데이터를 육안으로 검사하거나 몇 가지 회귀를 실행해 이론의 구성 요소를 밝힐 수는 없을 것이다."

두 번째 질문에 답하려면 ML 모델의 작동 논리에 대해 생각해보는 것이 좋다. 오래된 통계 방법과 달리 ML 모델은 잘 정립된 이론 없이도 변수 간의 연관성을 밝히고 주요 변수를 식별하며 변수가 종속변수에 미치는 영향을 알아낼 수 있게 해준다. 사실 이론을 요구하기보다는 발견 자체를 도와준다는 점에서 ML 모델의 위력이 있다.

> "통계와 머신러닝의 여러 방법은 원칙적으로 예측과 추론에 모두 사용될 수 있다. 그러나 통계적 방법은 프로젝트별 확률 모델의 생성과 적합화를 통해 달성되는 추론에 오랫동안 초점을 맞췄다. 반면 머신러닝은 일반적으로 풍부하고 다루기 힘든 데이터에서 패턴을 찾기 위해 범용 학습 알고리듬을 사용해 예측에 집중한다."
>
> – 비즈독[Bzdok](2018, p. 232)

다음 절에서는 시장 위험 모델에 대한 논의를 시작할 것이다. 먼저 VaR와 ES 모델의 적용에 대해 이야기한다. 이러한 모델의 전통적인 적용에 대해 알아본 후 머신러닝 기반 접근 방식을 사용해 모델을 개선할 수 있는 방법을 배운다.

최대 예상 손실

최대 예상 손실 즉 VaR[Value at Risk] 모델은 JP 모건의 최고 경영진의 요청에서 비롯됐다. 그들은 특정한 시점에서 JP 모건에 발생할 수 있는 손실과 위험을 보여주는 요약 보고서를 원했다. 해당 보고서는 종합적인 방식으로 JP 모건이 감수해야 하는 위험에 대해 경영진에게 알리고자 할 용도였다. 이렇게 시장 위험을 계산한 방법을 VaR이라고 한다. 이 보고서가 VaR의 출발점이 됐고, 이제는 여러 기관에서 VaR 사용을 선호할 뿐만 아니라 규제 당국에서도 VaR의 채택을 요구할 정도로 널리 보급됐다.

VaR의 채택은 1990년대로 거슬러 올라가며, VaR에 대한 수많은 확장과 새로운 모델이 제안됐음에도 불구하고 여전히 사용 중이다. 무엇이 그것을 매력적으로 만드는가? 답은 케빈 다우드[Kevin Dowd](2002, p.10)에서 찾을 수 있다.

> "VaR 수치에는 두 가지 중요한 특성이 있다. 첫 번째는 다양한 위치와 위험 요소에 걸쳐 공통적으로 일관된 위험 측정을 제공한다는 것이다. VaR을 통해 채권 포지션과 관련된 위험을 산정할 때, 예컨대 주식 포지션과 관련된 위험 측정을 할 때와 비교 가능하고 동일한 일관된 방식으로 측정할 수 있다. VaR은 우리에게 공통의 위험 척도를 제공하며, 이 척도를 통해 기관은 이전에는 불가능했던 새로운 방식으로 위험을 관리할 수 있다. VaR의 또 다른 특징은 서로 다른 위험 요소

간의 상관관계를 고려한다는 것이다. 두 위험이 서로 상쇄되는 경우 VaR은 이 상쇄를 허용하고 전체 위험이 상당히 낮다는 것을 알려준다."

사실 VaR은 투자자가 가장 많이 하는 질문 중 하나인 "내 투자의 최대 예상 손실은?" 무엇인지 알려준다. VaR은 해당 질문에 대한 매우 직관적이고 실용적인 답변을 제공한다. 이와 관련해 주어진 기간과 사전 정의된 신뢰구간 동안 회사에 대한 최악의 예상 손실을 측정하는 데 사용된다. 투자의 일 VaR이 95% 신뢰구간에서 100만 달러라고 가정해보자. 이것은 투자자가 하루에 100만 달러 이상의 손실을 입을 가능성이 5%라는 의미이다.

이 정의에 기초해 VaR의 구성 요소는 우리가 위험에 대해 이야기할 때 신뢰구간, 기간, 자산 또는 포트폴리오의 가치, 표준편차로 돼 있음을 알 수 있다.

요약하면 VaR 분석에서 주목해야 할 몇 가지 중요한 사항이 있다.

- VaR은 손실 가능성에 대한 추정이 필요하다.

- VaR은 잠재적 손실에 집중한다. 실제 또는 실현 손실에 대한 이야기가 아니다. 오히려 VaR은 일종의 손실 예측이다.

- VaR에는 세 가지 핵심 요소가 있다.

  — 손실 수준을 정의하는 표준편차

  — 위험이 평가되는 고정된 시간 범위

  — 신뢰구간

VaR은 세 가지 다른 접근 방식을 통해 측정할 수 있다.

- 분산-공분산 VaR

- 과거 시뮬레이션 VaR

- 몬테 카를로 VaR

분산-공분산 기법

분산-공분산 기법은 관측값이 정규분포를 따른다고 가정하기 때문에 모수적 방법이라고도 한다. 분산-공분산 방법은 수익이 정규분포를 따르는 것으로 간주된다는 점에서 일반적이다. 모수적 형식의 가정은 분산-공분산 방법의 적용을 쉽게 해준다.

모든 VaR 접근 방식과 마찬가지로 단일 자산 혹은 포트폴리오와 작업할 수 있다. 그러나 포트폴리오 작업은 상관 구조와 포트폴리오 분산을 추정해야 한다는 점에서 신중한 처리가 필요하다. 여기서 상관관계가 등장하고 과거 데이터를 사용해 상관관계, 평균 그리고 표준편차를 계산한다. 이를 머신러닝 기반 접근 방식으로 보강할 때 상관 구조가 주요 초점이 될 것이다.

그림 5-1과 같이 단일 자산으로 구성된 포트폴리오가 있다고 가정한다. 이 자산의 수익률은 0이고 표준편차는 1이며 보유 기간이 1일 경우, 해당하는 Z 값과 표준편차에 의해 자산 가치로부터 해당 VaR 값을 계산할 수 있다. 따라서 정규성 가정을 하면 일은 간단해지지만 자산 수익이 정규분포를 따른다는 보장이 없기 때문에 매우 강력한 가정이다. 오히려 대부분의 자산 수익률은 정규분포를 따르지 않는다. 또한 정규성 가정으로 인해 꼬리 부분의 잠재적 위험이 포착되지 않을 수 있다. 따라서 정규성 가정에는 비용이 따른다. 다음을 보자.

```
In [1]: import pandas as pd
        import numpy as np
        import matplotlib.pyplot as plt
        import datetime
        import yfinance as yf
        from scipy.stats import norm
        import requests
        from io import StringIO
        import seaborn as sns; sns.set()
        import warnings
        warnings.filterwarnings('ignore')
        plt.rcParams['figure.figsize'] = (10,6)

In [2]: mean = 0
        std_dev = 1
```

```
        x = np.arange(-5, 5, 0.01)
        y = norm.pdf(x, mean, std_dev)
        pdf = plt.plot(x, y)
        min_ylim, max_ylim = plt.ylim()
        plt.text(np.percentile(x, 5), max_ylim * 0.9, '95%:${:.4f}'
                    .format(np.percentile(x, 5)))
        plt.axvline(np.percentile(x, 5), color='r', linestyle='dashed',
                    linewidth=4)
        plt.title('Value at Risk Illustration')
        plt.show()
In [3]: mean = 0
        std_dev = 1
        x = np.arange(-5, 5, 0.01)
        y = norm.pdf(x, mean, std_dev) ❶
        pdf = plt.plot(x, y)
        min_ylim, max_ylim = plt.ylim() ❷
        plt.text(np.percentile(x, 5), max_ylim * 0.9, '95%:${:.4f}'
                    .format(np.percentile(x, 5))) ❸
        plt.axvline(np.percentile(x, 5), color='r', linestyle='dashed',
                    linewidth=4)
        plt.title('Value at Risk Illustration')
        plt.show()
```

❶ 주어진 x, 평균, 표준편차를 기반으로 확률 밀도함수 생성
❷ x축 및 y축 제한
❸ x 데이터의 5% 백분위수에서 x의 위치 지정

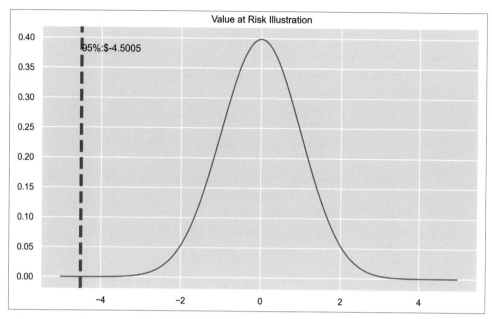

그림 5-1 VaR 그림

 파마(Fama(1965))에 따르면 주가 수익률은 두터운 꼬리와 비대칭으로 인해 정규분포를 따르지 않는다는 것을 알게 됐다. 이러한 경험적 관찰은 주식 수익률이 정규분포보다 첨도가 더 높다는 것을 의미한다. 첨도가 높으면 꼬리가 두터운 것과 같으며 극도의 마이너스 수익을 포착할 수 있다. 분산-공분산 방법은 두터운 꼬리를 포착할 수 없기 때문에 특히 위기 기간에 발생 가능성이 있는 극단적인 음의 수익을 추정할 수 없다.

파이썬에서 분산-공분산 VaR을 적용하는 방법을 살펴보자. 설명을 위해 2개 자산 포트폴리오를 살펴본다. 분산-공분산 VaR의 공식은 다음과 같다.

$$\text{VaR} = V\sigma_p\sqrt{t}Z_\alpha$$

$$\sigma_p = \sqrt{w_1^2\sigma_1^2 + w_2^2\sigma_2^2 + \rho w_1 w_2 \sigma_1 \sigma_2}$$

$$\sigma_p = \sqrt{w_1\sigma_1 + w_2 + \sigma + 2w_1 w_2 \Sigma_{1,2}}$$

이것을 코드에 적용해보자.

```
In [4]: def getDailyData(symbol):
            parameters = {'function': 'TIME_SERIES_DAILY_ADJUSTED',
                          'symbol': symbol,
                          'outputsize':'full',
                          'datatype': 'csv',
                          'apikey': 'insert your api key here'} ❶

            response = requests.get('https://www.alphavantage.co/query',
                                    params=parameters) ❷
            csvText = StringIO(response.text) ❸
            data = pd.read_csv(csvText, index_col='timestamp')
            return data

In [5]: symbols = ["IBM", "MSFT", "INTC"]
        stock3 = []
        for symbol in symbols:
            stock3.append(getDailyData(symbol)[::-1]['close']
                        ['2020-01-01': '2020-12-31']) ❹
        stocks = pd.DataFrame(stock3).T
        stocks.columns = symbols

In [6]: stocks.head()
Out[6]:              IBM    MSFT   INTC
        timestamp
        2020-01-02  135.42  160.62  60.84
        2020-01-03  134.34  158.62  60.10
        2020-01-06  134.10  159.03  59.93
        2020-01-07  134.19  157.58  58.93
        2020-01-08  135.31  160.09  58.97
```

❶ Alpha Vantage에서 데이터를 추출하는 데 사용할 매개변수 식별
❷ Alpha Vantage 웹사이트에 요청하기
❸ 텍스트 형식의 응답 파일 열기
❹ 2019–01년부터 2019–12년까지의 데이터를 반전시키고 IBM, MSFT 및 INTC의 일별 주가를 추가한다.

Alpha Vantage는 주요 거래소 및 기관과 파트너 관계를 맺고 있는 데이터 제공 회사다. Alpha Vantage의 API를 사용해 다양한 시간 간격(일중, 일별, 주별 등)의 주가, 주식 펀더멘털, 외환 정보에 접근할 수 있다. 자세한 내용은 Alpha Vantage의 웹사이트를 참조하라.

그런 다음 계산을 수행한다.

```
In [7]: stocks_returns = (np.log(stocks) - np.log(stocks.shift(1))).dropna() ❶
        stocks_returns
Out[7]:                     IBM       MSFT       INTC
        timestamp
        2020-01-03    -0.008007   -0.012530   -0.012238
        2020-01-06    -0.001788    0.002581   -0.002833
        2020-01-07     0.000671   -0.009160   -0.016827
        2020-01-08     0.008312    0.015803    0.000679
        2020-01-09     0.010513    0.012416    0.005580
        ...                 ...         ...         ...
        2020-12-24     0.006356    0.007797    0.010679
        2020-12-28     0.001042    0.009873    0.000000
        2020-12-29    -0.008205   -0.003607    0.048112
        2020-12-30     0.004352   -0.011081   -0.013043
        2020-12-31     0.012309    0.003333    0.021711

        [252 rows x 3 columns]

In [8]: stocks_returns_mean = stocks_returns.mean()
        weights = np.random.random(len(stocks_returns.columns)) ❷
        weights /= np.sum(weights) ❸
        cov_var = stocks_returns.cov() ❹
        port_std = np.sqrt(weights.T.dot(cov_var).dot(weights)) ❺

In [9]: initial_investment = 1e6
        conf_level = 0.95

In [10]: def VaR_parametric(initial_investment, conf_level):
            alpha = norm.ppf(1 - conf_level, stocks_returns_mean, port_std) ❻
            for i, j in zip(stocks.columns, range(len(stocks.columns))):
                VaR_param = (initial_investment - initial_investment *
                            (1 + alpha))[j] ❼
```

```
            print("Parametric VaR result for {} is {} "
                    .format(i, VaR_param))
        VaR_param = (initial_investment - initial_investment * (1 + alpha))
        print('--' * 25)
        return VaR_param
```

```
In [11]: VaR_param = VaR_parametric(initial_investment, conf_level)
         VaR_param
         Parametric VaR result for IBM is 42606.16125893139
         Parametric VaR result for MSFT is 41024.50194348814
         Parametric VaR result for INTC is 43109.25240851776
         -------------------------------------------------
```

```
Out[11]: array([42606.16125893, 41024.50194349, 43109.25240852])
```

❶ 로그 수익률 계산
❷ 가중치로 사용할 난수 추출
❸ 가중치 생성
❹ 공분산 행렬 계산
❺ 포트폴리오 표준편차 찾기
❻ 퍼센트 포인트 함수(ppf)를 사용해 특정 값에 대한 Z-점수 계산
❼ 분산-공분산 VaR 모델 추정

VaR은 자산을 장기간 보유하면 투자자가 위험에 더 취약해진다는 점에서 기간에 따라 변한다. 그림 5-2와 같이 VaR은 보유 기간에 따라 $\sqrt{t}$에 비례해 커진다. 또한 보유 기간은 포트폴리오 청산 중 가장 긴 기간이다. 보고 목적을 고려할 때 투자자에게는 30일이 더 적합할 수 있다. 그러므로 다음 코드에서 그 기간을 사용할 것이다. 다음 코드는 그림 5-2를 생성한다.

```
In [12]: var_horizon = []
         time_horizon = 30
         for j in range(len(stocks_returns.columns)):
             for i in range(1, time_horizon + 1):
                 var_horizon.append(VaR_param[j] * np.sqrt(i))
         plt.plot(var_horizon[:time_horizon], "o",
                 c='blue', marker='*', label='IBM')
         plt.plot(var_horizon[time_horizon:time_horizon + 30], "o",
                 c='green', marker='o', label='MSFT')
         plt.plot(var_horizon[time_horizon + 30:time_horizon + 60], "o",
```

```
                c='red', marker='v', label='INTC')
    plt.xlabel("Days")
    plt.ylabel("USD")
    plt.title("VaR over 30-day period")
    plt.legend()
    plt.show()
```

분산-공분산 방법의 장단점은 다음과 같다.

장점

- 계산이 용이하다.

- 많은 수의 샘플이 필요하지 않다.

단점

- 관찰은 정규분포를 따른다.

- 비선형 구조에서는 잘 작동하지 않다.

- 공분산 행렬의 계산이 필요한다.

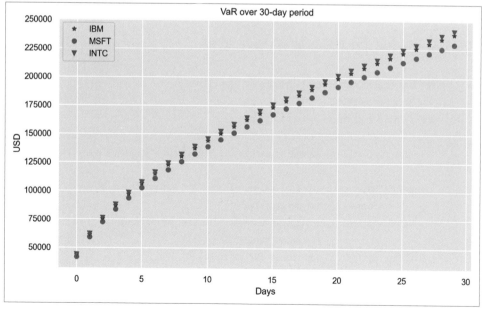

그림 5-2 다양한 기간에 대한 VaR

따라서 정규성을 가정하는 것이 매력적으로 들릴지라도 특히 자산 수익률이 정규분포를 갖지 않는 경우 VaR을 추정하는 가장 좋은 방법이 아닐 수 있다. 운 좋게도 정규성 가정이 없는 또 다른 방법, 즉 과거 시뮬레이션 VaR 모델이 있다.

과거 시뮬레이션 방법

정규분포와 같은 강력한 가정은 부정확한 추정의 원인이 될 수 있다. 이 문제에 관한 해결책은 과거 시뮬레이션 VaR이다. 이는 경험적 방법이다. 모수적 접근 방식을 사용하는 대신 분산-공분산 방법과 동일한 Z 테이블인 백분위수를 찾는다. 신뢰구간이 95%라고 가정한다. 5%는 Z-테이블 값 대신 사용되며, 이 백분위수에 초기 투자를 곱하기만 하면 된다.

다음은 과거 시뮬레이션 VaR에서 사용하는 단계다.

1. 포트폴리오(또는 개별 자산)의 자산 수익률 획득

2. 신뢰구간을 기반으로 해당 수익 백분위수를 찾는다.

3. 이 백분위수에 초기 투자를 곱한다.

코드에서 이를 수행하기 위해 다음 함수를 정의한다.

```
In [13]: def VaR_historical(initial_investment, conf_level):
             Hist_percentile95 = []
         for i, j in zip(stocks_returns.columns,
                     range(len(stocks_returns.columns))):
             Hist_percentile95.append(np.percentile(stocks_returns.loc[:, i],
                                      5))
             print("Based on historical values 95% of {}'s return is {:.4f}"
                   .format(i, Hist_percentile95[j]))
             VaR_historical = (initial_investment - initial_investment *
                         (1 + Hist_percentile95[j]))
             print("Historical VaR result for {} is {:.2f} "
                   .format(i, VaR_historical))
             print('--' * 35)
```

```
In [14]: VaR_historical(initial_investment,conf_level)
         Based on historical values 95% of IBM's return is -0.0371
         Historical VaR result for IBM is 37081.53
         ----------------------------------------------------------------
         Based on historical values 95% of MSFT's return is -0.0426
         Historical VaR result for MSFT is 42583.68
         ----------------------------------------------------------------
         Based on historical values 95% of INTC's return is -0.0425
         Historical VaR result for INTC is 42485.39
         ----------------------------------------------------------------
```

❶ 주식 수익률의 95% 백분위수 계산
❷ 과거 시뮬레이션 VaR 추정

역사적 시뮬레이션 VaR 방법은 역사적 가격 변동이 유사한 패턴, 즉 구조적 변화structural break가 없다고 암시적으로 가정한다.

이 방법의 장단점은 다음과 같다.

장점

- 분포에 대한 가정 없다.

- 비선형 구조에서 잘 작동한다.

- 계산하기 쉽다.

단점

- 많은 샘플이 필요하다.

- 높은 연산 성능이 필요하다.

몬테 카를로 시뮬레이션 VaR

몬테 카를로 시뮬레이션 VaR 추정에 대해 자세히 알아보기 전에 몬테 카를로 시뮬레이션을 간략하게 소개하는 것이 좋겠다. 몬테 카를로는 닫힌 형식의 해가 없는 경우 추정을 수행하는 데 사용되는 컴퓨터화된 수학적 방법이므로 수치 근사를 위한 매우 효율적인 도구다. 몬테 카를로는 주어진 분포에서 반복되는 무작위 표본에 의존한다.

몬테 카를로의 논리는 글라세르만^{Glasserman}(2003, p.11)에 잘 정의돼 있다.

> "몬테 카를로 방법은 확률과 용량 사이의 유추를 기반으로 한다. 측정의 수학은 확률의 직관적인 개념을 공식화해 사건을 일련의 결과와 연결하고 사건의 확률을 가능한 결과의 우주에 대한 용량 또는 측정값으로 정의한다. 몬테 카를로는 이 항등식을 역으로 사용해 용량을 확률로 해석해 집합의 용량을 계산한다."

적용 관점에서 보면 몬테 카를로는 역사적 시뮬레이션 VaR과 매우 유사하지만 역사적 관찰을 사용하지 않는다. 오히려 주어진 분포에서 무작위 샘플을 생성한다. 몬테 카를로는 가능한 결과와 확률 간의 연결을 제공해 의사결정자를 돕는다. 이는 재무에서 효율적이고 적용 가능한 도구가 된다.

수학적 몬테 카를로는 다음과 같이 정의할 수 있다. $X_1, X_2, \cdots, X_n$을 독립적이고 동일하게 분포된 확률변수라고 하고, $f(x)$를 실수값 함수라고 하자.

대수의 법칙은 다음과 같다.

$$E(f(X)) \approx \frac{1}{N}\sum_i^N f(X_i)$$

간단히 말해서 몬테 카를로 시뮬레이션은 무작위 샘플을 생성하고 평균을 계산하는 것 외에는 아무것도 하지 않는다. 계산적으로는 다음 단계를 따른다.

1. 도메인 정의

2. 난수 생성

3. 결과 반복 및 집계

몬테 카를로를 사용해 수학적 π 값을 알아내는 방법은 단순하지만 전형적인 몬테 카를로의 예다. 반지름이 1이고 면적이 4인 원이 있다고 가정하자. 원의 면적은 π이고 원을 맞추려고 하는 정사각형의 면적은 4다. 비율은 다음과 같다.

$$\frac{\pi}{4}$$

π를 그대로 두고 원과 면적 사이의 비율을 다음과 같이 정의할 수 있다.

$$\frac{\text{원의둘레}_{\text{원}}}{\text{면적}_{\text{사각형}}} = \frac{m}{n}$$

이 식을 조정하면 다음과 같이 된다.

$$\pi = 4x\frac{m}{n}$$

단계를 따라가 보면 첫 번째는 [−1, 1]인 도메인을 정의하는 것이다. 따라서 원 안의 숫자는 $x^2 + y^2 \leq 1$을 충족한다.

두 번째 단계는 이 주어진 조건을 충족하는 난수를 생성하는 것이다. 즉, 균일하게 분포된 무작위 샘플이 필요하며 이는 파이썬에서는 다소 쉬운 작업이다. 연습을 위해 NumPy 라이브러리를 사용해 균일하게 분포된 100개의 난수를 생성하자.

```
In [15]: x = np.random.uniform(-1, 1, 100) ❶
         y = np.random.uniform(-1, 1, 100)

In [16]: sample = 100
         def pi_calc(x, y):
             point_inside_circle = 0
             for i in range(sample):
                 if np.sqrt(x[i] ** 2 + y[i] ** 2) <= 1: ❷
                     point_inside_circle += 1
             print('pi value is {}'.format(4 * point_inside_circle/sample))

In [17]: pi_calc(x,y)
         pi value is 3.2

In [18]: x = np.random.uniform(-1, 1, 1000000)
         y = np.random.uniform(-1, 1, 1000000)
```

```
In [19]: sample = 1000000

         def pi_calc(x, y):
             point_inside_circle = 0
             for i in range(sample):
                 if np.sqrt(x[i] ** 2 + y[i] ** 2) < 1:
                     point_inside_circle += 1
             print('pi value is {:.2f}'.format(4 * point_inside_circle/sample))


In [20]: pi_calc(x,y)
         pi value is 3.14


In [21]: sim_data = pd.DataFrame([])
         num_reps = 1000
         n = 100
         for i in range(len(stocks.columns)):
             mean = np.random.randn(n).mean()
             std = np.random.randn(n).std()
             temp = pd.DataFrame(np.random.normal(mean, std, num_reps))
             sim_data = pd.concat([sim_data, temp], axis=1)
         sim_data.columns = ['Simulation 1', 'Simulation 2', 'Simulation 3']


In [22]: sim_data
Out[22]:       Simulation 1  Simulation 2  Simulation 3
         0         1.587297     -0.256668      1.137718
         1         0.053628     -0.177641     -1.642747
         2        -1.636260     -0.626633      0.393466
         3         1.088207      0.847237      0.453473
         4        -0.479977     -0.114377     -2.108050
         ..            ...           ...           ...
         995       1.615190      0.940931      0.172129
         996      -0.015111     -1.149821     -0.279746
         997      -0.806576     -0.141932     -1.246538
         998       1.609327      0.582967     -1.879237
         999      -0.943749     -0.286847      0.777052

         [1000 rows x 3 columns]


In [23]: def MC_VaR(initial_investment, conf_level):
         MC_percentile95 = []
```

174

```
for i, j in zip(sim_data.columns, range(len(sim_data.columns))):
    MC_percentile95.append(np.percentile(sim_data.loc[:, i], 5)) ❸
    print("Based on simulation 95% of {}'s return is {:.4f}"
          .format(i, MC_percentile95[j]))
    VaR_MC = (initial_investment - initial_investment *
              (1 + MC_percentile95[j])) ❹
    print("Simulation VaR result for {} is {:.2f} "
          .format(i, VaR_MC))
    print('--' * 35)

In [24]: MC_VaR(initial_investment, conf_level)
         Based on simulation 95% of Simulation 1's return is -1.7880
         Simulation VaR result for Simulation 1 is 1787990.69
         ------------------------------------------------------------------------
         Based on simulation 95% of Simulation 2's return is -1.6290
         Simulation VaR result for Simulation 2 is 1628976.68
         ------------------------------------------------------------------------
         Based on simulation 95% of Simulation 3's return is -1.5156
         Simulation VaR result for Simulation 3 is 1515623.93
         ------------------------------------------------------------------------
```

❶ 균등 분포에서 난수 생성
❷ 반지름이 1인 원 안에 점이 있는지 확인
❸ 모든 주식 수익률의 95%를 계산하고 MC_percentile95라는 리스트에 결과를 추가한다.
❹ 몬테 카를로 VaR 추정

잡음 제거

변동성은 어디에나 있지만 어떤 변동성이 가장 가치가 있는지 알아내는 일은 만만치 않은 작업이다. 일반적으로 시장에는 잡음과 신호라는 두 가지 유형의 정보가 있다. 전자는 무작위 정보만 생성하지만 후자는 투자자가 돈을 벌 수 있는 귀중한 정보를 제공한다. 시장에 두 가지 주요 참여자가 있다고 생각해보자. 하나는 소음 거래자라고 하는 잡음 정보를 사용하는 거래자이고 다른 하나는 신호 또는 내부 정보를 이용하는 정보에 입각한 거래다. 소음 거래자의 거래 동기는 무작위 행동에 의해 결정된다. 따라서 시장의 정보 흐름은 일부 잡음 거래자에게는 매수 신호로 간주되고 다른 잡음 거래자에게는 매도 신호로 간주된다.

그러나 정보 기반 거래자는 그것이 은밀한 정보라는 것을 알고 있기 때문에 신호를 평가할 수 있다는 점에서 합리적인 거래자로 간주된다.

결과적으로 정보의 지속적인 흐름은 주의해서 다뤄야 한다. 요컨대 잡음 거래자로부터 오는 정보는 잡음으로 간주될 수 있고 내부자로부터 오는 정보는 신호로 간주될 수 있으며 이는 중요한 정보이다. 잡음과 신호를 구별할 수 없는 투자자는 이익을 얻지 못하거나 위험을 적절하게 평가하지 못할 수 있다.

이제 그 문제는 금융 시장의 정보 흐름을 차별화하는 것으로 나타났다. 잡음과 신호를 어떻게 구별할 수 있을까? 그리고 이 정보를 어떻게 사용할 수 있을까?

이제 동질 공분산 행렬을 갖는 데 도움이 되는 마르첸코-파스퇴르^{Marchenko-Pastur} 정리를 논의할 필요가 있다. 마르첸코-파스퇴르 정리를 통해 공분산 행렬의 고윳값을 사용해 잡음에서 신호를 추출할 수 있다.

 $A \in \mathbb{R}^{n \times n}$가 정방행렬이라고 하자. $Ax = \lambda x$이고, $x \in \mathbb{R}^n \neq 0$이면 $\lambda \in \mathbb{R}$는 A의 고윳값이고 $x \in \mathbb{R}^n$은 A의 해당 고유 벡터이다.

고윳값과 고유 벡터는 재정적 맥락에서 특별한 의미를 갖는다. 고유 벡터는 공분산 행렬의 분산을 나타내는 반면, 고윳값은 고유 벡터의 크기를 나타낸다. 구체적으로 가장 큰 고유 벡터는 가장 큰 분산에 해당하며, 그 크기는 해당 고윳값과 같다. 데이터의 잡음으로 인해 일부 고윳값은 무작위로 간주될 수 있으며 이러한 고윳값을 감지하고 필터링해 신호만 유지하는 것이 좋다.

잡음과 신호를 구별하기 위해 마르첸코-파스퇴르 정리 확률 밀도함수^{PDF}를 잡음 공분산에 맞춘다. 마르첸코-파스퇴르 정리의 PDF는 다음 형식을 취한다(Prado 2020).

$$f(\lambda) = \begin{cases} \dfrac{T}{N}\sqrt{(\lambda_t - \lambda)(\lambda - \lambda_-)} & \text{if } \lambda \in [\lambda - \lambda_-] \\ 0, & \text{if } \lambda \notin [\lambda - \lambda_-] \end{cases}$$

여기서 λ_+ 및 λ_-는 각각 최대 및 최소 고윳값이다.

프라도(2020)에서 제공한 코드를 약간 수정한 다음 코드에서는 마르첸코-파스퇴르 분포와 커널 밀도의 확률 밀도함수를 생성해 비모수적 방법으로 확률변수를 모델링할 수 있다. 그런 다음 마르첸코-파스퇴르 분포를 데이터에 적합화한다.

```
In [25]: def mp_pdf(sigma2, q, obs):
             lambda_plus = sigma2 * (1 + q ** 0.5) ** 2 ❶
             lambda_minus = sigma2 * (1 - q ** 0.5) ** 2 ❷
             l = np.linspace(lambda_minus, lambda_plus, obs)
             pdf_mp = 1 / (2 * np.pi * sigma2 * q * l) \
                     * np.sqrt((lambda_plus - l)
                     * (l - lambda_minus)) ❸
             pdf_mp = pd.Series(pdf_mp, index=l)
             return pdf_mp


In [26]: from sklearn.neighbors import KernelDensity

         def kde_fit(bandwidth,obs,x=None):
             kde = KernelDensity(bandwidth, kernel='gaussian') ❹
             if len(obs.shape) == 1:
                 kde_fit=kde.fit(np.array(obs).reshape(-1, 1)) ❺
             if x is None:
                 x=np.unique(obs).reshape(-1, 1)
             if len(x.shape) == 1:
                 x = x.reshape(-1, 1)
             logprob = kde_fit.score_samples(x) ❻
             pdf_kde = pd.Series(np.exp(logprob), index=x.flatten())
             return pdf_kde

In [27]: corr_mat = np.random.normal(size=(10000, 1000)) ❼
         corr_coef = np.corrcoef(corr_mat, rowvar=0) ❽
         sigma2 = 1
         obs = corr_mat.shape[0]
         q = corr_mat.shape[0] / corr_mat.shape[1]

         def plotting(corr_coef, q):
             ev, _ = np.linalg.eigh(corr_coef) ❾
             idx = ev.argsort()[::-1]
```

```
        eigen_val = np.diagflat(ev[idx]) ❿
        pdf_mp = mp_pdf(1., q=corr_mat.shape[1] / corr_mat.shape[0],
                        obs=1000) ⓫
        kde_pdf = kde_fit(0.01, np.diag(eigen_val)) ⓬
        ax = pdf_mp.plot(title="Marchenko-Pastur Theorem",
                        label="M-P", style='r--')
        kde_pdf.plot(label="Empirical Density", style='o-', alpha=0.3)
        ax.set(xlabel="Eigenvalue", ylabel="Frequency")
        ax.legend(loc="upper right")
        plt.show()
        return plt

In [28]: plotting(corr_coef, q);
```

❶ 최대 기대 고윳값 계산
❷ 최소 기대 고윳값 계산
❸ 마르첸코-파스퇴르 분포의 확률 밀도함수 생성
❹ 커널 밀도 추정 시작
❺ 커널 밀도를 관측값에 적합화
❻ 관찰에 대한 로그 밀도 모델 평가
❼ 정규분포에서 무작위 표본 생성
❽ 공분산 행렬을 상관 행렬로 변환
❾ 상관 행렬의 고윳값 계산
❿ NumPy 배열을 대각 행렬로 바꾸기
⓫ 마르첸코-파스퇴르 분포의 확률 밀도함수를 추정하기 위해 mp_pdf 호출
⓬ 데이터에 커널 분포를 적합화하기 위해 kde_fit 호출

결과 그림 5-3은 마르첸코-파스퇴르 분포가 데이터에 잘 적합화되는 것을 보여준다.

마르첸코-파스퇴르 정리 덕분에 잡음과 신호를 구별할 수 있다. 이제 잡음이 잡음 제거
로 필터링된 데이터를 참조할 수 있다.

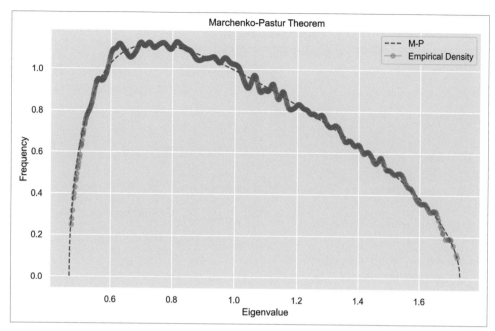

그림 5-3 마르첸코-파스퇴르 분포 적합화

지금까지 공분산 행렬을 잡음 제거 VaR 추정이라고 하는 VaR 모델에 연결할 수 있도록 공분산 행렬의 잡음을 제거하는 주요 단계에 대해 알아봤다. 공분산 행렬의 잡음을 제거하는 것은 데이터에서 불필요한 정보(잡음)를 제거하는 것뿐이다. 따라서 시장의 신호를 활용해 중요한 사건에만 주의를 집중할 수 있다.

공분산 행렬의 잡음 제거에는 다음 단계를 따른다.[1]

1. 상관 행렬을 기반으로 고윳값과 고유 벡터를 계산한다.

2. 커널 밀도 추정을 사용해 특정 고윳값에 대한 고유 벡터를 찾는다.

3. 커널 밀도 추정에 마르첸코-파스퇴르 분포를 적합화한다.

4. 마르첸코-파스퇴르를 사용해 최대 이론적 고윳값 찾기

5. 이론값보다 큰 고윳값의 평균을 계산한다.

---

1 더욱 자세한 사항은 허드슨과 템즈(Hudson and Thames)를 참고하라.

6. 이 새로운 고윳값과 고유 벡터를 사용해 잡음 제거 상관관계를 계산한다.

7. 새로운 상관 행렬로 잡음 제거 공분산 행렬을 계산한다.

파이썬의 portfoliolab 라이브러리를 사용해 몇 줄의 코드로 잡음 제거 공분산 행렬을 찾는 것이 얼마나 쉬운지 살펴보자.

```
In [29]: import portfoliolab as pl

In [30]: risk_estimators = pl.estimators.RiskEstimators()

In [31]: stock_prices = stocks.copy()

In [32]: cov_matrix = stocks_returns.cov()
         cov_matrix
Out[32]:           IBM       MSFT      INTC
         IBM    0.000672  0.000465  0.000569
         MSFT   0.000465  0.000770  0.000679
         INTC   0.000569  0.000679  0.001158

In [33]: tn_relation = stock_prices.shape[0] / stock_prices.shape[1] ❶
         kde_bwidth = 0.25 ❷
         cov_matrix_denoised = risk_estimators.denoise_covariance(cov_matrix,
                                                                  tn_relation,
                                                                  kde_bwidth) ❸

         cov_matrix_denoised = pd.DataFrame(cov_matrix_denoised,
                                            index=cov_matrix.index,
                                            columns=cov_matrix.columns)

         cov_matrix_denoised
Out[33]:           IBM       MSFT      INTC
         IBM    0.000672  0.000480  0.000589
         MSFT   0.000480  0.000770  0.000638
         INTC   0.000589  0.000638  0.001158

In [34]: def VaR_parametric_denoised(initial_investment, conf_level):
             port_std = np.sqrt(weights.T.dot(cov_matrix_denoised)
                               .dot(weights)) ❹
             alpha = norm.ppf(1 - conf_level, stocks_returns_mean, port_std)
             for i, j in zip(stocks.columns,range(len(stocks.columns))):
```

```
            print("Parametric VaR result for {} is {} ".format(i,VaR_param))
        VaR_params = (initial_investment - initial_investment * (1 + alpha))
        print('--' * 25)
        return VaR_params
```

```
In [35]: VaR_parametric_denoised(initial_investment, conf_level)
        Parametric VaR result for IBM is [42606.16125893 41024.50194349
         43109.25240852]
        Parametric VaR result for MSFT is [42606.16125893 41024.50194349
         43109.25240852]
        Parametric VaR result for INTC is [42606.16125893 41024.50194349
         43109.25240852]
        -----------------------------------------------
```

```
Out[35]: array([42519.03744155, 40937.37812611, 43022.12859114])
```

```
In [36]: symbols = ["IBM", "MSFT", "INTC"]
        stock3 = []
        for symbol in symbols:
            stock3.append(getDailyData(symbol)[::-1]['close']
                          ['2007-04-01': '2009-02-01'])
        stocks_crisis = pd.DataFrame(stock3).T
        stocks_crisis.columns = symbols
```

```
In [37]: stocks_crisis
Out[37]:              IBM    MSFT   INTC
        timestamp
        2007-04-02  95.21   27.74  19.13
        2007-04-03  96.10   27.87  19.31
        2007-04-04  96.21   28.50  19.38
        2007-04-05  96.52   28.55  19.58
        2007-04-09  96.62   28.57  20.10
        ...            ...     ...    ...
        2009-01-26  91.60   17.63  13.38
        2009-01-27  91.66   17.66  13.81
        2009-01-28  94.82   18.04  14.01
        2009-01-29  92.51   17.59  13.37
        2009-01-30  91.65   17.10  12.90

        [463 rows x 3 columns]
```

```
In [38]: stock_prices = stocks_crisis.copy()

In [39]: stocks_returns = (np.log(stocks) - np.log(stocks.shift(1))).dropna()

In [40]: cov_matrix = stocks_returns.cov()

In [41]: VaR_parametric(initial_investment, conf_level)
         Parametric VaR result for IBM is 42606.16125893139
         Parametric VaR result for MSFT is 41024.50194348814
         Parametric VaR result for INTC is 43109.25240851776
         ------------------------------------------------

Out[41]: array([42606.16125893, 41024.50194349, 43109.25240852])

In [42]: VaR_parametric_denoised(initial_investment, conf_level)
         Parametric VaR result for IBM is [42606.16125893 41024.50194349
           43109.25240852]
         Parametric VaR result for MSFT is [42606.16125893 41024.50194349
           43109.25240852]
         Parametric VaR result for INTC is [42606.16125893 41024.50194349
           43109.25240852]
         ------------------------------------------------

Out[42]: array([42519.03744155, 40937.37812611, 43022.12859114])
```

❶ 관측치의 수 T와 변수의 수 N의 관계
❷ 커널 밀도 추정을 위한 대역폭 식별
❸ 잡음 제거 공분산 행렬 생성
❹ 잡음 제거 공분산 행렬을 VaR 공식에 통합

전통적 VaR과 잡음이 제거된 VaR의 차이는 위기 기간에 더욱 두드러진다. 위기 기간 동안 자산 간의 상관관계가 높아져 상관 단절correlation breakdown이라고도 한다. 이 현상을 확인하기 위해 위기의 영향을 평가하는데, 이를 위해 2017-2018 위기 기간을 사용할 것이다. 그러나 이 분석을 실행하려면 위기의 정확한 시작 날짜와 종료 날짜가 필요하다. 여기서는 경기 주기를 발표하는 NBERNational Bureau of Economic Research에서 이 정보를 얻을 것이다.[2]

---

2   좀 더 자세한 사항은 NBER 홈페이지를 참고하라.

결과를 보면 상관관계와 이에 따른 VaR이 위기 기간 동안 더 높아진다는 것을 확인할 수 있다.

이제 데이터에서 직접 계산하는 경험적 행렬 대신 잡음이 제거된 공분산 행렬을 사용해 ML 기반 VaR을 얻을 수 있었다. 그 매력과 사용 용이성에도 불구하고 VaR은 특정 조건이나 공리를 충족해야 하므로 일관된 위험 척도가 아니다. 이러한 공리는 위험 측정에 대한 기술적 요구 사항으로 생각할 수 있다.

$\alpha \in (0, 1)$을 고정된 신뢰 수준이라고 하고 $(\omega, \mathcal{F}, \mathsf{P})$를 확률 공간이라고 하자. ω는 표본 공간을 나타내고 $\mathcal{F}$는 표본 공간의 부분 집합을 나타내며 P는 확률 척도다.

예를 들어 ω가 동전을 던졌을 때 가능한 모든 결과의 집합이라고 하면 ω = {H, T}이다. $\mathcal{F}$는 동전을 두 번 던지는 것으로 취급할 수 있다($\mathcal{F} = 2^\omega = 2^2$). 마지막으로 확률 측정은 P, 꼬리가 나올 확률(0.5)이다.

다음은 일관된 위험 측정의 4가지 공리이다.

이동 불변성

모든 결과 Y와 상수 $a \in \mathbb{R}$에 대해

$$VaR(Y + a) = VaR(Y) + a$$

즉, 무위험 금액이 포트폴리오에 추가되면 VaR가 a만큼 낮아진다.

저가산성

모든 Y_1 및 Y_2에 대해

$$VaR(Y_1 + Y_2) \leq VaR(Y_1) + VaR(Y_2)$$

이 공리는 위험 관리에서 분산의 중요성을 강조한다. 두 개의 자산 Y_1과 Y_2를 가정하자. 둘 다 포트폴리오에 포함돼 있으면 개별적으로 보유하는 것보다 VaR이 낮아진

다. VaR이 저가산성 가정을 만족하는지 확인해보자.

```
In [43]: asset1 = [-0.5, 0, 0.1, 0.4]  ❶
         VaR1 = np.percentile(asset1, 90)
         print('VaR for the Asset 1 is {:.4f}'.format(VaR1))
         asset2 = [0, -0.5, 0.01, 0.4]  ❷
         VaR2 = np.percentile(asset2, 90)
         print('VaR for the Asset 2 is {:.4f}'.format(VaR2))
         VaR_all = np.percentile(asset1 + asset2, 90)
         print('VaR for the portfolio is {:.4f}'.format(VaR_all))
         VaR for the Asset 1 is 0.3100
         VaR for the Asset 2 is 0.2830
         VaR for the portfolio is 0.4000
```

```
In [44]: asset1 = [-0.5, 0, 0.05, 0.03]  ❶
         VaR1 = np.percentile(asset1, 90)
         print('VaR for the Asset 1 is {:.4f}'.format(VaR1))
         asset2 = [0, -0.5, 0.02, 0.8]  ❷
         VaR2 = np.percentile(asset2,90)
         print('VaR for the Asset 2 is {:.4f}'.format(VaR2))
         VaR_all = np.percentile(asset1 + asset2 , 90)
         print('VaR for the portfolio is {:.4f}'.format(VaR_all))
         VaR for the Asset 1 is 0.0440
         VaR for the Asset 2 is 0.5660
         VaR for the portfolio is 0.2750
```

❶ 첫 번째 자산에 대한 자산 수익률
❷ 두 번째 자산에 대한 자산 수익률

포트폴리오 VaR이 개별 VaR의 합보다 작은 것으로 밝혀졌으며, 이는 분산 투자를 통한 리스크 완화의 의미를 가진다. 부연하면 포트폴리오 VaR은 다각화를 통해 개별 VaR의 합보다 낮아야 한다. 다각화는 위험을 완화하고, 이는 차례로 포트폴리오 VaR을 감소시키기 때문이다.

양의 균질성

모든 결과 Y 및 $a > 0$에 대해

$$VaR(aY) = aVaR(Y)$$

이는 포트폴리오의 위험과 가치가 함께 움직인다는 것을 의미한다. 즉, 포트폴리오의 가치가 일정량 증가하면 위험도 증가한다.

단조

Y_1과 Y_2의 두 결과에 대해 $Y_1 \leq Y_2$이면 다음과 같다.

$$VaR(Y_2) \leq VaR(Y_1)$$

처음에는 다소 어리둥절해 보일 수 있지만, 단조성은 자산 수익률이 높을수록 VaR이 낮아진다는 의미에서 직관적이다.

이제 VaR이 일관된 위험 척도가 아니라는 것을 알았다. 그러나 VaR이 시장 위험을 추정하는 유일한 도구인 것은 아니다. 최대 손실 평균은 또 다른 그리고 일관된 시장 위험 측정이다.

최대 손실 평균

VaR과 달리 ES는 분포의 꼬리에 초점을 맞춘다. 좀 더 구체적으로, ES는 시장에서 예상치 못한 위험도 고려할 수 있다. 그러나 이것이 ES가 VaR과는 완전히 다른 두 개념이라는 의미는 아니다. 오히려 그것들은 연관돼 있다. 즉, VaR을 사용해 ES를 나타낼 수 있다.

손실분포가 연속적이라고 가정해보자. ES는 수학적으로 다음과 같이 정의할 수 있다.

$$ES_\alpha = \frac{1}{1-\alpha} \int_\alpha^1 q_u du$$

여기서 q는 손실분포의 분위수를 나타낸다. ES 공식을 보면 ES란 단지 손실의 $(1-\alpha)\%$의 확률 가중 평균에 불과하다는 것을 알 수 있다.

q_u와 VaR을 대입해 다음 식을 얻자.

$$ES_\alpha = \frac{1}{1-\alpha} \int_\alpha^1 VaR_u \, du$$

또는 ES는 VaR을 초과하는 손실의 평균이다.

$$ES_\alpha = E\left(L \mid L > VaR_\alpha\right)$$

손실분포는 연속 혹은 이산일 수 있으며 짐작하듯 이산 형태를 취하는 경우 ES는 다음과 같이 다른 형태를 취한다.

$$ES_\alpha = \frac{1}{1-\alpha} \Sigma_{n=0}^1 \max(L_n) \Pr\left(L_n\right)$$

여기서 $\max(L_n)$은 가장 높은 n번째 손실을 나타내고 $\Pr(L_n)$은 n번째로 높은 손실의 확률을 나타낸다. 코드에서는 다음과 같이 공식화할 수 있다.

```
In [45]: def ES_parametric(initial_investment , conf_level):
            alpha = - norm.ppf(1 - conf_level,stocks_returns_mean,port_std)
            for i, j in zip(stocks.columns, range(len(stocks.columns))):
                VaR_param = (initial_investment * alpha)[j] ❶
                ES_param = (1 / (1 - conf_level)) \
                            * initial_investment \
                            * norm.expect(lambda x: x,
                                        lb = norm.ppf(conf_level,
                                                    stocks_returns_mean[j],
                                                    port_std),
                                        loc = stocks_returns_mean[j],
                                        scale = port_std) ❷
                print(f"Parametric ES result for {i} is {ES_param}")

In [46]: ES_parametric(initial_investment, conf_level)
        Parametric ES result for IBM is 52776.42396231898
        Parametric ES result for MSFT is 54358.083277762125
        Parametric ES result for INTC is 52273.33281273264
```

❶ 수익률의 95% 계산
❷ 역사적 관찰을 기반으로 ES 추정

지금까지 ES를 전통적인 방식으로 모델링하는 방법을 살펴봤다. 이제 ES 모델의 추정 성능과 신뢰성을 더욱 향상시키기 위해 ML 기반 접근 방식을 도입할 때다.

코드에 적용해보자.

```
In [47]: def ES_historical(initial_investment, conf_level):
             for i, j in zip(stocks_returns.columns,
                             range(len(stocks_returns.columns))):
                 ES_hist_percentile95 = np.percentile(stocks_returns.loc[:, i],
                                                      5) ❶
                 ES_historical = stocks_returns[str(i)][stocks_returns[str(i)] <=
                                                        ES_hist_percentile95]\
                                                        .mean() ❷
                 print("Historical ES result for {} is {:.4f} "
                       .format(i, initial_investment * ES_historical))

In [48]: ES_historical(initial_investment, conf_level)
         Historical ES result for IBM is -64802.3898
         Historical ES result for MSFT is -65765.0848
         Historical ES result for INTC is -88462.7404
```

❶ 수익률의 95% 계산
❷ 과거 관측치에 기반해 ES 추정

지금까지 전통적인 방법으로 ES를 모델링하는 것을 봤다. 이제 머신러닝-기반 방법을 소개해 ES 모델의 성능과 신뢰성을 향상시켜보자.

유동성 증대 ES

설명한 대로 ES는 시장 위험을 측정하기 위한 일관된 위험 측정치를 제공한다. 그러나 금융 위험을 시장, 신용, 유동성 및 운영 위험으로 구분하지만 이것이 반드시 이러한 위험들이 서로 완전히 관련이 없음을 의미하지는 않는다. 오히려 어느 정도 상관관계가 있다. 즉, 금융 위기가 시장에 닥치면 신용 한도 감소와 함께 시장 리스크가 급증해 유동성 리스크가 증가하게 된다.

이 사실은 안토니아데스[Antoniades](2014, p.6)에 다음과 같이 묘사돼 있다.

> "공동 유동 자산 풀(pool)은 유동성 위험으로 인해 모기지 신용 공급에 영향을 미칠 수 있는 자원의 제약이다.
>
> 2007~2008년 금융 위기 동안 은행이 자금을 조달하는 데 겪은 어려움의 주요 원인은 도매 자금 조달 시장에서 경험한 자금 유동성 부족에서 비롯됐다."

리스크의 유동성 차원을 무시하면 시장 리스크를 과소평가할 수 있다. 따라서 유동성 위험이 있는 ES를 추가하면 좀 더 정확하고 신뢰할 수 있는 추정이 가능하다. 글쎄, 매력적으로 들리지만 유동성에 대한 대리 지표를 어떻게 찾을 수 있을까?

문헌에서 매수-매도 스프레드 측정은 일반적으로 유동성을 모델링하는 데 사용된다. 간단히 말해서 매수-매도 스프레드는 구매자가 지불할 의사가 있는 가장 높은 가용 가격(매수가)과 판매자가 받을 의사가 있는 가장 낮은 가격(매도가)의 차이이다. 따라서 매수-매도 스프레드는 거래 비용을 측정할 수 있는 도구를 제공한다.

 유동성은 시장 가격에 큰 영향을 미치지 않고 자산이 매우 짧은 기간에 거래되는 용이성으로 정의할 수 있다. 유동성의 두 가지 주요 척도가 있다.

시장 유동성
　자산 거래의 용이성
자금 조달 유동성
　투자자가 자금을 조달할 수 있는 용이성
유동성과 그로 인한 위험은 7장에서 더 자세히 논의할 것이다.

매수-매도 스프레드가 거래 비용의 좋은 지표이므로, 거래 비용은 유동성의 구성 요소 중 하나라는 점에서 유동성의 좋은 대체 지표이기도 하다. 스프레드는 주안점에 따라 다양한 방식으로 정의될 수 있다. 다음은 유동성 위험을 ES 모델에 통합하는 데 사용할 매수-매도 스프레드다.

유효 스프레드

$$유효\ 스프레드 = 2|(P_t - P_{mid})|$$

여기서 P_t는 시간 t에서의 거래 가격이고 P_{mid}는 t 시점에 우세한 매수-매도 제안 $((P_{ask} - P_{bid})/2)$의 중간점이다.

비례 호가 스프레드

$$비례\ 호가\ 스프레드 = (P_{ask} - P_{bid})/P_{mid}$$

여기서 P_{ask}는 매도 호가이고 P_{bid}와 P_{mid}는 각각 매수 호가와 중간 호가다.

명목 스프레드

$$명목\ 스프레드 = P_{ask} - P_{bid}$$

비례 유효 스프레드

$$비례\ 유효\ 스프레드 = 2(|P_t - P_{mid}|)/P_{mid}$$

유효 비용

매수자-개시[buyer-initiated] 거래는 거래가 인용된 중간 가격 이상의 가격으로 체결될 때 발생한다. 이와 유사하게, 매도자-개시[seller-initiated] 거래는 거래가 인용된 중간 가격보다 낮은 가격으로 체결될 때 발생한다. 그러면 유효 비용을 다음과 같이 기술할 수 있다.

$$유효\ 비용 = \begin{cases} (P_t - P_{mid})/P_{mid} & 매수자-개시의\ 경우 \\ (P_{mid}/P_t)/P_{mid} & 매도자-개시의\ 경우 \end{cases}$$

이제 시장 위험뿐만 아니라 유동성 위험도 설명할 수 있도록 이러한 매수-매도 스프레드를 ES 모델에 통합하는 방법을 찾아야 한다. 여기서는 이 작업을 수행하기 위해 두 가지 다른 방법을 사용할 것이다. 여기서 사용할 첫 번째 방법은 초디아 외[Chordia et al.] (2000)와 패스토와 스탬보그[Pástor and Stambaugh] (2003)가 제안한 대로 매수-매도 스프레드의 단면 평균을 취하는 것이다. 두 번째 방법은 맨시니 외[Mancini et al.] (2013)가 제안한 PCA(주성분 분석)를 적용하는 것이다.

단면 평균은 단순히 매수-매도 스프레드의 행 평균이다. 이 방법을 사용해 시장 전체의 유동성을 측정할 수 있다. 평균화 공식은 다음과 같다.

$$L_{M,t} = \frac{1}{N} \sum_i^N L_{i,t}$$

여기서 $L_{M,t}$는 시장 유동성이고 $L_{i,t}$는 개별 유동성 척도, 즉 우리의 경우 매수-매도 호가 스프레드다. 그러면 이제 계산할 수 있다.

$$ES_L = ES + 유동성\ 비용$$

$$ES_L = \frac{1}{1-\alpha} \int_\alpha^1 VaR_u du + \frac{1}{2} P_{last}(\mu + k\sigma)$$

여기서

- P_{last}는 주식 종가다.

- μ는 스프레드의 평균이다.

- k는 두터운 꼬리를 수용하기 위한 스케일링 팩터다.

- σ는 스프레드의 표준편차다.

이러한 기법을 코드로 변환하기 위해 다음을 수행한다.

```
In [49]: bid_ask = pd.read_csv('bid_ask.csv')  ❶
```

```
In [50]: bid_ask['mid_price'] = (bid_ask['ASKHI'] + bid_ask['BIDLO']) / 2  ❷
         buyer_seller_initiated = []
         for i in range(len(bid_ask)):
             if bid_ask['PRC'][i] > bid_ask['mid_price'][i]:  ❸
                 buyer_seller_initiated.append(1)  ❹
             else:
                 buyer_seller_initiated.append(0)  ❺

         bid_ask['buyer_seller_init'] = buyer_seller_initiated
```

```
In [51]: effective_cost = []
         for i in range(len(bid_ask)):
```

```
             if bid_ask['buyer_seller_init'][i] == 1:
                 effective_cost.append((bid_ask['PRC'][i] -
                                        bid_ask['mid_price'][i]) /
                                        bid_ask['mid_price'][i]) ❻
             else:
                 effective_cost.append((bid_ask['mid_price'][i] -
                                        bid_ask['PRC'][i])/
                                        bid_ask['mid_price'][i]) ❼
         bid_ask['effective_cost'] = effective_cost

In [52]: bid_ask['quoted'] = bid_ask['ASKHI'] - bid_ask['BIDLO'] ❽
         bid_ask['prop_quoted'] = (bid_ask['ASKHI'] - bid_ask['BIDLO']) /\
                                  bid_ask['mid_price'] ❽
         bid_ask['effective'] = 2 * abs(bid_ask['PRC'] - bid_ask['mid_price']) ❽
         bid_ask['prop_effective'] = 2 * abs(bid_ask['PRC'] -
                                            bid_ask['mid_price']) /\
                                            bid_ask['PRC'] ❽

In [53]: spread_meas = bid_ask.iloc[:, -5:]
         spread_meas.corr()
Out[53]:                 effective_cost    quoted  prop_quoted   effective \
         effective_cost        1.000000  0.441290     0.727917    0.800894
         quoted                0.441290  1.000000     0.628526    0.717246
         prop_quoted           0.727917  0.628526     1.000000    0.514979
         effective             0.800894  0.717246     0.514979    1.000000
         prop_effective        0.999847  0.442053     0.728687    0.800713


                         prop_effective
         effective_cost        0.999847
         quoted                0.442053
         prop_quoted           0.728687
         effective             0.800713
         prop_effective        1.000000

In [54]: spread_meas.describe()
Out[54]:        effective_cost       quoted  prop_quoted    effective  prop_effective
         count      756.000000   756.000000   756.000000   756.000000      756.000000
         mean         0.004247     1.592583     0.015869     0.844314        0.008484
         std          0.003633     0.921321     0.007791     0.768363        0.007257
         min          0.000000     0.320000     0.003780     0.000000        0.000000
```

25%	0.001517	0.979975	0.010530	0.300007	0.003029
50%	0.003438	1.400000	0.013943	0.610000	0.006874
75%	0.005854	1.962508	0.019133	1.180005	0.011646
max	0.023283	8.110000	0.055451	6.750000	0.047677

```
In [55]: high_corr = spread_meas.corr().unstack()\
                    .sort_values(ascending=False).drop_duplicates() ❾
         high_corr[(high_corr > 0.80) & (high_corr != 1)] ❿
Out[55]: effective_cost  prop_effective    0.999847
         effective       effective_cost    0.800894
         prop_effective  effective         0.800713
         dtype: float64

In [56]: sorted_spread_measures = bid_ask.iloc[:, -5:-2]

In [57]: cross_sec_mean_corr = sorted_spread_measures.mean(axis=1).mean() ⓫
         std_corr = sorted_spread_measures.std().sum() / 3 ⓬

In [58]: df = pd.DataFrame(index=stocks.columns)
         last_prices = []
         for i in symbols:
             last_prices.append(stocks[i].iloc[-1]) ⓭
         df['last_prices'] = last_prices

In [59]: def ES_parametric(initial_investment, conf_level):
             ES_params = [ ]
             alpha = - norm.ppf(1 - conf_level, stocks_returns_mean, port_std)
             for i,j in zip(stocks.columns,range(len(stocks.columns))):
                 VaR_param = (initial_investment * alpha)[j]
                 ES_param = (1 / (1 - conf_level)) \
                             * norm.expect(lambda x: VaR_param, lb = conf_level)
                 ES_params.append(ES_param)
             return ES_params

In [60]: ES_params = ES_parametric(initial_investment, conf_level)
         for i in range(len(symbols)):
             print(f'The ES result for {symbols[i]} is {ES_params[i]}')
         The ES result for IBM is 145760.89803654602
         The ES result for MSFT is 140349.84772375744
         The ES result for INTC is 147482.03450111256
```

```
In [61]: k = 1.96

         for i, j in zip(range(len(symbols)), symbols):
             print('The liquidity Adjusted ES of {} is {}'
                   .format(j, ES_params[i] + (df.loc[j].values[0] / 2) *
                         (cross_sec_mean_corr + k * std_corr)))  ⓴
         The liquidity Adjusted ES of IBM is 145833.08767607837
         The liquidity Adjusted ES of MSFT is 140477.40110495212
         The liquidity Adjusted ES of INTC is 147510.60526566216
```

❶ bid_ask 데이터 가져오기
❷ 중간 가격 계산
❸ 매수자- 및 매도자-개시 거래에 대한 조건 정의
❹ 위의 조건이 성립하면 1을 반환하고 Buyer_seller_initiated 리스트에 추가된다.
❺ 위의 조건이 성립하지 않으면 0을 반환하고 Buyer_seller_initiated 리스트에 추가된다.
❻ Buyer_seller_initiated 변수의 값이 1이면 해당하는 유효 비용 공식이 실행된다.
❼ Buyer_seller_initiated 변수의 값이 0이면 해당하는 유효 비용 공식이 실행된다.
❽ 명목, 비례 인용, 유효 및 비례 유효 스프레드 계산
❾ 상관 행렬을 구하고 열별로 나열하기
❿ 80%보다 큰 상관관계를 정렬
⓫ 스프레드 측정의 단면 평균 계산
⓬ 스프레드의 표준편차 구하기
⓭ 주식 데이터에서 마지막으로 관찰된 주가 필터링
⓮ 유동성 조정 ES 추정

PCA는 차원을 줄이는 데 사용되는 방법이다. PCA는 가능한 한 적은 수의 구성 요소를 사용해 가능한 한 많은 정보를 추출하는 데 사용된다. 그림 5-4를 예로 들면 5가지 특징 중 2가지 구성 요소를 선택할 수 있다.

따라서 정보 손실을 감수하면서 차원을 줄인다. 선택한 절단 지점에 따라 구성 요소의 수를 선택하고 남은 구성 요소의 수만큼 정보를 잃기 때문이다.

좀 더 구체적으로 말하면, 그림 5-4가 평평해지는 지점은 우리가 더 적은 정보를 보유한다는 것을 의미하며 이것이 PCA의 컷오프 지점이다. 그러나 컷오프 지점과 보유 정보 사이에 절충이 있다는 점에서 쉬운 결정은 아니다. 한편으로 컷오프 포인트가 높을수록(즉 구성 요소 수가 많을수록) 더 많은 정보를 보유할 수 있다(감소하는 차원이 적다). 반면 컷오프 지점이 낮을수록(구성 요소 수가 적을수록) 더 적은 정보를 보유하게 된다(더 많은 차원이 축소된다). 평평한 스크리scree plot 도면을 얻는 것이 적절한 수의 구성 요소를 선택하는 유일한 기준은 아니다. 그렇다면 적절한 수의 구성 요소를 선택하기 위한 가능한 기준

은 무엇일까? PCA에 대한 가능한 컷오프 기준은 다음과 같다.

- 80% 이상의 설명된 분산

- 둘 이상의 고윳값

- 스크리^{scree} 도면이 평평해지는 지점

 VaR에도 유동성 조정이 적용될 수 있다는 점에 주목하자. VaR에도 수학적으로 동일한 절차가 적용된다.

$$VaR_L = \sigma_p\sqrt{t}Z_\alpha + \frac{1}{2}P_{last}(\mu + k\sigma)$$

그러나 차원 축소만이 우리가 활용할 수 있는 유일한 도구인 것은 아니다. 이 예에서는 PCA가 데이터에서 가장 중요한 정보를 필터링하기 때문에 유동성의 독특한 특징을 얻기 위해 PCA를 적용한다.

```
In [62]: from sklearn.decomposition import PCA
         from sklearn.preprocessing import StandardScaler

In [63]: scaler = StandardScaler()
         spread_meas_scaled = scaler.fit_transform(np.abs(spread_meas))  ❶
         pca = PCA(n_components=5)  ❷
         prin_comp = pca.fit_transform(spread_meas_scaled)  ❸

In [64]: var_expl = np.round(pca.explained_variance_ratio_, decimals=4)  ❹
         cum_var = np.cumsum(np.round(pca.explained_variance_ratio_,
                                      decimals=4))  ❺
         print('Individually Explained Variances are:\n{}'.format(var_expl))
         print('=='*30)
         print('Cumulative Explained Variances are: {}'.format(cum_var))
         Individually Explained Variances are:
         [0.7494 0.1461 0.0983 0.0062 0.    ]
         ============================================================
         Cumulative Explained Variances are: [0.7494 0.8955 0.9938 1.    1.    ]
```

```
In [65]: plt.plot(pca.explained_variance_ratio_) ❻
         plt.xlabel('Number of Components')
         plt.ylabel('Variance Explained')
         plt.title('Scree Plot')
         plt.show()
In [66]: pca = PCA(n_components=2) ❼
         pca.fit(np.abs(spread_meas_scaled))
         prin_comp = pca.transform(np.abs(spread_meas_scaled))
         prin_comp = pd.DataFrame(np.abs(prin_comp), columns = ['Component 1',
                                                               'Component 2'])
         print(pca.explained_variance_ratio_ *100)
         [65.65640435 19.29704671]


In [67]: def myplot(score, coeff, labels=None):
             xs = score[:, 0]
             ys = score[:, 1]
             n = coeff.shape[0]
             scalex = 1.0 / (xs.max() - xs.min())
             scaley = 1.0 / (ys.max() - ys.min())
             plt.scatter(xs * scalex * 4, ys * scaley * 4, s=5)
             for i in range(n):
                 plt.arrow(0, 0, coeff[i, 0], coeff[i, 1], color = 'r',
                           alpha=0.5)
                 if labels is None:
                     plt.text(coeff[i, 0], coeff[i, 1], "Var"+str(i),
                              color='black')
                 else:
                     plt.text(coeff[i,0 ], coeff[i, 1], labels[i],
                              color='black')
             plt.xlabel("PC{}".format(1))
             plt.ylabel("PC{}".format(2))
             plt.grid()


In [68]: spread_measures_scaled_df = pd.DataFrame(spread_meas_scaled,
                                         columns=spread_meas.columns)


In [69]: myplot(np.array(spread_measures_scaled_df)[:, 0:2],
                np.transpose(pca.components_[0:2,:]),
                list(spread_measures_scaled_df.columns)) ❽
         plt.show()
```

❶ 스프레드 측정 표준화
❷ 주성분의 수를 5로 식별
❸ Spread_measures_scaled에 주성분 적용하기
❹ 5가지 주성분으로 설명된 분산 관찰
❺ 5가지 주성분의 누적 설명 분산 관찰
❻ 스크리 도면 그리기(그림 5-4)
❼ 스크리 도면을 기반으로 PCA 분석에 사용할 구성 요소 수를 2로 결정
❽ 구성 요소와 특징 간의 관계를 관찰하기 위해 바이플롯(그림 5-5) 그리기

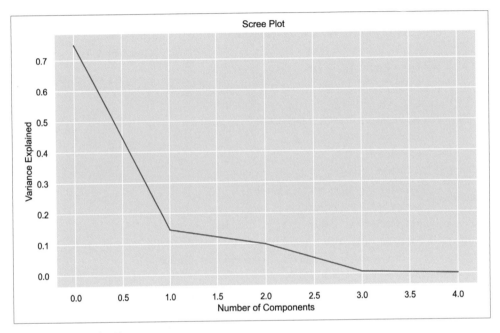

그림 5-4 PCA 스크리 도면

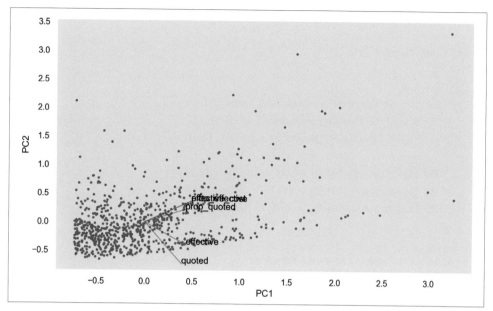

그림 5-5 PCA 바이플롯

이제 필요한 모든 정보를 얻었으므로, 이 정보를 통합해 유동성 조정 ES를 계산할 수 있다. 당연히 다음 코드는 유동성 조정 ES가 표준 ES 애플리케이션에 비해 더 큰 값을 제공함을 보여준다. 이는 ES 추정에 유동성 차원을 포함하면 더 높은 위험이 발생한다는 것을 의미한다.

```
In [70]: prin_comp1_rescaled = prin_comp.iloc[:,0] * prin_comp.iloc[:,0].std()\
                             + prin_comp.iloc[:, 0].mean() ❶
         prin_comp2_rescaled = prin_comp.iloc[:,1] * prin_comp.iloc[:,1].std()\
                             + prin_comp.iloc[:, 1].mean() ❷
         prin_comp_rescaled = pd.concat([prin_comp1_rescaled,
                                        prin_comp2_rescaled],
                                        axis=1)

         prin_comp_rescaled.head()
Out[70]:    Component 1  Component 2
         0     1.766661     1.256192
         1     4.835170     1.939466
         2     3.611486     1.551059
         3     0.962666     0.601529
         4     0.831065     0.734612
```

```
In [71]: mean_pca_liq = prin_comp_rescaled.mean(axis=1).mean() ❸
         mean_pca_liq
Out[71]: 1.0647130086973815

In [72]: k = 1.96
         for i, j in zip(range(len(symbols)), symbols):
             print('The liquidity Adjusted ES of {} is {}'
                   .format(j, ES_params[i] + (df.loc[j].values[0] / 2) *
                          (mean_pca_liq + k * std_corr))) ❹
         The liquidity Adjusted ES of IBM is 145866.2662997893
         The liquidity Adjusted ES of MSFT is 140536.02510785797
         The liquidity Adjusted ES of INTC is 147523.7364940803
```

❶ 첫 번째 주성분에 대한 유동성 조정 ES 공식의 유동성 부분 계산
❷ 두 번째 주성분에 대한 유동성 조정 ES 공식의 유동성 부분 계산
❸ 두 가지 주요 구성 요소의 단면 평균 계산
❹ 유동성 조정 ES 추정

결론

시장 위험은 회사가 시장의 사건에서 발생하는 위험에 취약한 정도를 알려주기 때문에 항상 면밀히 조사됐다. 금융 위험 관리 교과서에서는 이론과 실무에서 두 가지 두드러지고 일반적으로 적용되는 모델인 VaR 및 ES 모델을 사용하는 것이 관례다. 5장에서는 이러한 모델에 대한 소개를 한 후 모델 추정을 재검토하고 개선하기 위해 방법을 소개했다. 이를 위해 먼저 잡음과 신호의 형태로 정보의 흐름을 구분하는 것을 잡음 제거 denoising라고 한다. 그런 다음 VaR 추정을 개선하기 위해 잡음이 제거된 공분산 행렬을 사용했다.

다음으로 일관된 위험 척도로서 ES 모델에 대해 논의했다. 이 모델을 개선하기 위해 적용한 방법은 유동성 기반 접근 방식으로, ES 모델을 재검토하고 ES 추정 시 유동성 위험을 고려할 수 있도록 유동성 요소를 사용해 확장했다.

시장 위험 추정에 대한 추가 개선이 가능하지만 여기에서의 목표는 머신러닝 기반 시장 위험 접근 방식을 습득하기 위한 적절한 기반을 제공하기 위한 일반적인 아이디어와 필수 도구를 제공하는 것이다. 그러나 더 나아가 다른 도구를 적용할 수도 있다. 6장에서

는 바젤 은행 감독 위원회[BCBS]와 같은 규제 기관에서 제안한 신용 위험 모델링에 대해 알아본 다음 ML 기반 접근 방식을 사용해 이 모델을 강화할 것이다.

참고문헌

Antoniades, Adonis. 2016. "Liquidity Risk and the Credit Crunch of 2007-2008: Evidence from Micro-Level Data on Mortgage Loan Applications." *Journal of Financial and Quantitative Analysis* 51 (6): 1795-1822.

Bzdok, D., N. Altman, and M. Krzywinski. 2018. "Points of Significance: Statistics Versus Machine Learning." *Nature Methods* 15 (4): 233-234.

BIS, Calculation of RWA for Market Risk, 2020.

Chordia, Tarun, Richard Roll, and Avanidhar Subrahmanyam. 2000. "Commonality in Liquidity." Journal of Financial Economics 56 (1): 3-28.

Mancini, Loriano, Angelo Ranaldo, and Jan Wrampelmeyer. 2013. "Liquidity in the Foreign Exchange Market: Measurement, Commonality, and Risk Premiums." *The Journal of Finance* 68 (5): 1805-1841.

Pástor, Ľuboš, and Robert F. Stambaugh. 2003. "Liquidity Risk and Expected Stock Returns." *Journal of Political Economy* 111 (3): 642-685.

Dowd, Kevin. 2003. *An Introduction to Market Risk Measurement*. Hoboken, NJ: John Wiley and Sons.

Glasserman, Paul. *Monte Carlo Methods in Financial Engineering*. 2013. Stochastic Modelling and Applied Probability Series, Volume 53. New York: Springer Science & Business Media.

M. Lopez De Prado. 2020. *Machine Learning for Asset Managers*. Cambridge: Cambridge University Press.

6장

신용 위험 추정

"시장 위험에 대한 조사가 훨씬 더 잘 이뤄지지만 일반적으로 은행의 경제적 자본의 대부분은 신용 위험에 사용된다. 따라서 신용 위험의 측정, 분석 그리고 관리에 대한 전통적인 표준 방법의 정교함은 그 중요도와 일치하지 않을 수 있다."

– 우베 베어스폰Uwe Wehrspohn(2002)

금융기관의 주된 역할은 흑자인 곳에서 적자인 곳으로 자금이 이동하도록 통로를 만들어주는 것이다. 이를 통해 금융기관은 금융 시스템의 자본 할당을 보장할 뿐만 아니라 이러한 거래에 대한 대가로 이익을 얻는다. 그러나 이때 금융기관이 감당해야 할 중요한 위험이 있는데, 바로 신용 위험이다. 자본 할당은 비용과 효율 측면에서 매우 큰 위험이다. 신용 위험은 차용인이 채무를 상환할 수 없을 때 발생한다. 즉, 차입자가 채무불이행 시 채무를 갚지 못해 금융기관에 손실이 발생하는 것이다.

신용 위험과 그 목표는 좀 더 형식을 갖춘 방식으로 정의할 수 있다(BCBS and BIS, 2000).

"신용 위험은 가장 간단하게는 은행 차용인이나 거래 상대방이 합의된 조건에 따라 의무를 이행하지 못할 가능성으로 정의된다. 신용 위험 관리의 목표는 신용 위험 노출을 허용 가능한 한도 내에서 유지함으로써 은행의 위험 조정 수익률을 최대화하는 것이다."

신용 위험을 추정하는 것은 너무나 어려운 일이므로 규제 기관인 바젤Basel은 금융 시장의 최근 발전 상황을 면밀히 모니터링하고 은행 자본 요건을 강화하기 위한 규정을 설정했다. 은행에 대해 강력한 자본 요건을 요구하는 것의 중요성은 은행이 격동의 시기에 자본 완충 장치를 갖춰야 한다는 생각에 기인한다.

금융기관들은 서로에게 담보를 제공하는 일이 많으므로 이들 사이에 연쇄적인 채무불이행이 일어난다면 금융 시장이 붕괴될 수 있기 때문에 금융기관은 금융시스템의 안정성을 확보하기 위해 최소한의 자본금을 갖춰야 한다는 정책 입안자들의 공감대가 형성되고 있다. 이러한 자본 요구 사항에 대한 해결책을 찾는 사람들은 2007년~2008년 모기지 위기 동안 혹독한 시련을 겪으며 교훈을 얻었다.

물론 최소한의 자본 요건을 보장해야 한다는 사실은 금융기관에는 부담이다. 최소 자본은 적자 기업 등에 대출할 수 없으므로 이익을 낼 수 없는 자산이기 때문이다.

결과적으로 신용 위험을 관리하는 것은 수익성 있고 효율적인 거래와 관련된다.

이와 관련해 6장에서는 최첨단 ML 모델을 사용해 신용 위험을 추정하는 방법을 보여준다. 먼저 신용 위험에 대한 이론적 배경부터 살펴보자. 당연히 신용 위험 분석에는 많은 주제가 있지만 여기서는 채무불이행 확률과 이를 추정하기 위한 머신러닝 접근 방식 도입에 중점을 둔다. 이를 위해 군집화를 통해 고객을 세분화해 이 데이터에 모델을 개별적으로 적합화할 수 있다. 이는 신용 위험 데이터의 분포가 다양한 고객 세그먼트에 따라 변한다는 점에서 더 나은 적합도를 제공해준다. 클러스터^{cluster}를 얻으면 베이즈 접근 방식을 포함한 머신러닝과 딥러닝 모델을 도입해 신용 위험을 모델링한다.

신용 위험 추정

채무불이행 가능성(차용인이 부채를 상환하지 못할 가능성) 이외에도 신용 위험에는 세 가지 정의상의 특성이 있다.

노출

노출이란 채무불이행이나 채무이행 능력에 불리한 변화를 겪을 수 있는 당사자를 나타낸다.

우도

우도는 당사자가 의무를 불이행할 가능성을 말한다.

회수율

채무불이행이 발생하는 경우 회수할 수 있는 양이다.

BCBS는 바젤 협정Basel Accord으로 알려진 글로벌 금융 신용 관리 표준을 제시했다. 현재 3개의 바젤 협정이 있다. 1988년 Basel I에 의해 설정한 가장 두드러진 규칙은 위험 가중 자산의 최소 8%에 해당하는 자본을 보유해야 한다는 요구 사항이다. Basel I에는 라틴아메리카 부채 위기가 시작된 후 만들어진 최초의 자본 측정 시스템이 포함돼 있다.

Basel I에서 자산은 다음과 같이 분류된다.

- 무위험 자산의 경우 0%

- 다른 은행에 대한 대출의 경우 20%

- 주거용 모기지의 경우 50%

- 기업 부채의 경우 100%

1999년 Basel II는 세 가지 주요 사항을 기반으로 Basel I에 대한 개정판을 발표했다.

- 1988년 협정에 규정된 표준화된 규칙을 확장하고 개발하기 위한 최소 자본 요건

- 기관의 자본 적정성 및 내부 평가 절차에 대한 감독 검토

- 시장 규율을 강화하고 은행 업무의 건전성을 제고하기 위한 공시의 효율적 사용

2007년~2008년 모기지 위기가 고조되면서 지난 2010년 Basel III 합의는 불가피했다. Basel III는 유동성 강화와 부실한 거버넌스 관행을 강화하기 위한 새로운 조치를 도입했다. 예를 들어 자본 요구 사항은 금융 혼란과 위기 기간 동안 금융 시스템의 연속적인 실패인 도미노 효과를 방지하기 위해 도입됐다. Basel III는 표 6-1에 열거된 은행의 재무 비율을 요구하고 있다.

표 6-1 Basel III에서 요구하는 재무 비율 재무 비율 티어(Tier) 1 자본 비율

재무 비율	공식
티어1 자본 비율	$\frac{\text{자기 자본}}{\text{위험 가중 자산}})= 4.5\%$
레버리지 비율	$\frac{\text{티어 1 자본}}{\text{평균 총자산}})= 3\%$
단기유동성 비율	$\frac{\text{고유동성 자산}}{\text{향후 30일 동안의 총 순현금 흐름}})= 100\%$

Basel II는 은행이 신용 위험을 추정하기 위해 표준화된 접근 방식이나 내부 등급 기반 IRB 접근 방식을 시행할 것을 제안한다. 표준화된 접근 방식은 이 책의 범위를 벗어나며, 관심 있는 독자는 BIS의 〈Standardized Approach to Credit Risk〉 문서를 참조하면 된다.

이제 IRB 접근 방식을 집중적으로 알아보자. 이 내부 평가의 주요 매개변수는 다음과 같다.

$$\text{예상 손실} = EAD \times LGD \times PD$$

여기서 PD는 채무불이행 확률, LGD는 0과 1 사이의 값을 취하는 채무불이행 시 예상 손실, EAD는 채무불이행 시 노출이다.

신용 위험 추정에서 가장 중요하고 어려운 부분은 채무불이행 확률을 모델링하는 것이 며, 6장의 목적은 주로 이 문제를 해결하기 위한 ML 모델을 찾는 것이다. 계속 진행하기 전에 신용 위험을 추정할 때 이따금 간과되는 또 하나의 중요한 문제가 있는데, 바로 위험 버켓팅이다.

위험 버켓팅

위험 버켓팅bucketing은 신용도가 유사한 차용인들끼리 그룹화하는 것이다. 위험 버켓팅의 아이디어는 신용 위험을 더 잘 추정할 수 있도록 동질적인 그룹 또는 클러스터를 얻자 는 것이다. 위험도가 다른 차용인을 동등하게 취급하면 모델이 데이터의 완전히 상이한 특성을 한 번에 포착할 수 없기 때문에 예측력이 좋지 않을 수 있다. 따라서 위험도에 따라 차용자를 여러 그룹으로 나눠 위험 버켓팅을 통해 정확한 예측을 할 수 있다.

위험 버켓팅은 다른 통계 방법을 사용해서도 수행할 수 있지만 여기서는 K-평균을 사용해 동종 클러스터로 묶기 위해 군집화 기술을 적용한다.

우리는 데이터 시대에 살고 있지만 우리가 찾는 데이터를 항상 찾을 수 있는 것은 아니다. 오히려 데이터를 전처리하고 정제하는 기술을 적용하지 않고 찾는 경우는 드물다.

물론 종속변수가 있는 데이터는 작업하기 쉽고 더 정확한 결과를 얻을 수 있다. 그러나 때로는 데이터의 숨겨진 특성을 공개해야 한다. 즉, 차용인의 위험도를 알 수 없는 경우 위험도에 따라 그룹화하는 해법을 찾아야 한다.

군집화는 이러한 그룹 또는 클러스터를 생성하기 위해 제안된 방법이다. 최적의 군집화는 공간적으로 서로 멀리 떨어진 클러스터를 생성한다.

> "군집화는 유사한 인스턴스를 함께 그룹화하고 다른 인스턴스는 다른 그룹에 속하게 만드는 방식으로 데이터 인스턴스를 하위 집합으로 그룹화한다. 따라서 인스턴스는 샘플링되는 모집단을 특징짓는 효율적인 표현으로 구성된다."
>
> – 로카흐와 마이몬Rokach and Maimon(2005)

다양한 군집화 기법을 사용할 수 있지만 K-평균 알고리듬은 신용 위험을 분석하기 위한 위험 버킷을 생성하려는 우리의 목적에 부합한다. K-평균에서는 클러스터 내 관측값의 거리는 클러스터 중심centroid을 기반으로 계산된다. 중심까지의 거리에 따라 관측치가 군집화된다. 이 거리는 다양한 방법으로 측정할 수 있다. 그중 가장 잘 알려진 지표는 다음과 같다.

유클리드

$$\sqrt{\Sigma_{i=1}^{n}\left(p_i - q_i\right)^2}$$

민코프스키

$$\left(\Sigma_{i=1}^{n}\left|p_i - q_i\right|^p\right)^{1/p}$$

맨해튼

$$\sqrt{\Sigma_{i=1}^{n}|p_i - q_i|}$$

군집화의 목적은 중심과 관측치 사이의 거리를 최소화해 유사한 관측치들이 동일한 클러스터에 있도록 하는 것이다. 이 논리는 유사한 관찰이 많을수록 둘 사이의 거리가 더 작아진다는 직관에 기초한다. 따라서 관측값과 중심 사이의 거리를 최소화하려고 한다. 달리 말해, 중심과 관측값 사이의 제곱 오차의 합을 최소화하는 방법이다.

$$\sum_{i=1}^{K}\sum_{x \in C_i}(C_i - x)^2$$

여기서 x는 관측값이고 C_i는 i번째 클러스터의 중심이다. 그러나 관측치의 수와 클러스터의 조합을 고려할 때 검색 영역이 너무 커서 처리하지 못할 수 있다. 그러나 걱정하지 말라. 군집화를 위한 기대 최대화^{EM} 알고리듬이라는 것이 있다. K-평균에는 닫힌 해가 없으므로 근사해를 찾아야 하는데, EM이 이 방법을 제공해준다.

EM 알고리듬에서 E는 관측치를 가장 가까운 중심에 할당하는 것을 의미하고 M은 매개변수를 업데이트해 데이터 생성 프로세스의 완료를 나타낸다.

EM 알고리듬에서 관측값과 중심 사이의 거리는 반복적으로 최소화된다. 알고리듬은 다음과 같이 작동한다.

1. 중심이 될 k개의 임의의 점을 선택한다.

2. 선택한 거리 측정법을 기반으로 관측치와 n개의 중심 사이의 거리를 계산한다. 이러한 거리를 기반으로 각 관측치를 가장 가까운 클러스터에 할당한다.

3. 할당을 기반으로 클러스터 센터를 갱신한다.

4. 중심이 변경되지 않을 때까지 2단계부터 절차를 반복한다.

이제 K-평균 군집화를 사용해 위험 버켓팅을 적용해보자. 최적의 클러스터 수를 결정하기 위해 다양한 기술이 사용된다. 먼저 관성을 기반으로 하는 엘보우^{elbow} 방법을 사용한다.

관성은 가장 가까운 중심까지의 거리 제곱의 합으로 계산된다. 둘째, 최적의 클러스터 수를 결정하기 위한 도구로 실루엣Silhouette 점수를 도입했다. 실루엣 점수는 1과 −1 사이의 값을 취한다. 값 1은 관측치가 정확한 중심에 가깝고 올바르게 분류됐음을 나타낸다. 그러나 −1은 관측치가 올바르게 군집화되지 않았음을 나타낸다. 실루엣 점수의 강점은 클러스터 내 거리와 클러스터 간 거리를 모두 고려했다는 데 있다. 실루엣 점수의 공식은 다음과 같다.

$$\text{실루엣 점수} = \frac{x - y}{\max(x, y)}$$

여기서 x는 클러스터 간의 평균 거리이고 y는 동일 클러스터 내의 모든 점들끼리의 평균 거리다.

세 번째 방법은 분산비 기준으로 알려진 칼린스키-하라바츠CH, Calinski-Harabasz이다. CH 기법의 공식은 다음과 같다.

$$\text{CH} = \frac{SS_B}{SS_W} \times \frac{N - k}{k - 1}$$

여기서 SS_B는 클러스터 간 분산, SS_W는 클러스터 내 분산, N은 관측치 수, k는 클러스터 수를 나타낸다. 이 정보가 주어지면 클러스터 간 분산(클러스터 내 분산)이 클수록(낮을수록) 최적의 클러스터 수를 찾는 데 더 좋기 때문에 높은 CH 점수를 찾는다.

마지막 접근 방식은 갭 분석이다. 팁시라니 외Tibshirani et al.(2001)는 참조 분포를 기반으로 최적의 클러스터 수를 찾는 독특한 아이디어를 내놓았다. 팁시라니와 동료들의 유사한 표기법을 따라 d_{iie}를 x_{ij}와 x_{iej} 사이를 유클리드 거리라고 하고 C_r을 클러스터 r의 관측치 수를 나타내는 i번째 클러스터라고 하자.

$$\sum_j \left(x_{ij} - x_{iej} \right)^2$$

클러스터 r의 모든 관측치에 대한 쌍별 거리의 합은 다음과 같다.

$$D_r = \sum_{i,\,i^e \in C_r} d_{i,\,i^e}$$

클러스터 내 제곱합 W_k는 다음과 같다.

$$W_k = \sum_{r=1}^{k} \frac{1}{2_{n_r}} D_r$$

여기서 n은 샘플 크기이고, W_k의 기댓값은 다음과 같다.

$$W_k = \log(pn/12) - (2/p)\log(k) + \text{상수}$$

여기서 p와 k는 각각 차원과 중심이다. 독일 신용 위험 데이터를 사용해 실습해보자. 데이터는 Kaggle 플랫폼에서 수집할 수 있으며 변수에 대한 설명은 다음과 같다.

- Age: 수치형

- Sex: Male[남], female[여]

- Job: 0 – 비숙련 비거주, 1 – 비숙련 거주, 2 – 숙련, 3 – 고도로 숙련

- Housing: Own[자가], rent[렌트], free[무료]

- Saving accounts: Little[적음], moderate[중간], quite rich[다소 부유], rich[부유]

- Checking account: 수치형

- Credit amount: 수치형

- Duration: 수치형

- Purpose: Car[차], furniture/equipment[가구], radio/TV[라디오/TV], domestic appliances[국내 가전], repairs[수리], education[교육], business[사업], vacation/others[휴가/기타]

최적 클러스터의 추정치는 간격 통계량을 최대화하는 값이 될 것이다. 간격 통계량은 서로 다른 값에 대한 총 클러스터 내 변동과 각 데이터의 귀무 참조 분포에서 예상 값 간의 차이이기 때문이다. 가장 높은 갭 값을 얻을 때 결정이 내려진다.

다음 코드는 독일 신용 데이터셋을 가져오고 불필요한 열을 삭제한다. 데이터셋에는 범주형 값과 숫자 값이 모두 포함돼 있으며 이는 다른 방법으로 처리해야 하므로 곧 가공할 것이다.

```
In [1]: import pandas as pd
```

```
In [2]: credit = pd.read_csv('credit_data_risk.csv')
```

```
In [3]: credit.head()
Out[3]: Unnamed: 0  Age   Sex   Job  Housing  Saving accounts  Checking account \
        0           0    67   male    2      own           NaN                 little

        1           1    22   female  2      own           little             moderate

        2           2    49   male    1      own           little             NaN

        3           3    45   male    2      free          little             little

        4           4    53   male    2      free          little             little


            Credit amount  Duration              Purpose  Risk

        0           1169          6             radio/TV  good

        1           5951         48             radio/TV  bad

        2           2096         12            education  good

        3           7882         42  furniture/equipment  good

        4           4870         24                  car  bad
```

```
In [4]: del credit['Unnamed: 0']  ❶
```

❶ 불필요한 열 Unnamed를 삭제

요약 통계량은 다음 코드로 구한다. 고객의 평균 연령은 약 35세, 평균 직종은 숙련, 평균 신용 금액 및 기간은 각각 약 3,271 그리고 21이다. 또한 요약 통계량에 따르면 신용 금액 변수는 예상대로 비교적 높은 표준편차를 보여준다. duration과 age 변수는 표준편차가 매우 유사하지만 duration은 최솟값과 최댓값이 각각 4와 72이므로 더 좁은 구간 내에서 이동한다. job은 이산변수이기 때문에 낮은 산포를 기대하는 것이 당연하며 다음과 같은 결과를 얻었다.

```
In [5]: credit.describe()
Out[5]:              Age          Job  Credit amount     Duration
        count  1000.000000  1000.000000    1000.000000  1000.000000
        mean     35.546000     1.904000    3271.258000    20.903000
        std      11.375469     0.653614    2822.736876    12.058814
        min      19.000000     0.000000     250.000000     4.000000
        25%      27.000000     2.000000    1365.500000    12.000000
        50%      33.000000     2.000000    2319.500000    18.000000
        75%      42.000000     2.000000    3972.250000    24.000000
        max      75.000000     3.000000   18424.000000    72.000000
```

다음으로 데이터셋에 있는 수치적 변수들의 분포를 히스토그램을 통해 조사한 결과 어떤 변수도 정규분포를 따르지 않는 것으로 나타났다.

age, credit amount 그리고 duration 변수는 그림 6-1에서 볼 수 있듯이 다음과 같이 양으로 치우쳐 있다.

```
In [6]: import matplotlib.pyplot as plt
        import seaborn as sns; sns.set()
        plt.rcParams["figure.figsize"] = (10,6) ❶

In [7]: numerical_credit = credit.select_dtypes(exclude='O') ❷

In [8]: plt.figure(figsize=(10, 8))
        k = 0
        cols = numerical_credit.columns
        for i, j in zip(range(len(cols)), cols):
            k +=1
            plt.subplot(2, 2, k)
```

```
plt.hist(numerical_credit.iloc[:, i])
plt.title(j)
```

❶ 고정 그림 크기 설정
❷ 모든 숫자 변수를 얻기 위해 객체 유형 변수 삭제

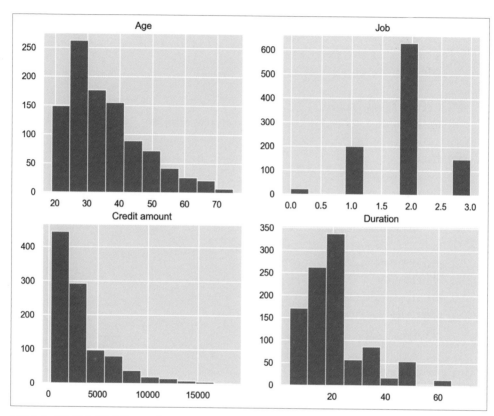

그림 6-1 신용 위험 데이터 히스토그램

그림 6-1은 연령, 직업, 신용 금액, 기간변수의 분포를 보여주고 있다. 이산변수인 job 변수를 제외하고 다른 모든 변수는 편향된 분포를 가지고 있다.

첫 번째 방법인 엘보우 방법은 다음 코드에 있고, 코드는 그림 6-2를 작성한다. 최적의 클러스터 수를 찾기 위해서 곡선의 기울기를 관찰하고 곡선이 더 평평해지는, 즉 곡선의 기울기가 더 낮아지는 컷오프 지점을 결정한다. 평평해질수록 클러스터 내의 포인트가 얼마나 멀리 떨어져 있는지 알려주는 관성이 감소하므로 군집화에 적합하다. 반면, 관성을 감소시키면 클러스터 수가 증가해 분석이 더 복잡해진다. 그 절충점을 감안하면 중단 기준은 곡선이 더 평평해지는 지점이다.

코드를 보자.

```
In [9]: from sklearn.preprocessing import StandardScaler
        from sklearn.cluster import KMeans
        import numpy as np

In [10]: scaler = StandardScaler()
         scaled_credit = scaler.fit_transform(numerical_credit) ❶

In [11]: distance = []
         for k in range(1, 10):
             kmeans = KMeans(n_clusters=k) ❷
             kmeans.fit(scaled_credit)
             distance.append(kmeans.inertia_) ❸

In [12]: plt.plot(range(1, 10), distance, 'bx-')
         plt.xlabel('k')
         plt.ylabel('Inertia')
         plt.title('The Elbow Method')
         plt.show()
```

❶ 스케일링 목적의 표준화 적용
❷ K-평균 알고리듬 실행
❸ 관성 계산 및 distance라는 리스트에 저장

그림 6-2는 4개의 클러스터 후에 곡선이 더 평평해지는 것을 보여준다. 따라서 엘보우 방법은 4개의 클러스터에서 멈출 것을 제시한다.

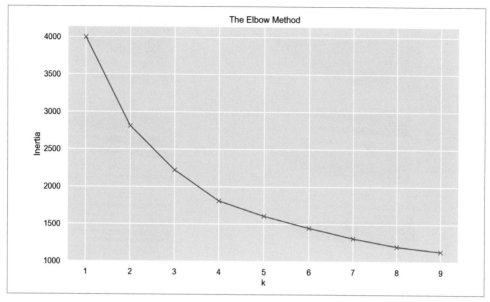

The Elbow Method

그림 6-2 엘보우 방법

그림 6-3을 작성하는 다음 코드는 클러스터 2에서 10까지의 x축에 실루엣 점수를 표시한다. 점선으로 표시된 평균 실루엣 점수가 주어지면 최적의 클러스터 수는 2가 될 수 있다.

```
In [13]: from sklearn.metrics import silhouette_score ❶
         from yellowbrick.cluster import SilhouetteVisualizer ❷

In [14]: fig, ax = plt.subplots(4, 2, figsize=(25, 20))
         for i in range(2, 10):
             km = KMeans(n_clusters=i)
             q, r = divmod(i, 2) ❸
             visualizer = SilhouetteVisualizer(km, colors='yellowbrick',
                                               ax=ax[q - 1][r]) ❹
             visualizer.fit(scaled_credit)
             ax[q - 1][r].set_title("For Cluster_"+str(i))
             ax[q - 1][r].set_xlabel("Silhouette Score")
```

❶ 실루엣 점수를 계산하기 위해 silhouette_score 모듈 가져오기
❷ 실루엣 도면을 그리기 위해 SilhouetteVisualizer 모듈 가져오기
❸ 몫(q)과 나머지(r)를 반환하므로 레이블 구성에 divmod 사용
❹ 실루엣 점수 그리기

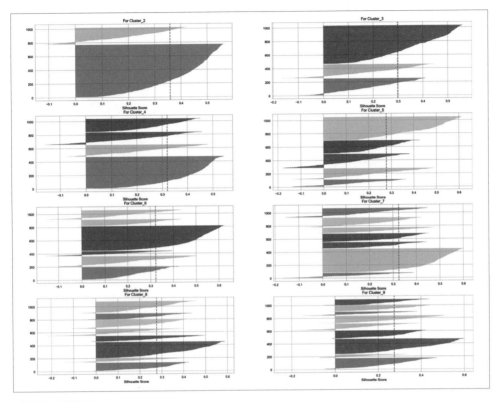

그림 6-3 실루엣 점수

언급한 바와 같이 CH 방법은 최적의 군집화를 찾는 편리한 도구다. 다음 코드는 이 방법을 파이썬에서 사용하는 방법을 보여주며 그림 6-4를 생성한다. 여기서는 가장 높은 CH 점수를 찾고 있으며 클러스터 2에서 그러함을 볼 수 있다.

```
In [15]: from yellowbrick.cluster import KElbowVisualizer
         model = KMeans()
         visualizer = KElbowVisualizer(model, k=(2, 10),
                                       metric='calinski_harabasz',
                                       timings=False)
         visualizer.fit(scaled_credit)
         visualizer.show()
Out[]: <Figure size 576x396 with 0 Axes>
```

❶ CH 점수를 그리기 위해 KElbowVisualizer 가져오기
❷ CH 척도 시각화

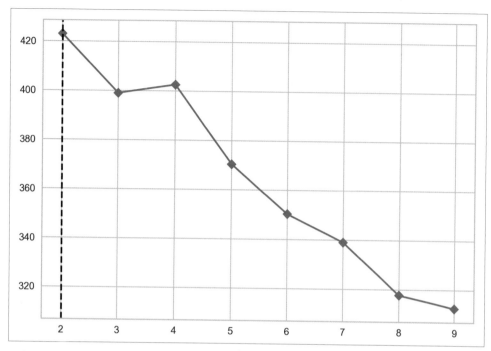

그림 6-4 CH 방법

그림 6-4는 엘보우가 두 번째 클러스터에서 발생함을 보여주므로 두 클러스터에서 중단하는 것이 최적의 결정임을 나타낸다. 최적의 클러스터 수를 찾기 위한 마지막 단계는 갭 분석으로 그림 6-5와 같다.

```
In [16]: from gap_statistic.optimalK import OptimalK ❶

In [17]: optimalK = OptimalK(n_jobs=8, parallel_backend='joblib') ❷
         n_clusters = optimalK(scaled_credit, cluster_array=np.arange(1, 10)) ❸

In [18]: gap_result = optimalK.gap_df ❹
         gap_result.head()
Out[18]:    n_clusters  gap_value         gap*  ref_dispersion_std        sk \
         0         1.0   0.889755  5738.286952           54.033596  0.006408
         1         2.0   0.968585  4599.736451          366.047394  0.056195
         2         3.0   1.003974  3851.032471           65.026259  0.012381
         3         4.0   1.044347  3555.819296          147.396138  0.031187
         4         5.0   1.116450  3305.617917           27.894622  0.006559
```

	sk*	diff	diff*
0	6626.296782	-0.022635	6466.660374
1	5328.109873	-0.023008	5196.127130
2	4447.423150	-0.009186	4404.645656
3	4109.432481	-0.065543	4067.336067
4	3817.134689	0.141622	3729.880829

```
In [19]: plt.plot(gap_result.n_clusters, gap_result.gap_value)
         min_ylim, max_ylim = plt.ylim()
         plt.axhline(np.max(gap_result.gap_value), color='r',
                     linestyle='dashed', linewidth=2)
         plt.title('Gap Analysis')
         plt.xlabel('Number of Cluster')
         plt.ylabel('Gap Value')
         plt.show()
```

❶ 갭 통계 계산을 위한 OptimalK 모듈 가져오기
❷ 병렬화를 사용한 갭 통계량 수행
❸ 갭 통계를 기반으로 클러스터 수 식별
❹ 갭 분석 결과 저장

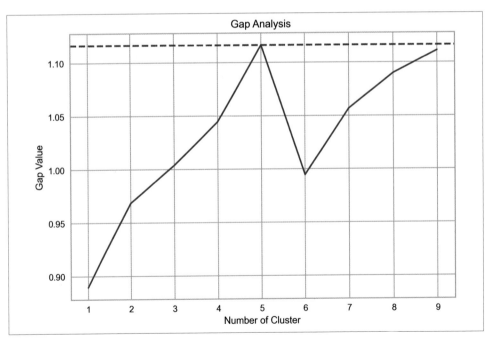

그림 6-5 갭 분석

그림 6-5에서 관찰할 수 있는 것은 갭 값이 최고점에 도달하는 지점까지 급격히 증가한 다는 것이며, 분석 결과 군집화를 위한 최적의 수를 찾게 되는 최댓값에서 멈출 것을 제 시한다. 이 경우 클러스터 5에서 값을 찾았으므로 이것이 컷오프 지점이다.

이러한 논의를 바탕으로 최적의 클러스터 수로 두 개의 클러스터를 선택하고 이에 따라 K-means 군집화 분석을 수행한다. 설명을 위해 군집화 분석이 주어지면 다음을 사용 해 2차원 클러스터를 시각화해 그림 6-6과 같은 결과를 얻는다.

```
In [20]: kmeans = KMeans(n_clusters=2)
         clusters = kmeans.fit_predict(scaled_credit)

In [21]: plt.figure(figsize=(10, 12))
         plt.subplot(311)
         plt.scatter(scaled_credit[:, 0], scaled_credit[:, 2],
                     c=kmeans.labels_, cmap='viridis')
         plt.scatter(kmeans.cluster_centers_[:, 0],
                     kmeans.cluster_centers_[:, 2], s = 80,
                     marker= 'x', color = 'k')
         plt.title('Age vs Credit')
         plt.subplot(312)
         plt.scatter(scaled_credit[:, 0], scaled_credit[:, 2],
                     c=kmeans.labels_, cmap='viridis')
         plt.scatter(kmeans.cluster_centers_[:, 0],
                     kmeans.cluster_centers_[:, 2], s = 80,
                     marker= 'x', color = 'k')
         plt.title('Credit vs Duration')
         plt.subplot(313)
         plt.scatter(scaled_credit[:, 2], scaled_credit[:, 3],
                     c=kmeans.labels_, cmap='viridis')
         plt.scatter(kmeans.cluster_centers_[:, 2],
                     kmeans.cluster_centers_[:, 3], s = 120,
                     marker= 'x', color = 'k')
         plt.title('Age vs Duration')
         plt.show()
```

그림 6-6은 관측치의 움직임을 나타내고 기호 x는 클러스터 중심, 즉 중심centroid을 나 타낸다. 연령은 더 분산된 데이터를 나타내며 age 변수의 중심은 credit 변수 위에 위

치한다. 두 개의 연속변수, 즉 credit과 duration이 그림 6-6의 두 번째 부도면에 표시돼 있으며 여기에서 명확하게 분리된 클러스터를 관찰할 수 있다. 그림은 duration 변수가 credit 변수에 비해 변동성이 더 크다는 것을 암시한다. 마지막 부도면에서 age와 duration 간의 관계는 산포 분석을 통해 조사된다. 이 두 변수에 걸쳐 많은 중복 관찰이 있음이 밝혀졌다.

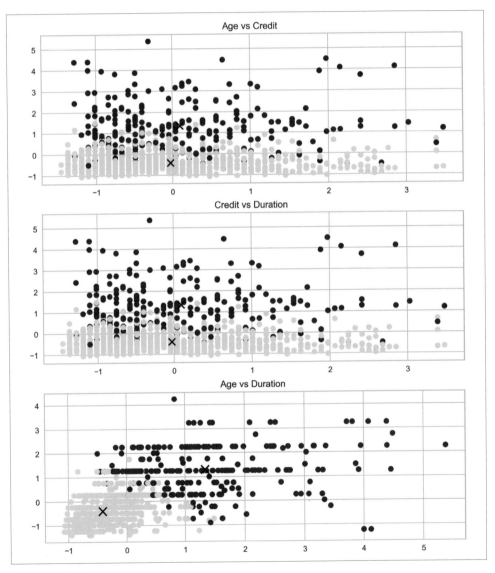

그림 6-6 K-means

로지스틱 회귀를 사용한 채무불이행 추정

클러스터를 구하면 유사한 특성을 가진 고객을 동일한 방식으로 취급할 수 있다. 즉 유사한 분포의 데이터가 제공되면 모델은 좀 더 쉽고 안정적인 방법으로 학습하게 된다. 이와 반대로, 전체 샘플의 모든 고객을 사용하면 예측이 좋지 않고 불안정해질 수 있다.

이 절은 궁극적으로 베이즈 추정으로 채무불이행 확률을 계산하는 것에 관한 것이다. 그러나 먼저 비교를 위해 로지스틱 회귀를 살펴보자.[1] 로지스틱 회귀는 금융 산업에 널리 적용할 수 있는 분류 알고리듬이다. 즉, 분류 문제에 대한 회귀 접근 방식을 제안한다.

로지스틱 회귀는 일부 독립변수에 기반해 이산 출력을 예측하려고 한다.

X를 독립변수의 집합이라고 하고 Y를 이진 (또는 다항) 출력이라고 하자. 그러면 조건부 확률은 다음과 같이 된다.

$$\Pr(Y = 1 \mid X = x)$$

이는 다음과 같이 읽을 수 있다. X 값이 주어지면 Y가 1일 확률은 얼마일까? 로지스틱 회귀의 종속변수는 확률 유형이므로 종속변수가 0과 1 사이 이외의 값을 가질 수 없게 해야 한다.

이를 위해 단순히 승산비$(p/1p)$의 로그인 로지스틱(로짓) 변환으로 알려진 수정을 적용한다.

$$log\left(\frac{p}{1-p}\right)$$

그리고 로지스틱 회귀 모델은 다음과 같은 형식을 취한다.

$$log\left(\frac{p}{1-p}\right) = \beta_0 + \beta_1 x$$

p에 대해 풀면 다음과 같은 결과를 얻을 수 있다.

---

1 베이즈 추정에서 사전분포 결과를 초기화하기 위해 로지스틱 회귀를 실행하면 유용하다.

$$p = \frac{e^{\beta_0 + \beta_1 x}}{1 + e^{\beta_0 + \beta_1 x}}$$

데이터를 준비해 응용을 시작해보자. 먼저 클러스터를 0과 1로 구분한다. 신용 데이터에는 고객의 위험 수준을 제시하는 risk라는 열이 있다. 다음으로, 클러스터 0과 클러스터 1의 위험별 관측치 수를 조사한다. 클러스터 0과 1에 각각 571명과 129명의 좋은 고객이 있는 것으로 나타났다.

코드를 보자.

```
In [22]: clusters, counts = np.unique(kmeans.labels_, return_counts=True) ❶

In [23]: cluster_dict = {}
         for i in range(len(clusters)):
             cluster_dict[i] = scaled_credit[np.where(kmeans.labels_==i)] ❷

In [24]: credit['clusters'] = pd.DataFrame(kmeans.labels_) ❸

In [25]: df_scaled = pd.DataFrame(scaled_credit)
         df_scaled['clusters'] = credit['clusters']

In [26]: df_scaled['Risk'] = credit['Risk']
         df_scaled.columns = ['Age', 'Job', 'Credit amount',
                              'Duration', 'Clusters', 'Risk']

In [27]: df_scaled[df_scaled.Clusters == 0]['Risk'].value_counts() ❹
Out[27]: good    571
         bad     193
         Name: Risk, dtype: int64

In [28]: df_scaled[df_scaled.Clusters == 1]['Risk'].value_counts() ❺
Out[28]: good    129
         bad     107
         Name: Risk, dtype: int64
```

❶ 클러스터 수 얻기
❷ 클러스터 수를 기반으로 클러스터를 구별해 cluster_dict라는 딕셔너리에 저장

❸ K-평균 레이블을 사용해 클러스터 열 만들기
❹ 클러스터 내 범주의 관측치 수 관찰
❺ 범주별 관측값 찾기

다음으로, 위험 수준 범주당 관찰 수의 차이를 표시하기 위해 몇 개의 막대 그림을 그린다(그림 6-7 및 6-8).

```
In [29]: df_scaled[df_scaled.Clusters == 0]['Risk'].value_counts()\
                                    .plot(kind='bar',
                                    figsize=(10, 6),
                                    title="Frequency of Risk Level");
In [30]: df_scaled[df_scaled.Clusters == 1]['Risk'].value_counts()\
                                    .plot(kind='bar',
                                    figsize=(10, 6),
                                    title="Frequency of Risk Level");
```

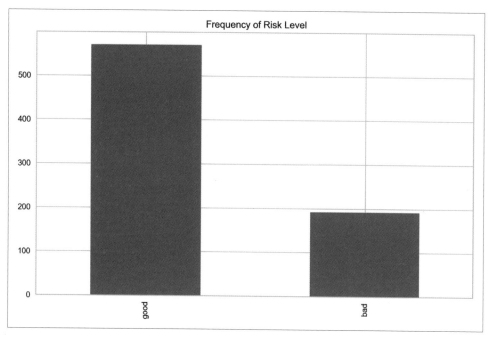

그림 6-7 첫 번째 클러스터의 위험 수준 빈도

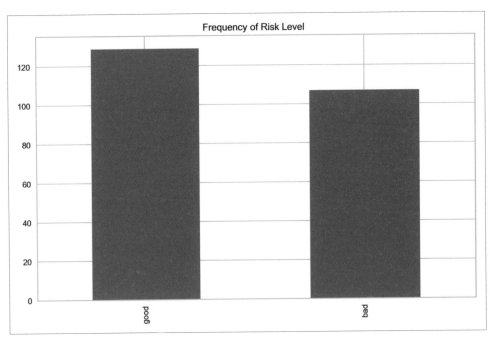

그림 6-8 두 번째 클러스터의 위험 수준 빈도

앞서 정의한 클러스터를 기반으로 히스토그램을 사용해 위험 수준의 빈도를 분석할 수 있다. 그림 6-7은 첫 번째 클러스터에서 위험 수준 전반에 걸쳐 불균형 분포가 있는 반면, 그림 6-8에서는 양호 및 불량 위험 수준의 빈도가 완벽하지는 않더라도 더 균형을 이루고 있음을 보여준다.

이 시점에서 한 발 물러서서 완전히 다른 문제인 부류 불균형에 집중해보자. 신용 위험 분석에서 클래스 부류 문제가 발생하는 것은 드문 일이 아니다. 부류 불균형은 한 부류가 다른 부류보다 월등히 많을 때 발생한다. 예를 들어 예제의 경우 첫 번째 클러스터에서 얻은 데이터를 보면 신용 기록이 좋은 571명의 고객과 나쁜 기록을 가진 193명의 고객이 있다. 쉽게 관찰할 수 있듯이 신용 기록이 좋은 고객이 기록이 나쁜 고객보다 우세하다. 이를 기본적으로 계급 불균형이라고 부른다.

업샘플링, 다운샘플링, SMOTE^Synthetic Minority Oversampling Technique, ENN^Edited Nearest Neighbor 규칙 등 이 문제를 처리하는 여러 가지 방법이 있다. 하이브리드 접근 방식의 이점을 살리

기 위해 SMOTE와 ENN의 조합을 통합해 부류 간의 원치 않는 중첩 관측치를 정리할 수 있다. 그러면 최적의 균형 비율을 감지하고 결과적으로 예측 성능을 높이는 데 도움이 된다(Tuong et al., 2018). 불균형 데이터를 균형 데이터로 변환하는 것은 채무불이행 확률을 예측하는 첫 번째 단계이지만 이 기술은 첫 번째 클러스터에서 얻은 데이터에만 적용한다는 점에 유의하자.

이제 다음으로 훈련-테스트 분할을 적용한다. 그렇게 하려면 범주형 변수 Risk를 이산 변수로 변환해야 한다. 범주 good은 1의 값을 취하고 bad는 0의 값을 취한다. 훈련-테스트 분할에서 데이터의 80%는 훈련 샘플에 사용되고 20%는 테스트 샘플에 할당된다.

```
In [31]: from sklearn.model_selection import train_test_split

In [32]: df_scaled['Risk'] = df_scaled['Risk'].replace({'good': 1, 'bad': 0}) ❶

In [33]: X = df_scaled.drop('Risk', axis=1)
         y = df_scaled.loc[:, ['Risk', 'Clusters']]

In [34]: X_train, X_test, y_train, y_test = train_test_split(X, y,
                                                    test_size=0.2,
                                                    random_state=42)

In [35]: first_cluster_train = X_train[X_train.Clusters == 0].iloc[:, :-1] ❷
         second_cluster_train = X_train[X_train.Clusters == 1].iloc[:, :-1] ❸
```

❶ 변수의 이산화
❷ 첫 번째 클러스터를 기반으로 데이터 생성 및 X_train에서 마지막 열 삭제
❸ 두 번째 클러스터를 기반으로 데이터 생성 및 X_train에서 마지막 열 삭제

이러한 준비가 끝나면 로지스틱 회귀를 실행해 채무불이행 확률을 예측할 준비가 된다. 여기서 사용할 라이브러리는 statsmodels라고 하며 요약 표를 볼 수 있다. 다음 결과는 첫 번째 클러스터 데이터를 기반으로 한다. 그 결과 age, credit amount, job 변수는 고객의 신용도와 양의 상관관계가 있는 반면, dependent 변수와 duration 변수 사이에는 음의 상관관계가 나타났다. 이 결과는 추정된 모든 계수가 1% 유의 수준에서 통계적으로 유의한 결과를 나타냄을 시사한다. 일반적인 해석은 기간의 감소와 신용 금액, 연령 및 직

업의 급증은 채무불이행 가능성이 높다는 것을 의미한다.

```
In [36]: import statsmodels.api as sm
         from sklearn.linear_model import LogisticRegression
         from sklearn.metrics import roc_auc_score, roc_curve
         from imblearn.combine import SMOTEENN ❶
         import warnings
         warnings.filterwarnings('ignore')

In [37]: X_train1 = first_cluster_train
         y_train1 = y_train[y_train.Clusters == 0]['Risk'] ❷
         smote = SMOTEENN(random_state = 2) ❸
         X_train1, y_train1 = smote.fit_resample(X_train1, y_train1.ravel()) ❹
         logit = sm.Logit(y_train1, X_train1) ❺
         logit_fit1 = logit.fit() ❻
         print(logit_fit1.summary())
         Optimization terminated successfully.
         Current function value: 0.479511
         Iterations 6
                             Logit Regression Results
         ==============================================================================
         Dep. Variable:                      y   No. Observations:                  370
         Model:                          Logit   Df Residuals:                      366
         Method:                           MLE   Df Model:                            3
         Date:                Wed, 01 Dec 2021   Pseudo R-squ.:                  0.2989
         Time:                        20:34:31   Log-Likelihood:                -177.42
         converged:                       True   LL-Null:                       -253.08
         Covariance Type:            nonrobust   LLR p-value:                 1.372e-32
         ==============================================================================
                          coef    std err          z      P>|z|      [0.025      0.975]
         ------------------------------------------------------------------------------
         Age            1.3677      0.164      8.348      0.000       1.047       1.689
         Job            0.4393      0.153      2.873      0.004       0.140       0.739
         Credit amount  1.3290      0.305      4.358      0.000       0.731       1.927
         Duration      -1.2709      0.246     -5.164      0.000      -1.753      -0.789
         ==============================================================================
```

❶ 분류 불균형 문제를 해결하기 위해 SMOTEENN 가져오기
❷ 클러스터 0 및 위험 수준을 기반으로 y_train 생성
❸ 임의 상태 2로 SMOTEENN 메서드 실행

❹ 불균형 데이터를 균형 데이터로 전환
❺ 로지스틱 회귀 모델 구성
❻ 로지스틱 회귀 모델 실행

다음에서는 클러스터를 기반으로 서로 다른 데이터셋을 생성해 예측 분석을 수행한다. 실험을 위해 테스트 데이터로 다음 분석을 수행하고 결과는 그림 6-9와 같다.

```
In [38]: first_cluster_test = X_test[X_test.Clusters == 0].iloc[:, :-1] ❶
         second_cluster_test = X_test[X_test.Clusters == 1].iloc[:, :-1] ❷
```

```
In [39]: X_test1 = first_cluster_test
         y_test1 = y_test[y_test.Clusters == 0]['Risk']
         pred_prob1 = logit_fit1.predict(X_test1) ❸
```

```
In [40]: false_pos, true_pos, _ = roc_curve(y_test1.values, pred_prob1) ❹
         auc = roc_auc_score(y_test1, pred_prob1) ❺
         plt.plot(false_pos,true_pos, label="AUC for cluster 1={:.4f} "
                    .format(auc))
         plt.plot([0, 1], [0, 1], linestyle = '--', label='45 degree line')
         plt.legend(loc='best')
         plt.title('ROC-AUC Curve 1')
         plt.show()
```

❶ 클러스터 0을 기반으로 첫 번째 테스트 데이터 생성
❷ 클러스터 1을 기반으로 두 번째 테스트 데이터 생성
❸ X_test1을 사용해 예측 실행
❹ roc_curve 함수를 사용해 거짓 및 참 양성 얻기
❺ roc-auc 점수 계산

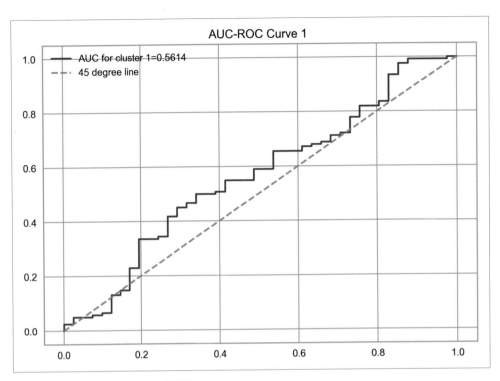

그림 6-9 첫 번째 클러스터의 ROC-AUC 곡선

ROC-AUC 곡선은 불균형 데이터가 있는 경우 편리한 도구다. 그림 6-9의 ROC-AUC 곡선은 모델이 45도 선 바로 위에서 움직이기 때문에 모델의 성능이 그다지 좋지 않음을 나타낸다. 일반적으로 테스트 결과가 주어지면 좋은 ROC-AUC 곡선은 1에 가까워야 하며, 이는 완벽에 가까운 분리를 의미한다.

두 번째 군집에서 얻은 두 번째 훈련 샘플 집합으로 이동하면 job, duration, age의 추정 계수 부호는 양수이며, 이는 job 유형이 1이고 duration이 더 긴 고객이 채무불이행 경향이 있음을 시사하고 credit amount 변수는 dependent 변수와 음의 관계를 보여준다. 그러나 모든 추정된 계수는 95% 신뢰구간에서 통계적으로 유의하지 않다. 따라서 결과를 더 이상 해석하는 것은 의미가 없다.

첫 번째 테스트 데이터셋으로 수행한 것과 유사하게 두 번째 테스트 데이터셋을 생성해 예측을 실행해 ROC-AUC 곡선을 그리면 그림 6-10이 된다.

```
In [41]: X_train2 = second_cluster_train
         y_train2 = y_train[y_train.Clusters == 1]['Risk']
         logit = sm.Logit(y_train2, X_train2)
         logit_fit2 = logit.fit()
         print(logit_fit2.summary())
         Optimization terminated successfully.
         Current function value: 0.688152
         Iterations 4
```

```
                          Logit Regression Results
==============================================================================
Dep. Variable:                  Risk   No. Observations:             199
Model:                         Logit   Df Residuals:                 195
Method:                          MLE   Df Model:                       3
Date:               Wed, 01 Dec 2021   Pseudo R-squ.:          -0.0008478
Time:                       20:34:33   Log-Likelihood:           -136.94
converged:                      True   LL-Null:                  -136.83
Covariance Type:           nonrobust   LLR p-value:                1.000
==============================================================================
                 coef    std err          z      P>|z|      [0.025      0.975]
------------------------------------------------------------------------------
Age            0.0281      0.146      0.192      0.848      -0.259       0.315
Job            0.1536      0.151      1.020      0.308      -0.142       0.449
Credit amount -0.1090      0.115     -0.945      0.345      -0.335       0.117
Duration       0.1046      0.126      0.833      0.405      -0.142       0.351
==============================================================================
```

```
In [42]: X_test2 = second_cluster_test
         y_test2 = y_test[y_test.Clusters == 1]['Risk']
         pred_prob2 = logit_fit2.predict(X_test2)
```

```
In [43]: false_pos, true_pos, _ = roc_curve(y_test2.values, pred_prob2)
         auc = roc_auc_score(y_test2, pred_prob2)
         plt.plot(false_pos,true_pos,label="AUC for cluster 2={:.4f} "
                 .format(auc))
         plt.plot([0, 1], [0, 1], linestyle = '--', label='45 degree line')
         plt.legend(loc='best')
         plt.title('ROC-AUC Curve 2')
         plt.show()
```

테스트 데이터를 감안할 때 그림 6-10의 결과는 AUC 점수 0.4064에서 확인할 수 있듯이 이전 애플리케이션보다 나쁘다. 이 데이터를 고려할 때 로지스틱 회귀가 독일 신용위험 데이터셋을 사용해 채무불이행 확률을 잘 모델링하고 있다고 말할 수 없다.

이제 다른 방법과 비교해 이러한 유형의 문제를 모델링할 때 로지스틱 회귀가 얼마나 좋은지 확인하기 위해 다른 모델을 사용할 것이다. 따라서 다음 부분에서는 최대 사후 MAP 확률을 사용한 베이즈 추정과 마르코프 체인 몬테 카를로MCMC 접근 방식을 살펴보겠다. 그런 다음 SVM, 랜덤 포레스트 및 MLPRegressor를 사용하는 신경망과 같은 몇 가지 잘 알려진 ML 모델을 사용해 이러한 접근 방식을 살펴보고 텐서플로로 딥러닝 모델을 테스트한다. 이 애플리케이션은 채무불이행 확률을 모델링하는 데 어떤 모델이 더 잘 작동하는지 보여준다.

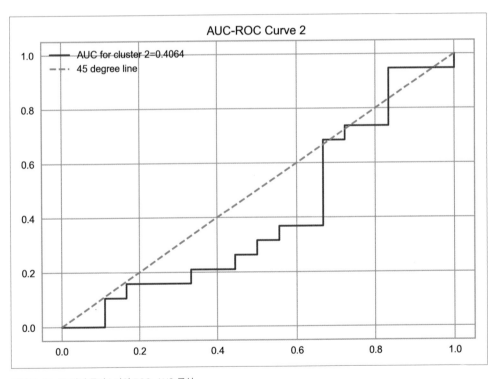

그림 6-10 두 번째 클러스터의 ROC-AUC 곡선

228

이 부분에서는 기본 확률을 예측하기 위해 베이즈 추정을 사용하기 위해 파이썬 패키지인 PYMC3 패키지를 사용한다. 그러나 PYMC3를 사용해 베이즈 분석을 실행할 수 있는 여러 접근 방식이 있으므로, 첫 번째 애플리케이션의 경우에는 4장에서 논의한 MAP 분포를 사용한다. 잠시 다시 언급하자면, 대표적인 사후 분포가 주어지면 MAP는 이 경우에 효율적인 모델이 된다. 더욱이 여기서는 전적으로 부모에 의해 결정되는 확정적 변수(p), 즉 age, job, credit amount, duration이 있는 베이즈 모델을 선택한다.

베이즈 분석에서 얻은 결과와 로지스틱 회귀 분석에서 얻은 결과를 비교해보자.

```
In [44]: import pymc3 as pm ❶
         import arviz as az ❷

In [45]: with pm.Model() as logistic_model1: ❸
             beta_age = pm.Normal('coeff_age', mu=0, sd=10) ❹
             beta_job = pm.Normal('coeff_job', mu=0, sd=10)
             beta_credit = pm.Normal('coeff_credit_amount', mu=0, sd=10)
             beta_dur = pm.Normal('coeff_duration', mu=0, sd=10)
             p = pm.Deterministic('p', pm.math.sigmoid(beta_age *
                                 X_train1['Age'] + beta_job *
                                 X_train1['Job'] + beta_credit *
                                 X_train1['Credit amount'] + beta_dur *
                                 X_train1['Duration'])) ❺
         with logistic_model1:
             observed = pm.Bernoulli("risk", p, observed=y_train1) ❻
             map_estimate = pm.find_MAP() ❼
Out[]: <IPython.core.display.HTML object>


In [46]: param_list = ['coeff_age', 'coeff_job',
                     'coeff_credit_amount', 'coeff_duration']
         params = {}
         for i in param_list:
             params[i] = [np.round(map_estimate[i], 6)] ❽

         bayesian_params = pd.DataFrame.from_dict(params)
         print('The result of Bayesian estimation:\n {}'.format(bayesian_params))
         The result of Bayesian estimation:
```

	coeff_age	coeff_job	coeff_credit_amount	coeff_duration
0	1.367247	0.439128	1.32721	-1.269345

❶ PYMC3
❷ 베이즈 모델의 탐색적 분석을 위한 arviz 가져오기
❸ 베이즈 모델을 logistic_model1으로 식별
❹ 정의된 mu와 sigma 매개변수를 사용해 변수의 가정된 분포를 정규분포로 식별
❺ 첫 번째 샘플을 사용해 결정적 모델 실행
❻ 베르누이 분포를 실행해 종속변수 모델링
❼ MAP 모델을 데이터에 적합화
❽ 추정된 계수의 모든 결과를 소수점 6자리로 매개변수에 저장

가장 놀라운 관찰은 추정된 계수 간의 차이가 너무 작아 무시할 수 있다는 점이다. 소수점에서 겨우 차이가 발생한다. 신용 금액 변수의 추정 계수를 예로 들어 계수를 로지스틱 회귀 분석에서 1.3290 베이즈 분석에서 1.3272로 추정했다. 두 번째 클러스터 데이터를 기반으로 분석 결과를 비교할 때 내용은 거의 동일하다.

```
In [47]: with pm.Model() as logistic_model2:
            beta_age = pm.Normal('coeff_age', mu=0, sd=10)
            beta_job = pm.Normal('coeff_job', mu=0, sd=10)
            beta_credit = pm.Normal('coeff_credit_amount', mu=0, sd=10)
            beta_dur = pm.Normal('coeff_duration', mu=0, sd=10)
            p = pm.Deterministic('p', pm.math.sigmoid(beta_age *
                            second_cluster_train['Age'] +
                            beta_job * second_cluster_train['Job'] +
                            beta_credit *
                            second_cluster_train['Credit amount'] +
                            beta_dur *
                            second_cluster_train['Duration']))
        with logistic_model2:
            observed = pm.Bernoulli("risk", p,
                            observed=y_train[y_train.Clusters == 1]
                            ['Risk'])
            map_estimate = pm.find_MAP()
Out[]: <IPython.core.display.HTML object>


In [48]: param_list = [ 'coeff_age', 'coeff_job',
                    'coeff_credit_amount', 'coeff_duration']
        params = {}
```

```
    for i in param_list:
        params[i] = [np.round(map_estimate[i], 6)]

    bayesian_params = pd.DataFrame.from_dict(params)
    print('The result of Bayesian estimation:\n {}'.format(bayesian_params))
    The result of Bayesian estimation:
        coeff_age  coeff_job  coeff_credit_amount  coeff_duration
    0    0.028069   0.153599            -0.109003        0.104581
```

가장 눈에 띄는 차이는 duration 변수에서 발생한다. 이 변수의 추정 계수는 로지스틱 회귀와 베이즈 추정에서 각각 0.1046 및 0.1045이다.

얻기 종종 어려운 지역 최댓값을 찾는 대신 샘플링 절차를 기반으로 대략적인 기대치를 찾는다. 이는 베이즈 설정에서 MCMC라고 한다. 4장에서 설명한 바와 같이 가장 잘 알려진 방법 중 하나는 메트로폴리스-헤이스팅스[MH] 알고리듬이다.

MH 알고리듬을 기반으로 베이즈 추정을 적용한 파이썬 코드는 다음과 같으며 그 결과는 그림 6-11과 같다. 두 개의 독립적인 마르코프 체인에 대한 사후 분포를 시뮬레이션하기 위해 10,000개의 사후 샘플을 그린다. 추정된 계수에 대한 요약 테이블도 코드에서 제공된다.

```
In [49]: import logging ❶
         logger = logging.getLogger('pymc3') ❷
         logger.setLevel(logging.ERROR) ❸

In [50]: with logistic_model1:
             step = pm.Metropolis() ❹
             trace = pm.sample(10000, step=step,progressbar = False) ❺
         az.plot_trace(trace) ❻
         plt.show()
In [51]: with logistic_model1:
             display(az.summary(trace, round_to=6)[:4]) ❼
Out[]:                         mean        sd      hdi_3%    hdi_97%   mcse_mean \
         coeff_age          1.392284  0.164607  1.086472  1.691713   0.003111
         coeff_job          0.448694  0.155060  0.138471  0.719332   0.002925
         coeff_credit_amount 1.345549  0.308100  0.779578  1.928159   0.008017
         coeff_duration     -1.290292  0.252505 -1.753565 -0.802707   0.006823
```

	mcse_sd	ess_bulk	ess_tail	r_hat
coeff_age	0.002200	2787.022099	3536.314548	1.000542
coeff_job	0.002090	2818.973167	3038.790307	1.001246
coeff_credit_amount	0.005670	1476.746667	2289.532062	1.001746
coeff_duration	0.004826	1369.393339	2135.308468	1.001022

❶ 경고 메시지를 표시하지 않도록 logging 패키지 가져오기
❷ 기록을 위한 패키지 이름 지정
❸ 예외를 발생시키지 않고 오류 억제
❹ MH 모델 시작
❺ 10,000개의 샘플로 모델 실행 및 진행률 표시줄 무시
❻ plot_trace를 사용해 간단한 사후 도면 만들기
❼ 요약 결과의 처음 4개 행 출력

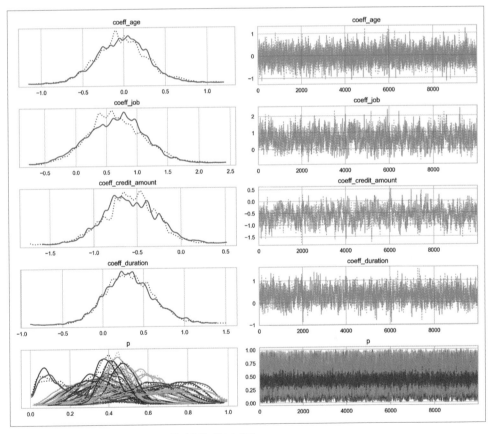

그림 6-11 첫 번째 클러스터가 있는 M-H를 사용한 베이즈 추정

결과는 예측 성능이 로지스틱 회귀와 매우 유사함을 시사한다. 이 두 모델의 추정 계수가 매우 비슷하기 때문이다.

그림 6-11에서 점선과 실선을 볼 수 있다. 첫 번째 클러스터 데이터가 주어지면 그림 6-11의 좌측 도면은 관련 매개변수의 샘플 값을 보여준다. 현재의 초점은 아니지만 마지막 도면에 있는 결정적 변수 p를 관찰할 수 있다.

유사한 맥락에서 두 번째 클러스터를 기반으로 하는 MH를 사용한 베이즈 추정 결과는 로지스틱 회귀와 매우 유사하게 수행된다. 그러나 MAP 애플리케이션에서 얻은 결과가 더 좋으며 이는 주로 MH가 무작위 샘플링으로 작동하기 때문에 예상된다. 그러나 그 점이 여기서 논의할 이 작은 편차에 대한 유일한 잠재적인 이유는 아니다.

두 번째 클러스터에서 얻은 데이터의 경우, MH를 사용한 베이즈 추정 결과는 다음 코드에서 볼 수 있으며 그림 6-12와 같은 도면을 생성한다.

```
In [52]: with logistic_model2:
             step = pm.Metropolis()
             trace = pm.sample(10000, step=step,progressbar = False)
         az.plot_trace(trace)
         plt.show()
In [53]: with logistic_model2:
             display(az.summary(trace, round_to=6)[:4])
Out[]:
```

	mean	sd	hdi_3%	hdi_97%	mcse_mean \
coeff_age	0.029953	0.151466	-0.262319	0.309050	0.002855
coeff_job	0.158140	0.153030	-0.125043	0.435734	0.003513
coeff_credit_amount	-0.108844	0.116542	-0.328353	0.105858	0.003511
coeff_duration	0.103149	0.128264	-0.142609	0.339575	0.003720

	mcse_sd	ess_bulk	ess_tail	r_hat
coeff_age	0.002019	2823.255277	3195.005913	1.000905
coeff_job	0.002485	1886.026245	2336.516309	1.000594
coeff_credit_amount	0.002483	1102.228318	1592.047959	1.002032
coeff_duration	0.002631	1188.042552	1900.179695	1.000988

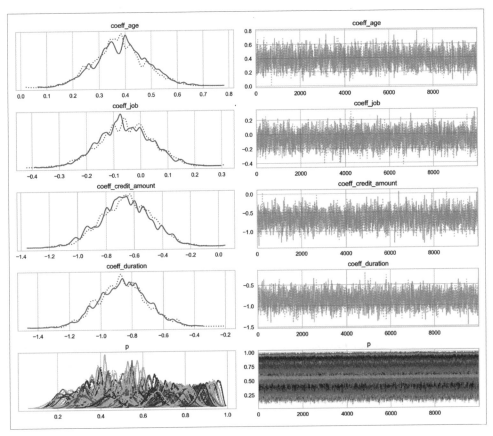

그림 6-12 두 번째 클러스터가 있는 M-H를 사용한 베이즈 추정

이제 MH 모델의 한계에 대해 논의해보자. 이를 통해 모델 결과 전체의 불일치를 밝힐 수도 있다. MH 알고리듬의 한 가지 단점은 단계 크기에 대한 민감도다. 작은 단계는 수렴 프로세스를 방해한다. 반대로 큰 단계는 높은 기각율을 유발할 수 있다. 게다가 MH는 드문 이벤트에 영향받을 수 있다. 드문 이벤트의 확률이 낮으므로 신뢰할 수 있는 추정을 얻기 위해 많은 샘플이 필요하기 때문이다. 이제 SVM을 사용해 부도 확률을 예측하고 성능을 로지스틱 회귀와 비교하는 경우 어떤지 살펴보자.

서포트 벡터 머신을 사용한 채무불이행 추정 확률

SVM은 모수적 모델로 간주되며, 고차원 데이터와 잘 작동한다. 다변량에서 채무불이행의 확률 설정은 SVM 수행을 위한 비옥한 기반을 제공할 수 있다. 더 알아보기 전에 HalvingRandomSearchCV라는 초매개변수 조정을 실행하는 데 사용할 새로운 접근 방식에 대해 간략히 살펴보자.

HalvingRandomSearchCV는 반복 선택을 통해 작동하므로 더 적은 자원을 사용하게 되고 이에 따라 성능이 향상되며 시간을 절약할 수 있다. HalvingRandomSearchCV는 후보 매개변수를 식별하기 위해 연속적인 반감기를 사용해 최적의 매개변수를 찾으려고 한다. 이 프로세스의 논리는 다음과 같다.

1. 첫 반복에서 훈련 샘플 중 특정 수를 활용해 모든 매개변수 조합을 평가한다.

2. 두 번째 반복에서는 선택한 매개변수 중 일부를 사용해 대량의 훈련 샘플에 적용한다.

3. 마지막 반복까지 가며 모델에 최고 득점 후보만 포함시킨다.

신용 데이터셋을 사용해 서포트 벡터 분류^{SVC}로 채무불이행 확률을 예측한다. 다시 말하지만, 6장의 맨 처음 부분에서 수행한 군집화를 기반으로 두 개의 다른 데이터셋을 사용한다. 결과는 다음과 같다.

```
In [54]: from sklearn.svm import SVC
         from sklearn.experimental import enable_halving_search_cv ❶
         from sklearn.model_selection import HalvingRandomSearchCV ❷
         import time

In [55]: param_svc = {'gamma': [1e-6, 1e-2],
                       'C':[0.001,.09,1,5,10],
                       'kernel':('linear','rbf')}

In [56]: svc = SVC(class_weight='balanced')
         halve_SVC = HalvingRandomSearchCV(svc, param_svc,
                                           scoring = 'roc_auc', n_jobs=-1) ❸
         halve_SVC.fit(X_train1, y_train1)
```

```
        print('Best hyperparameters for first cluster in SVC {} with {}'.
              format(halve_SVC.best_score_, halve_SVC.best_params_))
        Best hyperparameters for first cluster in SVC 0.8273860106443562 with
        {'kernel': 'rbf', 'gamma': 0.01, 'C': 1}

In [57]: y_pred_SVC1 = halve_SVC.predict(X_test1) ❹
        print('The ROC AUC score of SVC for first cluster is {:.4f}'.
              format(roc_auc_score(y_test1, y_pred_SVC1)))
        The ROC AUC score of SVC for first cluster is 0.5179
```

❶ 연속 반감 검색을 활성화하기 위해 라이브러리 가져오기
❷ 반감기 검색을 실행하기 위해 라이브러리 가져오기
❸ 병렬 처리를 사용해 반감기 검색 실행
❹ 예측 분석 실행

SVM에서 취해야 할 중요한 단계는 초매개변수 튜닝이다. 반감기 검색 방식을 사용해 kernel, gamma 및 C의 최상의 조합을 찾으려고 한다. 두 개의 서로 다른 샘플에 대한 유일한 차이점은 gamma 그리고 C 초매개변수에서 발생하는 것으로 나타났다. 첫 번째 클러스터에서 최적의 C 점수는 1인 반면 두 번째 군집에서는 0.001이다. 더 높은 C 값은 더 나은 분류를 위해 더 작은 마진^{margin}을 선택해야 함을 나타낸다. gamma 초매개변수의 경우 두 클러스터 모두 동일한 값을 사용한다. gamma가 낮을수록 결정에 대한 서포트 벡터의 영향이 커진다. 최적의 커널은 가우스이고 gamma 값은 두 클러스터 모두에 대해 0.01이다.

AUC 성능 기준은 SVC의 예측 성능이 로지스틱 회귀보다 약간 낮다는 것을 나타낸다. 보다 정확하게는 SVC의 AUC는 0.5179이며, 이는 SVC가 첫 번째 클러스터에 대한 로지스틱 회귀보다 성능이 좋지 않음을 의미한다.

두 번째 클러스터는 SVC의 성능이 첫 번째 클러스터보다 약간 더 나쁨을 보여주며, 이는 SVC가 이 데이터에서는 잘 수행되지 않음을 나타낸다. 이는 명확하게 분리 가능한 데이터가 아니므로 SVC가 저차원에서는 잘 작동하지 않음을 의미한다.

```
In [58]: halve_SVC.fit(X_train2, y_train2)
        print('Best hyperparameters for second cluster in SVC {} with {}'.
              format(halve_SVC.best_score_, halve_SVC.best_params_))
```

```
Best hyperparameters for second cluster in SVC 0.5350758636788049 with
{'kernel': 'rbf', 'gamma': 0.01, 'C': 0.001}

In [59]: y_pred_SVC2 = halve_SVC.predict(X_test2)
         print('The ROC AUC score of SVC for first cluster is {:.4f}'.
             format(roc_auc_score(y_test2, y_pred_SVC2)))
         The ROC AUC score of SVC for first cluster is 0.5000
```

모수적 방법은 충분히 살펴봤다. 이제 비모수적 방법으로 넘어가자. 비모수라는 단어가 혼란스럽게 들릴 수 있지만 무한한 수의 매개변수를 가진 모델에 불과하며 관측 수가 증가할수록 더 복잡해지는 모델이다. 랜덤 포레스트는 머신러닝에서 가장 적용 가능한 비모수 모델 중 하나이며, 지금부터 살펴보도록 하자.

랜덤 포레스트를 사용한 채무불이행 추정 확률

랜덤 포레스트 분류기는 채무불이행 확률을 모델링하기 위해 사용할 수 있는 또 다른 모델이다. 랜덤 포레스트는 고차원 경우에서는 실패하지만 현재 사용하려는 데이터는 그렇게 복잡하지 않고 또 랜덤 포레스트의 장점은 다수의 샘플이 있을 때의 우수한 예측 성능에 있다. 따라서 이 데이터의 경우는 랜덤 포레스트 모델이 SVC 모델을 능가할 수 있다.

반감기 검색 방식을 사용해 n_estimators, criterion, max_features, max_depth, min_samples_split의 최상의 조합을 찾으려 한다. 결과는 첫 번째 클러스터에 대해 n_estimators는 300, min_samples_split는 10, gini 기준을 사용한 max_depth는 6, sqrt max_features를 사용할 것을 제시한다. 두 번째 클러스터에는 다음과 같이 두 개의 서로 다른 최적의 초매개변수가 있다. 트리 기반 모델에서 더 큰 깊이를 갖는 것은 더 복잡한 모델을 갖는 것과 같다. 즉, 두 번째 클러스터에 대해 제시된 모델은 조금 더 복잡하다. max_features 초매개변수는 샘플마다 다른 것으로 보인다. 첫 번째 클러스터에서 최대 특징 수는 $\sqrt{\text{특징 개수}}$를 사용해 선택된다.

첫 번째 클러스터 데이터가 주어지면 AUC 점수 0.5387은 랜덤 포레스트가 다른 모델에 비해 성능이 더 우수함을 나타낸다.

```
In [60]: from sklearn.ensemble import RandomForestClassifier

In [61]: rfc = RandomForestClassifier(random_state=42)

In [62]: param_rfc = {'n_estimators': [100, 300],
             'criterion' :['gini', 'entropy'],
             'max_features': ['auto', 'sqrt', 'log2'],
             'max_depth' : [3, 4, 5, 6],
             'min_samples_split':[5, 10]}

In [63]: halve_RF = HalvingRandomSearchCV(rfc, param_rfc,
                                     scoring = 'roc_auc', n_jobs=-1)
         halve_RF.fit(X_train1, y_train1)
         print('Best hyperparameters for first cluster in RF {} with {}'.
             format(halve_RF.best_score_, halve_RF.best_params_))
         Best hyperparameters for first cluster in RF 0.8890871444218126 with
         {'n_estimators': 300, 'min_samples_split': 10, 'max_features': 'sqrt',
         'max_depth': 6, 'criterion': 'gini'}


In [64]: y_pred_RF1 = halve_RF.predict(X_test1)
         print('The ROC AUC score of RF for first cluster is {:.4f}'.
             format(roc_auc_score(y_test1, y_pred_RF1)))
         The ROC AUC score of RF for first cluster is 0.5387
```

The following code shows a random forest run based on the second cluster:

```
In [65]: halve_RF.fit(X_train2, y_train2)
         print('Best hyperparameters for second cluster in RF {} with {}'.
             format(halve_RF.best_score_, halve_RF.best_params_))
         Best hyperparameters for second cluster in RF 0.6565 with
         {'n_estimators': 100, 'min_samples_split': 5, 'max_features': 'auto',
         'max_depth': 5, 'criterion': 'entropy'}

In [66]: y_pred_RF2 = halve_RF.predict(X_test2)
         print('The ROC AUC score of RF for first cluster is {:.4f}'.
             format(roc_auc_score(y_test2, y_pred_RF2)))
         The ROC AUC score of RF for first cluster is 0.5906
```

랜덤 포레스트의 AUC 점수는 0.5906으로서 두 번째 클러스터에서 훨씬 더 나은 예측 성능을 보인다. 랜덤 포레스트의 예측 성능을 감안할 때 랜덤 포레스트가 데이터를 더 잘 적합화한다는 결론을 내릴 수 있다. 이는 일반적으로 데이터의 차원이 낮고 관측값이 많을 때 랜덤 포레스트가 좋은 선택으로 판명되기 때문에 부분적으로는 데이터의 저차원 특성 덕분이다.

신경망을 사용한 채무불이행 추정 확률

채무불이행 확률의 복잡성을 감안할 때 데이터의 숨겨진 구조를 알아내는 것은 어려운 작업이지만 신경망 구조는 이를 잘 처리하므로 이러한 경우에 이상적인 후보 모델이 될 것이다. 신경망 모델을 설정할 때 GridSearchCV를 사용해 은닉층의 수, 최적화 기법 및 학습률을 최적화한다.

모델을 실행할 때 먼저 MLP 라이브러리를 사용해 은닉층 크기, 최적화 기술solver과 학습률을 비롯한 많은 매개변수를 제어할 수 있다. 두 클러스터의 최적화된 초매개변수를 비교해보면 은닉층의 뉴런 수에만 차이가 있음을 알 수 있다. 따라서 클러스터 1의 첫 번째 은닉층에 더 많은 수의 뉴런이 있다. 그러나 두 번째 클러스터의 두 번째 은닉층의 뉴런 수는 더 많다.

다음 코드는 첫 번째 클러스터를 기반으로 한 데이터가 단지 미미한 개선만 있음을 시사한다. 즉, AUC는 0.5263으로 이동하며 랜덤 포레스트보다 약간 나쁘다.

```
In [67]: from sklearn.neural_network import MLPClassifier

In [68]: param_NN = {"hidden_layer_sizes": [(100, 50), (50, 50), (10, 100)],
                     "solver": ["lbfgs", "sgd", "adam"],
                     "learning_rate_init": [0.001, 0.05]}

In [69]: MLP = MLPClassifier(random_state=42)

In [70]: param_halve_NN = HalvingRandomSearchCV(MLP, param_NN,
                                                scoring = 'roc_auc')
         param_halve_NN.fit(X_train1, y_train1)
```

```
        print('Best hyperparameters for first cluster in NN are {}'.
              format(param_halve_NN.best_params_))
Best hyperparameters for first cluster in NN are {'solver': 'lbfgs',
'learning_rate_init': 0.05, 'hidden_layer_sizes': (100, 50)}
```

In [71]:
```
y_pred_NN1 = param_halve_NN.predict(X_test1)
print('The ROC AUC score of NN for first cluster is {:.4f}'.
      format(roc_auc_score(y_test1, y_pred_NN1)))
The ROC AUC score of NN for first cluster is 0.5263
```

두 번째 클러스터에서 얻은 ROC-AUC 점수는 0.6155이며 두 개의 은닉층에는 각각 10개와 100개의 뉴런이 있다. 또한, 최고 최적화 기법은 Adam이고 최적의 초기 학습률은 0.05이다. 이것은 현재까지 얻은 가장 높은 AUC 점수이며, 여기 표시된 것처럼 신경망이 복잡하고 비선형적인 데이터의 역학을 캡처할 수 있음을 의미한다.

In [72]:
```
param_halve_NN.fit(X_train2, y_train2)
print('Best hyperparameters for first cluster in NN are {}'.
      format(param_halve_NN.best_params_))
Best hyperparameters for first cluster in NN are {'solver': 'lbfgs',
'learning_rate_init': 0.05, 'hidden_layer_sizes': (10, 100)}
```

In [73]:
```
y_pred_NN2 = param_halve_NN.predict(X_test2)
print('The ROC AUC score of NN for first cluster is {:.4f}'.
      format(roc_auc_score(y_test2, y_pred_NN2)))
The ROC AUC score of NN for first cluster is 0.6155
```

딥러닝을 사용한 채무불이행 추정 확률

이제 KerasClassifier를 통해 TensorFlow를 사용하는 딥러닝 모델의 성능을 살펴보자. 이를 통해 초매개변수를 제어할 수 있다.

이 모델에서 조정하는 초매개변수는 배치 크기, 에폭 및 드롭아웃 비율이다. 채무불이행 확률은 분류 문제이므로 시그모이드 활성화함수가 사용하기에 최적인 함수로 보인다. 딥러닝은 신경망 구조를 기반으로 하지만 더 복잡한 구조를 가지므로 더 나은 예측 성능을 제공하는 방식으로 데이터의 역학을 더 잘 포착할 것으로 기대된다.

다음 코드에서 볼 수 있듯이 두 번째 샘플의 예측 성능은 AUC 점수가 0.5628로 떨어졌다.

```
In [74]: from tensorflow import keras
         from tensorflow.keras.wrappers.scikit_learn import KerasClassifier ❶
         from tensorflow.keras.layers import Dense, Dropout
         from sklearn.model_selection import GridSearchCV
         import tensorflow as tf
         import logging ❷
         tf.get_logger().setLevel(logging.ERROR) ❸
```

```
In [75]: def DL_risk(dropout_rate,verbose=0):
             model = keras.Sequential()
             model.add(Dense(128,kernel_initializer='normal',
                 activation = 'relu', input_dim=4))
             model.add(Dense(64, kernel_initializer='normal',
                 activation = 'relu'))
             model.add(Dense(8,kernel_initializer='normal',
                 activation = 'relu'))
             model.add(Dropout(dropout_rate))
             model.add(Dense(1, activation="sigmoid"))
             model.compile(loss='binary_crossentropy', optimizer='rmsprop')
             return model
```

❶ 그리드 검색을 실행하기 위해 KerasClassifier 가져오기
❷ 경고 메시지를 표시하지 않도록 logging 임포트
❸ 로깅을 위한 TensorFlow 이름 지정

드롭아웃, 배치 크기 및 에폭의 최적 초매개변수를 사용하면 딥러닝 모델은 AUC 점수 0.5614로 지금까지 사용한 모델 중 최고의 성능을 보여준다. 6장에서 사용하는 MLPClassifier와 딥러닝 모델의 차이점은 은닉층의 뉴런 수다. 기술적으로 이 두 모델은 구조가 다른 딥러닝 모델이다.

```
In [76]: parameters = {'batch_size': [10, 50, 100],
                        'epochs': [50, 100, 150],
                           'dropout_rate':[0.2, 0.4]}
         model = KerasClassifier(build_fn = DL_risk) ❶
```

```
        gs = GridSearchCV(estimator = model,
                          param_grid = parameters,
                          scoring = 'roc_auc') ❷
```

In [77]: gs.fit(X_train1, y_train1, verbose=0)
         print('Best hyperparameters for first cluster in DL are {}'.
               format(gs.best_params_))
         Best hyperparameters for first cluster in DL are {'batch_size': 10,
         'dropout_rate': 0.2, 'epochs': 50}

❶ 최적 초매개변수로 실행하기 위해 DL_risk라는 미리 정의된 함수 호출
❷ 그리드 검색 적용

In [78]: model = KerasClassifier(build_fn = DL_risk,
                                dropout_rate = gs.best_params_['dropout_rate'],
                                verbose = 0,
                                batch_size = gs.best_params_['batch_size'],
                                epochs = gs.best_params_['epochs'])
         model.fit(X_train1, y_train1)
         DL_predict1 = model.predict(X_test1)
         DL_ROC_AUC = roc_auc_score(y_test1, pd.DataFrame(DL_predict1.flatten()))
         print('DL_ROC_AUC is {:.4f}'.format(DL_ROC_AUC))
         DL_ROC_AUC is 0.5628

❶ 최적 드롭아웃 초매개변수로 딥러닝 알고리듬 실행
❷ 최적 배치 크기 초매개변수로 딥러닝 알고리듬 실행
❸ 최적 에폭 횟수 초매개변수로 딥러닝 알고리듬 실행
❹ 예측을 평면화한 후 ROC-AUC 점수 계산

In [79]: gs.fit(X_train2.values, y_train2.values, verbose=0)
         print('Best parameters for second cluster in DL are {}'.
               format(gs.best_params_))
         Best parameters for second cluster in DL are {'batch_size': 10,
         'dropout_rate': 0.2, 'epochs': 150}

In [80]: model = KerasClassifier(build_fn = DL_risk,
                                dropout_rate= gs.best_params_['dropout_rate'],
                                verbose = 0,
                                batch_size = gs.best_params_['batch_size'],
                                epochs = gs.best_params_['epochs'])
```
```

```
model.fit(X_train2, y_train2)
DL_predict2 = model.predict(X_test2)
DL_ROC_AUC = roc_auc_score(y_test2, DL_predict2.flatten())
print('DL_ROC_AUC is {:.4f}'.format(DL_ROC_AUC))
DL_ROC_AUC is 0.5614
```

결과는 DL 모델이 금융 모델링에서 점점 더 인기를 얻고 있음을 확인시켜준다. 그러나 업계에서는 네트워크 구조의 불투명한 특성으로 인해 이 방법을 기존 모델과 함께 사용하는 것이 좋다.

결론

신용 위험 분석은 오랜 전통을 가지고 있지만 여전히 달성하기 어려운 과제이기도 하다. 7장에서는 이 문제를 해결하고 더 나은 예측 성능을 얻기 위한 완전히 새로운 ML 기반 접근 방식을 제시하려고 했다. 7장의 첫 번째 부분에서는 신용 위험과 관련된 주요 개념을 설명했다. 그런 다음 우리는 잘 알려진 모수 모델인 로지스틱 회귀를 독일 신용 위험 데이터에 적용했다. 그뒤 로지스틱 회귀의 성능을 MAP 및 MH를 기반으로 하는 베이즈 추정과 비교했다. 마지막으로 핵심 머신러닝 모델인 SVC, 랜덤 포레스트, 딥러닝이 적용된 신경망을 사용해 모든 모델의 성능을 비교했다.

7장에서는 그동안 간과해왔던 위험 차원인 유동성 위험을 소개한다. 유동성 위험에 대한 인식은 2007~2008년 금융 위기 이후 상당히 증가했으며 위험 관리의 중요한 부분으로 밝혀졌다.

참고문헌

Basel Committee on Banking Supervision, and Bank for International Settlements. 2000. "Principles for the Management of Credit Risk." Bank for International Settlements.

Le, Tuong, Mi Young Lee, Jun Ryeol Park, and Sung Wook Baik. 2018. "Oversampling Techniques for Bankruptcy Prediction: Novel Features from a Transaction Dataset." *Symmetry* 10 (4): 79.

Tibshirani, Robert, Guenther Walther, and Trevor Hastie. 2001. "Estimating the Number of Clusters in a Data Set via the Gap Statistic." *Journal of the Royal Statistical Society: Series B (Statistical Methodology)* 63 (2): 411-423.

Rokach, Lior, and Oded Maimon. 2005. "Clustering methods." In *Data Mining and Knowledge Discovery Handbook*, 321-352. Boston: Springer.

Wehrspohn, Uwe. 2002. "Credit Risk Evaluation: Modeling-Analysis-Management." PhD dissertation. Harvard.

7장

유동성 모델링

"음악이 멈추면 유동성 측면에서 상황이 복잡해진다. 그러나 음악이 재생되는 한 일어나서 춤을 춰야 한다. 우리는 여전히 춤을 추고 있다."

– 척 프린스Chuck Prince(2007)

유동성은 재정적 위험의 또 다른 중요한 원인이다. 그러나 오랫동안 방치돼 왔으며, 금융업계는 모델링에 유동성을 고려하지 않은 막대한 대가를 치렀다. 유동성 위험의 원인은 완전 시장과 대칭적 정보 패러다임으로부터의 이탈이며, 이는 도덕적 해이와 역선택으로 이어질 수 있다. 이러한 조건이 지속되는 한, 유동성 위험은 금융 시스템의 고질병이 돼 자금 조달과 시장 유동성 사이의 악순환을 일으켜 시스템 유동성 위험을 유발할 수 있다(Nikolaou, 2009).

변숫값의 변화와 실제 시장에 미치는 영향 사이의 지연을 활용하는 것이 모델링의 성공 기준이 된다. 예를 들어 이자율은 때때로 실제 시장 역학과 어느 정도 동떨어지며 연동되는 데 시간이 걸린다. 이와 함께 불확실성은 전통적인 자산 가격 책정 모델의 유일한 위험 요인이다. 그러나 현실과 괴리가 있다. 금융 모델과 실제 시장 역학 간의 격차를 메우는 데 유동성 차원의 역할이 두드러진다. 유동성을 고려한 모델은 유동성이 요구되는 자산 수익과 불확실성 수준 모두에 영향을 미친다는 점에서 금융 시장의 발전에 더 잘 적응할 수 있다. 따라서 유동성은 채무불이행 가능성을 추정하는 데 있어 상당히 중요한 차원이다(Gaygisiz, Karasan, and Hekimoglu, 2021).

유동성의 중요성은 2007~2008년에 글로벌 모기지 위기가 발생한 이후 강조됐으며 많은 관심을 받았다.

이 위기 동안 대부분의 금융기관은 유동성 압력에 의해 큰 타격을 받았고 규제 당국과 중앙 은행에서 몇 가지 엄격한 조치를 취했다. 그 이후로 거래 가능한 유가 증권의 부족으로 인해 발생하는 유동성을 고려 대상에 포함해야 할 필요성이 있다는 논쟁이 한층 강화됐다.

유동성의 개념은 다면적이다. 대체로 유동성 자산이란 상당한 가격 영향 없이 대량의 자산이 판매될 수 있는 상태 정도로 정의된다. 이를 거래 비용이라고도 한다. 그러나 이것이 유동성의 유일한 측면인 것은 아니다. 오히려 스트레스 기간 동안 투자자들은 즉각적인 가격 발견price discovery[1]을 추구함에 따라 탄력성이 두드러진다(Sarr and Lybek, 2002). 이 점은 카일Kyle(1985)에 의해 다음과 같이 지적됐다. "유동성은 부분적으로 시장의 많은 거래 속성을 포함하므로 미끄럽고 이해하기 어려운 개념이다."

즉, 유동성은 모호한 개념이며 이를 정의하려면 다양한 차원에 초점을 맞출 필요가 있다. 문헌에서는 다양한 연구자들이 유동성의 다양한 차원을 제시하지만 이 책의 목적상 여기서는 유동성을 정의하는 네 가지 특성을 다음과 같이 정리할 것이다.

집중도

자산을 같은 가격에 동시에 거래할 수 있는 능력을 말한다. 아울러 집중도는 거래 중 발생하는 거래 비용을 말한다. 거래 비용이 높으면 매수와 매도 가격의 차이가 크며 그 반대의 경우도 마찬가지다. 따라서 좁은narrow 거래 비용은 시장이 얼마나 밀집됐는지를 정의한다.

즉시성

대량의 매수 또는 매도 주문을 거래할 수 있는 속도를 의미한다. 유동성의 이 차원은 금융 시장에 대한 귀중한 정보를 제공한다. 낮은 즉시성은 청산, 결제 등과 같은 시장 중요 부분에 있어서의 오작동을 의미하기 때문이다.

---

1 적정 가격을 찾아 나가는 매매 과정을 의미한다. - 옮긴이

깊이

다양한 가격으로 풍부한 주문을 처리할 수 있는 많은 수의 구매자와 판매자가 존재하는지에 대한 것이다.

탄력성

불균형에서 회복하는 시장의 능력을 말한다. 주문 불균형이 빠르게 해소되는 가격 회복 과정이라고 볼 수 있다.

유동성의 정의와 상호 연결성을 감안하면 유동성 모델링이 어려운 작업이라는 것을 쉽게 알아챌 수 있다. 문헌에서는 다양한 유형의 유동성 모델이 제안되지만 유동성의 다차원성을 고려할 때 데이터가 포착하는 차원에 따라 데이터를 군집화하는 것이 현명할 수 있다. 이를 위해 여기서는 4가지 차원을 모두 나타내는 다양한 유동성 척도를 제시할 것이다. 이러한 유동성 측정은 거래량 기반 측정, 거래 비용 기반 측정, 가격 영향 기반 측정 및 시장 영향 측정이다. 이러한 모든 차원에 대해 여러 가지 유동성 대체가 사용된다.

군집화 분석을 사용하면 이러한 유동성 측정이 군집화돼 투자자가 유동성의 어느 부분에 집중해야 하는지 이해하는 데 도움이 된다. 경제는 시기가 다르면 다양한 차원의 유동성이 만연하다는 것이 알려져 있기 때문이다. 따라서 군집화 분석이 끝나면 더 유동성 척도 가지수가 줄어든다. 군집화 분석을 위해 가우스 혼합 모델^{GMM}과 가우스 혼합 코풀라 모델$^{GMCM, Gaussian Mixture Copula Model}$을 사용해 문제를 해결해본다. GMM은 타원 분포에서 잘 작동하는 널리 알려진 군집화 모델이다. GMCM은 상관관계를 고려하기 위해 코풀라 분석을 포함한다는 점에서 GMM의 확장이다. 여기서는 이런 모델을 자세히 알아볼 것이므로 다양한 유동성 차원에 기반해 유동성 척도를 식별하는 것부터 시작한다.

유동성 척도

유동성의 역할은 마침내 재무 전문가와 경제학자에 의해 인식됐으며, 이로 인해 유동성 척도를 이해하고 개발하는 것이 훨씬 더 중요해졌다. 기존 문헌은 단일 척도의 개발에 집중했지만, 유동성과 같은 애매한 개념을 단일 척도로 개념화하는 것은 어렵다. 그대신 더욱 포괄적인 응용을 개발하기 위해 4가지 차원을 다룰 것이다.

- 거래량
- 거래 비용
- 가격 영향
- 시장 영향

거래량 기반 유동성 척도부터 알아보자.

거래량 기반 유동성 척도

시장이 깊을 때, 즉 금융 시장이 풍부한 주문을 충족할 수 있는 능력이 있을 때 대규모 주문이 처리된다. 이것은 차례로 시장에 대한 정보를 제공하며 시장에 깊이가 없으면 주문 불균형과 불연속성이 나타난다. 시장의 깊이를 감안하면 거래량 기반 유동성 척도를 사용해 유동 자산과 비유동 자산을 구별할 수 있다. 또한 거래량 기반 유동성 척도는 매수-매도 스프레드와 강한 연관이 있다. 매수-매도 스프레드가 크면 거래량이 적고, 매수-매도 호가 스프레드가 좁으면 거래량이 많다는 의미이다(Huong and Gregoriou, 2020).

짐작하듯이 유동성 변동의 상당 부분은 거래 활동에서 발생한다. 거래량 기반 접근 방식의 중요성에 대해서는 블룸, 이슬리 그리고 오하라Blume, Easley and O'Hara(1994)에서 거래량이 대체 통계에서 추출할 수 없는 정보를 생성한다는 점을 강조했다.

유동성의 깊이 차원을 적절하게 나타내기 위해 다음과 같은 거래량 기반 척도가 도입된다.

- 유동성 비율
- 휘-회벨Hui-Heubel 비율
- 회전율

유동성 비율

이 비율은 1%의 가격 변동을 유발하는 데 필요한 거래량의 정도를 측정한다.

$$LR_{it} = \frac{\Sigma_{t=1}^{T} P_{it} V_{it}}{\Sigma_{t=1}^{T} |PC_{it}|}$$

여기서 P_{it}는 t일의 주식 i의 총 가격이고, V_{it}는 t일의 주식 i의 거래량을 나타내며, 마지막으로 $|PC_{it}|$은 t일과 $t-1$에서의 가격 차이의 절댓값이다. 비율 LR_{it}이 높을수록 자산 i의 유동성이 높아진다. 이는 높은 거래량인 $P_{it}V_{it}$과 낮은 가격차인 PC_{it}가 높은 유동성 수준에 해당함을 의미한다. 반대로 가격 변경을 시작하기 위해 소량이 필요한 경우이 자산을 비유동성이라고 한다. 분명히 이 개념적 프레임워크는 일반적으로 시장에 존재하는 시간 문제나 실행 비용보다는 가격 측면에 더 중점을 둔다(Gabrielsen, Marzo, and Zagaglia 2011).

먼저 데이터를 임포트하고 다음 코드를 통해 관찰해보자. 쉽게 관찰할 수 있는 것처럼 데이터셋의 주요 변수는 매도(ASKHI), 매수(BIDLO), 시가(OPENPRC)와 거래 가격(PRC)과 거래량(VOL), 수익률(RET), 거래량-가중 주식의 수익률(vwretx) 그리고 발행 주식 수(SHROUT)다.

```
In [1]: import pandas as pd
        import numpy as np
        import matplotlib.pyplot as plt
        import warnings
        warnings.filterwarnings("ignore")
        plt.rcParams['figure.figsize'] = (10, 6)
        pd.set_option('use_inf_as_na', True)

In [2]: liq_data = pd.read_csv('bid_ask.csv')

In [3]: liq_data.head()

Out[3]: Unnamed: 0    Date EXCHCD TICKER    COMNAM  BIDLO  ASKHI    PRC
          \
        0 1031570  2019-01-02    3.0    INTC  INTEL CORP  45.77  47.470
          47.08
```

```
1  1031571  2019-01-03    3.0      INTC   INTEL   CORP   44.39   46.280
   44.49
2  1031572  2019-01-04    3.0      INTC   INTEL   CORP   45.54   47.570
   47.22
3  1031573  2019-01-07    3.0      INTC   INTEL   CORP   46.75   47.995
   47.44
4  1031574  2019-01-08    3.0      INTC   INTEL   CORP   46.78   48.030
   47.74


        VOL        RET      SHROUT   OPENPRC     vwretx
0  18761673.0   0.003196  4564000.0   45.960   0.001783
1  32254097.0  -0.055013  4564000.0   46.150  -0.021219
2  35419836.0   0.061362  4564000.0   45.835   0.033399
3  22724997.0   0.004659  4564000.0   47.100   0.009191
4  22721240.0   0.006324  4564000.0   47.800   0.010240
```

일부 유동성 측정을 계산하려면 5일 동안의 매수 가격 계산과 같은 롤링 윈도우 추정이
필요하다. 이 작업을 수행하기 위해 다음 코드를 사용해 이름이 rolling_five인 리스트를
생성한다.

```
In [4]: rolling_five = []

        for j in liq_data.TICKER.unique():
            for i in range(len(liq_data[liq_data.TICKER == j])):
                rolling_five.append(liq_data[i:i+5].agg({'BIDLO': 'min',
                                                         'ASKHI': 'max',
                                                         'VOL': 'sum',
                                                         'SHROUT': 'mean',
                                                         'PRC': 'mean'})) ❶


In [5]: rolling_five_df = pd.DataFrame(rolling_five)
        rolling_five_df.columns = ['bidlo_min', 'askhi_max', 'vol_sum',
                                   'shrout_mean', 'prc_mean']
        liq_vol_all = pd.concat([liq_data,rolling_five_df], axis=1)


In [6]: liq_ratio = []

        for j in liq_vol_all.TICKER.unique():
            for i in range(len(liq_vol_all[liq_vol_all.TICKER == j])):
```

```
liq_ratio.append((liq_vol_all['PRC'][i+1:i+6] *
                  liq_vol_all['VOL'][i+1:i+6]).sum()/
                 (np.abs(liq_vol_all['PRC'][i+1:i+6].mean() -
                         liq_vol_all['PRC'][i:i+5].mean())))
```

❶ 5일 창에 필요한 통계 측정값 계산

이제 최소 매수 호가, 최대 매도 호가, 거래량 합계, 발행 주식 수 평균, 5일당 거래 가격 평균을 얻었다.

휘-회벨 비율

깊이를 포착하는 또 다른 측정은 LHH로 알려진 휘-회벨 유동성 비율이다.

$$L_{HH} = \frac{P_{max} - P_{min}}{P_{min}} / V / \bar{P} \times \text{shrout}$$

여기서 P_{max}와 P_{min}은 각각 정해진 기간 동안의 최고가와 최저가를 나타낸다. $\bar{P}$는 정해진 기간 동안의 평균 종가다. 분자에 있는 것은 주가의 백분율 변화이며 거래량은 시가 총액으로 나눈다. 즉, 분모가 $\bar{P} \times \text{shrout}$이다. 휘-회벨 유동성 측정법의 가장 큰 특징 중 하나는 포트폴리오뿐만 아니라 단일 종목에도 적용할 수 있다는 점이다.

가브리엘센[Gabrielsen], 마르조[Marzo], 자가글리아[Zagaglia](2011)에서 설명된 바와 같이 P_{max}와 P_{min}은 매수-매도 스프레드로 대체될 수 있지만 매수-매도 스프레드의 변동성이 낮기 때문에 하향 편향되는 경향이 있다.

휘-회벨 유동성 비율을 계산하기 위해 먼저 리스트에는 유동성 척도가 있고, 그런 다음 이 모든 측정값을 데이터프레임에 추가해 포괄적인 데이터를 갖는다.

```
In [7]: Lhh = []

        for j in liq_vol_all.TICKER.unique():
            for i in range(len(liq_vol_all[liq_vol_all.TICKER == j])):
                Lhh.append((liq_vol_all['PRC'][i:i+5].max() -
                            liq_vol_all['PRC'][i:i+5].min()) /
```

```
liq_vol_all['PRC'][i:i+5].min() /
(liq_vol_all['VOL'][i:i+5].sum() /
 liq_vol_all['SHROUT'][i:i+5].mean() *
liq_vol_all['PRC'][i:i+5].mean()))
```

회전율

회전율은 오랫동안 유동성의 대용물로 취급해왔다. 회전율은 기본적으로 발행 주식 수에 대한 변동성의 비율이다.

$$LR_{it} = \frac{1}{D_{it}} \frac{\Sigma_{t=1}^{T} Vol_{it}}{\Sigma_{t=1}^{T} \text{shrout}_{it}}$$

여기서 D_{it}는 거래일 수, Vol_{it}는 시간 t에 거래된 주식 수, shrout_{it}은 시간 t에 발행된 주식 수를 나타낸다. 회전율이 높다는 것은 높은 수준의 유동성을 나타내며 회전율은 거래 빈도를 의미한다. 회전율은 발행 주식 수를 포함하기 때문에 유동성을 좀 더 미묘한 척도로 만든다.

회전율은 일일 데이터를 기반으로 계산되고 모든 거래량 기반 유동성 측정은 데이터프레임으로 변환돼 liq_vol_all에 포함된다.

```
In [8]: turnover_ratio = []

        for j in liq_vol_all.TICKER.unique():
            for i in range(len(liq_vol_all[liq_vol_all.TICKER == j])):
                turnover_ratio.append((1/liq_vol_all['VOL'].count()) *
                                 (np.sum(liq_vol_all['VOL'][i:i+1]) /
                                  np.sum(liq_vol_all['SHROUT'][i:i+1])))

In [9]: liq_vol_all['liq_ratio'] = pd.DataFrame(liq_ratio)
        liq_vol_all['Lhh'] = pd.DataFrame(Lhh)
        liq_vol_all['turnover_ratio'] = pd.DataFrame(turnover_ratio)
```

거래 비용 기반 유동성 측정

현실 세계에서는 구매자와 판매자가 마술처럼 비용이 전혀 들지 않는 환경에서 만나지는 않는다. 오히려 중개자(브로커, 딜러), 장비(컴퓨터 등), 인내심(거래는 즉시 실현될 수 없음), 주문을 처리하고 거래로 전환하는 방법을 명시한 규정집이 필요하다. 또한 대규모 기관 투자가의 주문은 시장 가격에 영향을 미칠 만큼 크다. 이 모든 것은 거래 비용의 존재를 의미하며 이러한 비용을 억제하기 위해 시장(및 더 넓은 시장)을 구조화하는 방법은 미묘하고 복잡한 도전이다(Baker and Krymaz, 2013). 이로 인해 거래 비용이 발생했다.

거래 비용은 투자자가 거래 중에 부담해야 하는 비용이다. 즉, 거래의 집행과 관련된 모든 비용을 말한다. 거래 비용은 명시적 비용과 암묵적 비용으로 구분할 수 있다. 전자는 주문 처리, 세금 및 중개 수수료와 관련된 반면 후자는 매수-매도 스프레드, 실행 시기 등과 같은 더 많은 잠재 비용을 포함한다. 거래 비용은 유동성의 견고성과 즉각성 차원과 관련이 있다. 높은 거래 비용은 투자자의 거래를 방해하고 이는 다시 시장의 구매자와 판매자의 수를 줄여 거래 장소가 더욱 중앙화된 시장에서 단편화된 시장으로 분기돼 얇은 시장의 형성을 초래한다(Sarr and Lybek, 2002).

거래 비용이 저렴한 만큼 투자자들은 기꺼이 거래할 의사가 생기고 이는 시장이 더욱 중앙 집중화되는 번성한 거래 환경을 조성한다.

마찬가지로, 낮은 거래 비용 환경에서 구매자와 판매자가 풍부하다는 것은 짧은 시간에 많은 주문이 거래된다는 사실을 의미한다. 따라서 즉시성은 유동성의 다른 차원이며 거래 비용과 밀접한 관련이 있다.

호가 스프레드의 장점과 이러한 모델이 제공하는 보장에 대한 지속적인 논쟁이 있지만, 호가 스프레드는 거래 비용에 대한 널리 인정되는 대용물이다. 매수-매도 스프레드가 거래 비용을 잘 분석하는 한, 자산을 현금(또는 현금 등가물)으로 전환하는 용이성을 결정할 수 있는 유동성의 좋은 지표이기도 하다.

더 자세히 설명하지 않아도 호가 스프레드는 명목 스프레드, 유효 스프레드, 실현 스프레드 방법으로 측정할 수 있다. 따라서 이러한 방법으로 쉽게 계산할 수 있는 호가 스프레드를 계산하는 것이 언뜻 보기에는 이상하게 보일 수 있다. 그러나 현실에서는 그렇지 않다. 호가 내에서 거래를 실현할 수 없는 경우 스프레드는 더 이상 이러한 방법의 기반이 되는 관찰된 스프레드가 아니다.

명목 비율과 유효 매수-매도 스프레드

다른 2개의 잘 알려진 호가 스프레드는 명목 비율과 유효 매수-매도 스프레드 비율이다. 명목 스프레드는 거래 완료 비용, 즉 매수-매도 스프레드의 차이를 측정한다. 다양한 형태의 명목 스프레드가 있지만 규모를 고려해 명목 스프레드 백분율을 선택한다.

$$퍼센트\ 명목\ 스프레드 = \frac{P_{ask} - P_{bid}}{P_{mid}}$$

여기서 P_{ask}는 주식의 매수 호가이고 P_{bid}는 주식의 매도 호가다. 유효 스프레드는 거래 가격과 중간 가격 사이의 편차를 측정하며, 이는 종종 주식의 진정한 기저 가치라고도 한다. 거래가 명목 내 또는 외에서 발생하는 경우 거래 비용을 더 정확히 측정하는 것은 실제 거래 가격을 기반으로 해 백분율 기준으로 계산하는 유효 중간 스프레드의 백분율이다(Bessembinder and Venkataraman, 2010).

$$유효\ 스프레드 = \frac{2|P_t - P_{mid}|}{P_{mid}}$$

여기서 P_t는 해당 주식의 거래 가격이고 P_{mid}는 거래 시점에 유효한 매수-매도 제안의 중간점이다.

다음에서 보는 것처럼 명목 비율과 유효 매수-매도호가 스프레드를 계산하는 것은 비교적 쉽다.

```
In [10]: liq_vol_all['mid_price'] = (liq_vol_all.ASKHI + liq_vol_all.BIDLO) / 2
         liq_vol_all['percent_quoted_ba'] = (liq_vol_all.ASKHI -
                                            liq_vol_all.BIDLO) / \
                                            liq_vol_all.mid_price
         liq_vol_all['percent_effective_ba'] = 2 * abs((liq_vol_all.PRC -
                                            liq_vol_all.mid_price)) / \
                                            liq_vol_all.mid_price
```

롤의 스프레드 추정

최초이자 가장 중요한 스프레드 측정 중 하나는 롤[Roll](1984)에 의해 제안됐다. 롤 스프레드는 다음과 같이 정의할 수 있다.

$$\text{Roll} = \sqrt{-\text{cov}(\Delta p_t, \Delta p_{t-1})}$$

여기서 Δp_t, Δp_{t-1}은 시간 t와 시간 $t-1$에서의 가격 차이이고 cov는 이러한 가격 차이 간의 공분산을 나타낸다.

시장이 효율적이고[2] 관찰된 가격 변동의 분포 확률이 정상성이라고 가정하면, 롤의 스프레드는 가격 변동의 계열 상관관계가 유동성에 대한 좋은 대용물이라는 사실에 의해 부각된다.

롤의 스프레드를 계산할 때 주의해야 할 가장 중요한 것 중 하나는 양의 공분산이 잘 정의되지 않고 거의 절반의 경우로 구성된다는 것이다. 문헌에서는 이러한 단점을 개선하기 위한 몇 가지 방법을 제시하고 있으며 여기서는 해리스[Harris](1990)의 접근 방식을 사용할 것이다.

```
In [11]: liq_vol_all['price_diff'] = liq_vol_all.groupby('TICKER')['PRC']\
                                 .apply(lambda x:x.diff())
         liq_vol_all.dropna(inplace=True)
         roll = []

         for j in liq_vol_all.TICKER.unique():
             for i in range(len(liq_vol_all[liq_vol_all.TICKER == j])):
                 roll_cov = np.cov(liq_vol_all['price_diff'][i:i+5],
                                   liq_vol_all['price_diff'][i+1:i+6]) ❶
                 if roll_cov[0,1] < 0: ❷
                     roll.append(2 * np.sqrt(-roll_cov[0, 1]))
                 else:
                     roll.append(2 * np.sqrt(np.abs(roll_cov[0, 1]))) ❸
```

---

2 효율적인 시장이란 현재 가격이 기저 자산의 가치에 대한 모든 이용 가능한 정보를 얼마나 잘 그리고 빠르게 반영하는지를 나타낸다.

❶ 5일 기간에 대한 가격 차의 공분산 계산
❷ 공분산이 음수인 경우 확인
❸ 양의 공분산의 경우 해리스의 접근 방식이 적용된다.

코윈-슐츠 스프레드

코윈-슐츠$^{Corwin-Schultz}$ 스프레드는 다소 직관적이고 적용이 쉽다. 이는 주로 다음 가정에 기초한다. 일반적으로 일 최고가와 최저가가 각각 구매자와 판매자가 주도한다는 점을 감안하면, 관찰된 가격 변동은 유효 가격 변동성과 매수-호가 스프레드로 나눌 수 있다. 따라서 하루의 고-저가 비율은 주식의 분산과 매수 호가 스프레드를 모두 반영한다 (Corwin and Schultz, 2012; Abdi and Ranaldo, 2017).

이 스프레드는 일 고가와 저가만을 기반으로 하는 완전히 새로운 접근 방식을 제안하며, 그 이면의 논리는 코윈과 슐츠$^{Corwin and Schultz}$(2012)에 의해 "연속된 2일 동안의 가격 범위의 합은 2일의 변동성과 스프레드를 두 번 반영하지만, 어느 두 날의 가격 범위는 2일의 변동성과 하나의 스프레드를 반영한다"라고 설명된다.

$$S = \frac{2(e^\alpha - 1)}{1 + e^\alpha}$$

$$\alpha = \frac{\sqrt{2\beta} - \sqrt{\beta}}{3 - 2\sqrt{2}} - \sqrt{\frac{\gamma}{3 - 2\sqrt{2}}}$$

$$\beta = \mathbb{E}\left(\Sigma_{j=0}^{1}\left[ln\left(\frac{H_{t+j}^0}{L_{t+j}^0}\right)\right]^2\right)$$

$$\gamma = \mathbb{E}\left(\Sigma_{j=0}^{1}\left[ln\left(\frac{H_{t+1}^0}{L_{t+1}^0}\right)\right]^2\right)$$

여기서 $H_t^A(L_t^A)$는 t일 및 H_t일의 실제 고가(저가)를 나타내고, H_t^0 또는 L_t^0는 t일 주가의 관측된 고가(저가)이다.

코윈-슐츠 스프레드는 많은 변수를 포함하므로 계산하는 데 여러 단계가 필요하다. 다음 코드는 이 계산을 수행하는 방법을 보여준다.

```
In [12]: gamma = []

         for j in liq_vol_all.TICKER.unique():
             for i in range(len(liq_vol_all[liq_vol_all.TICKER == j])):
                 gamma.append((max(liq_vol_all['ASKHI'].iloc[i+1],
                                   liq_vol_all['ASKHI'].iloc[i]) -
                              min(liq_vol_all['BIDLO'].iloc[i+1],
                                  liq_vol_all['BIDLO'].iloc[i])) ** 2)
         gamma_array = np.array(gamma)

In [13]: beta = []

         for j in liq_vol_all.TICKER.unique():
             for i in range(len(liq_vol_all[liq_vol_all.TICKER == j])):
                 beta.append((liq_vol_all['ASKHI'].iloc[i+1] -
                             liq_vol_all['BIDLO'].iloc[i+1]) ** 2 +
                            (liq_vol_all['ASKHI'].iloc[i] -
                             liq_vol_all['BIDLO'].iloc[i]) ** 2)
         beta_array = np.array(beta)

In [14]: alpha = ((np.sqrt(2 * beta_array) - np.sqrt(beta_array)) /
                 (3 - (2 * np.sqrt(2)))) - np.sqrt(gamma_array /
                                                 (3 - (2 * np.sqrt(2))))
         CS_spread = (2 * np.exp(alpha - 1)) / (1 + np.exp(alpha))

In [15]: liq_vol_all = liq_vol_all.reset_index()
         liq_vol_all['roll'] = pd.DataFrame(roll)
         liq_vol_all['CS_spread'] = pd.DataFrame(CS_spread)
```

가격 영향 기반 유동성 측정

이 절에서는 가격이 거래량과 회전율에 대해 민감한 정도를 측정할 수 있는 가격 영향 기반 유동성 측정을 소개한다. 회복력은 새로운 주문에 대한 시장의 반응을 나타냈다는 것을 기억하자. 시장이 새로운 질서에 반응한다면, 즉 새로운 질서가 시장의 불균형을 바로잡는다면 그 시장은 탄력적이라고 한다. 따라서 거래량 또는 회전율의 변화가 주어지면 높은 가격 조정은 탄력성을 의미하며, 그 반대의 경우도 마찬가지다.

세 가지 가격 영향 기반 유동성 측정이 있다.

- 아미후드Amihud 비유동성 측정

- 플로락키스Florackis, 안드로스Andros, 알렉산드로스Alexandros(2011) 가격 영향 비율

- 거래 탄력성 계수CET

아미후드 비유동성

이 유동성 대리는 유명하며, 널리 알려진 척도다. 아미후드 비유동성Amihud illiquidity(2002)은 기본적으로 거래량에 대한 수익의 민감도를 측정한다. 좀 더 구체적으로 말하면 거래량이 $1 변할 때 절대 수익률의 변화에 대한 감을 준다. 아미후드 비유동성 측정, 줄여서 ILLIQ는 학계와 실무자 사이에서 잘 알려져 있다.

$$\text{ILLIQ} = \frac{1}{D_{it}}\sum_{d=1}^{D_{it}} \frac{|R_{itd}|}{V_{itd}}$$

여기서 R_{itd}는 t월 t일의 주식 수익률, V_{itd}는 t월 d일 달러 거래량, D는 t월 관찰 일수다.

아미후드 측정은 다른 많은 유동성 측정보다 두 가지 장점이 있다. 첫째, 아미후드 측정은 가격 영향을 포착하기 위해 일일 거래량 대비 수익 비율의 절댓값을 사용하는 간단한 구성을 가지고 있다. 둘째, 이 측정값은 예상 주가 수익률과 강한 양의 관계를 갖고 있다(Lou and Tao, 2017).

아미후드 비유동성 측정은 계산이 어렵지 않다. 그러나 아미후드의 측정값을 직접 계산하기 전에 주식의 달러 규모를 계산해야 한다.

```
In [16]: dvol = []

         for j in liq_vol_all.TICKER.unique():
             for i in range(len(liq_vol_all[liq_vol_all.TICKER == j])):
                 dvol.append((liq_vol_all['PRC'][i:i+5] *
                             liq_vol_all['VOL'][i:i+5]).sum())
         liq_vol_all['dvol'] = pd.DataFrame(dvol)
```

```
In [17]: amihud = []

         for j in liq_vol_all.TICKER.unique():
             for i in range(len(liq_vol_all[liq_vol_all.TICKER == j])):
                 amihud.append((1 / liq_vol_all['RET'].count()) *
                               (np.sum(np.abs(liq_vol_all['RET'][i:i+1])) /
                                np.sum(liq_vol_all['dvol'][i:i+1])))
```

가격 영향 비율

플로락키스, 안드로스 그리고 알렉산드로스(2011)는 아미후드 비유동성 비율을 개선하는 것을 목표로 하고 새로운 유동성 척도인 수익률-대-회전율^{RtoTR}을 제시했다. 아미후드의 비유동성 측정의 단점은 저자에 의해 다음과 같이 나열된다.

- 시가총액이 다른 주식 간에는 비교할 수 없다.

- 투자자의 보유 기간을 무시한다.

이러한 단점을 해결하기 위해 플로락키스, 안드로스 그리고 알렉산드로스는 아미후드 모델의 거래량 비율을 회전율로 대체해 새로운 측정값이 거래 빈도를 포착할 수 있도록 하는 새로운 측정값 RtoTR을 제시했다.

$$\text{RtoTR} = \frac{1}{D_{it}}\sum_{d=1}^{D_{it}}\frac{|R_{itd}|}{TR_{itd}}$$

여기서 TR_{itd}는 t월 d일의 재고 i의 통화량이고, 나머지 구성 요소는 아미후드의 비유동성 측정과 동일하다.

이 측정값은 아미후드의 측정값만큼 계산하기 쉽고 거래 빈도를 파악하기 위한 회전율을 포함하기 때문에 크기 편향이 없다. 이 또한 가격과 크기 효과를 조사하는 데 도움이 된다.

가격 영향 비율의 계산은 다음과 같다.

```
In [18]: florackis = []

         for j in liq_vol_all.TICKER.unique():
             for i in range(len(liq_vol_all[liq_vol_all.TICKER == j])):
                 florackis.append((1 / liq_vol_all['RET'].count()) *
                                 (np.sum(np.abs(liq_vol_all['RET'][i:i+1]) /
                                     liq_vol_all['turnover_ratio'][i:i+1])))
```

거래의 탄력성 계수

거래의 탄력성 계수[CET, Coefficient of Elasticity of Trading]는 단위 시간당 거래 수 및 주문과 같은 시간 관련 유동성 측정의 단점을 보완하기 위해 제안된 유동성 측정이다. 이 척도는 시장의 즉각성이 유동성 수준에 영향을 미치는 정도를 평가하기 위해 사용된다.

시장 즉각성과 CET는 거래량의 가격 탄력성을 측정하기 때문에 함께 사용되며 가격이 거래량에 반응하는 경우(즉, 탄력적) 이는 더 큰 수준의 시장 즉각성을 의미한다.

$$\text{CET} = \frac{\% \, \Delta V}{\% \, \Delta P}$$

여기서 % ΔV는 거래량의 변화를 나타내고 % ΔP는 가격의 변화를 나타낸다. CET 공식의 파이썬 코드는 다음과 같다. 이 코드의 첫 번째 부분으로 거래량과 가격의 백분율 차이가 계산된다. 그런 다음 모든 가격 영향 기반 유동성 측정은 liq_vol_all 데이터프레임에 저장된다.

```
In [19]: liq_vol_all['vol_diff_pct'] = liq_vol_all.groupby('TICKER')['VOL']\
                                     .apply(lambda x: x.diff()).pct_change() ❶
         liq_vol_all['price_diff_pct'] = liq_vol_all.groupby('TICKER')['PRC']\
                                       .apply(lambda x: x.diff()).pct_change() ❷
```

```
In [20]: cet = []

         for j in liq_vol_all.TICKER.unique():
             for i in range(len(liq_vol_all[liq_vol_all.TICKER == j])):
                 cet.append(np.sum(liq_vol_all['vol_diff_pct'][i:i+1])/
                         np.sum(liq_vol_all['price_diff_pct'][i:i+1]))
```

```
In [21]: liq_vol_all['amihud'] = pd.DataFrame(amihud)
         liq_vol_all['florackis'] = pd.DataFrame(florackis)
         liq_vol_all['cet'] = pd.DataFrame(cet)
```

❶ 거래량 차이 백분율 계산
❷ 가격 차이 백분율 계산

시장 영향 기반 유동성 측정

정보 출처를 식별하는 것은 미지의 정보가 투자자를 오도하고 의도하지 않은 결과를 초래할 수 있기 때문에 재무에서는 매우 중요한 일이다. 예컨대 시장에서 발생하는 가격 급등은 개별 주식에서 발생하는 것과 동일한 정보를 제공하는 것이 아니다. 즉, 가격 움직임을 적절하게 포착하는 방식으로 새로운 정보 소스를 식별해야 한다.

이를 위해 여기서는 자본 자산 가격 결정 모형CAPM을 사용해 체계적 위험과 비체계적 위험을 구분한다. CAPM의 유명한 기울기 계수는 체계적 위험을 나타내며, 비체계적 위험은 시장 위험이 제거되는 한 개별 주식에 귀속된다.

사르와 리벡Sarr and Lybek(2002)에서 언급했듯 휘-회벨은 다음의 접근 방식을 사용한다.

$$R_i = \alpha + \beta R_m + u_i$$

여기서 R_i는 i번째 주식의 일 수익률이고 u_i는 특이 또는 비체계적 위험이다.

일단 방정식에서 잔차 u_i를 추정하면 변동성 V_i에 대해 회귀되고 V_i의 추정 계수는 고유 위험이라고도 하는 관련 주식 유동성의 수준을 알려준다.

$$u_i^2 = \gamma_1 + \gamma_2 V_i + e_i$$

여기서 u_i^2는 잔차 제곱을 나타내고, V_i는 거래량의 일 백분율 변화를 나타낸다. 그리고 e_i는 잔차 항이다. γ_2가 커질수록 더 큰 가격 움직임을 의미하며, 이는 주식의 유동성에 대한 정보를 제공한다. 반대로 γ_2가 작을수록 가격 움직임이 작아져 유동성 수준이 높아진다. 다음 코드를 보자.

```
In [22]: import statsmodels.api as sm

In [23]: liq_vol_all['VOL_pct_change'] = liq_vol_all.groupby('TICKER')['VOL']\
                                          .apply(lambda x: x.pct_change())
         liq_vol_all.dropna(subset=['VOL_pct_change'], inplace=True)
         liq_vol_all = liq_vol_all.reset_index()

In [24]: unsys_resid = []

         for i in liq_vol_all.TICKER.unique():
             X1 = liq_vol_all[liq_vol_all['TICKER'] == i]['vwretx'] ❶
             y = liq_vol_all[liq_vol_all['TICKER'] == i]['RET'] ❷
             ols = sm.OLS(y, X1).fit() ❸
             unsys_resid.append(ols.resid) ❹
```

❶ 모든 종목의 거래량 가중 수익률을 독립변수로 지정
❷ 모든 시세 표기의 수익을 종속변수로 할당
❸ 정의된 변수로 선형 회귀 모델 실행
❹ 선형 회귀에서 나온 잔차를 비체계적 요인으로 저장

그런 다음 시장 영향 기반 유동성 비율을 계산한다.

```
In [25]: market_impact = {}

         for i, j in zip(liq_vol_all.TICKER.unique(),
                         range(len(liq_vol_all['TICKER'].unique()))):
             X2 = liq_vol_all[liq_vol_all['TICKER'] == i]['VOL_pct_change'] ❶
             ols = sm.OLS(unsys_resid[j] ** 2, X2).fit()
             print('***' * 30)
             print(f'OLS Result for {i}')
             print(ols.summary())
             market_impact[j] = ols.resid ❷
********************************************************************************
OLS Result for INTC
                            OLS Regression Results
================================================================================
Dep. Variable:                    y    R-squared (uncentered):         0.157
Model:                          OLS    Adj. R-squared (uncentered)     0.154
Method:               Least Squares    F-statistic:                    46.31
Date:             Thu, 02 Dec 2021    Prob (F-statistic):           7.53e-11
```

```
Time:                  15:33:38   Log-Likelihood:                1444.9
No. Observations:           249   AIC:                           -2888.
Df Residuals:               248   BIC:                           -2884.
Df Model: 1
Covariance Type:        nonrobust
==============================================================================
                  coef    std err          t      P>|t|      [0.025      0.975]
------------------------------------------------------------------------------
VOL_pct_change  0.0008      0.000      6.805      0.000       0.001       0.001
==============================================================================
Omnibus:                      373.849   Durbin-Watson:                1.908
Prob(Omnibus):                  0.000   Jarque-Bera (JB):         53506.774
Skew:                           7.228   Prob(JB):                      0.00
Kurtosis:                      73.344   Cond. No.                      1.00
==============================================================================
```

Notes:

[1] R² is computed without centering (uncentered) since the model does not contain a constant.

[2] Standard Errors assume that the covariance matrix of the errors is correctly specified.

```
******************************************************************************
```

OLS Result for MSFT

OLS Regression Results

```
==============================================================================
Dep. Variable:                    y   R-squared (uncentered):         0.044
Model:                          OLS   Adj. R-squared (uncentered):    0.040
Method:               Least Squares   F-statistic:                    11.45
Date:              Thu, 02 Dec 2021   Prob (F-statistic):          0.000833
Time:                      15:33:38   Log-Likelihood:                1851.0
No. Observations:               249   AIC:                           -3700.
Df Residuals:                   248   BIC:                           -3696.
Df Model:                         1
Covariance Type:          nonrobust
==============================================================================
                   coef     std err         t      P>|t|      [0.025      0.975]
------------------------------------------------------------------------------
VOL_pct_change  9.641e-05  2.85e-05     3.383      0.001    4.03e-05      0.000
==============================================================================
Omnibus:                      285.769   Durbin-Watson:                1.533
```

Prob(Omnibus):	0.000	Jarque-Bera (JB):	11207.666
Skew:	4.937	Prob(JB):	0.00
Kurtosis:	34.349	Cond. No.	1.00

==

Notes:

[1] R² is computed without centering (uncentered) since the model does not contain a constant.

[2] Standard Errors assume that the covariance matrix of the errors is correctly specified.

****

OLS Result for IBM

OLS Regression Results

==

Dep. Variable:	y	R-squared (uncentered):	0.134
Model:	OLS	Adj. R-squared (uncentered):	0.130
Method:	Least Squares	F-statistic:	38.36
Date:	Thu, 02 Dec 2021	Prob (F-statistic):	2.43e-09
Time:	15:33:38	Log-Likelihood:	1547.1
No. Observations:	249	AIC:	-3092.
Df Residuals:	248	BIC:	-3089.
Df Model:	1		
Covariance Type:	nonrobust		

==

	coef	std err	t	P>|t|	[0.025	0.975]
VOL_pct_change	0.0005	7.43e-05	6.193	0.000	0.000	0.001

==

Omnibus:	446.818	Durbin-Watson:	2.034
Prob(Omnibus):	0.000	Jarque-Bera (JB):	156387.719
Skew:	9.835	Prob(JB):	0.00
Kurtosis:	124.188	Cond. No.	1.00

==

Notes:

[1] R² is computed without centering (uncentered) since the model does not contain a constant.

[2] Standard Errors assume that the covariance matrix of the errors is correctly specified.

❶ 모든 티커의 거래량 변화율을 독립변수로 지정
❷ 이 선형 회귀의 잔차 시장 영향

그런 다음 데이터프레임에 시장 영향을 포함하고 지금까지 도입한 모든 유동성 측정의
요약 통계량을 관찰한다.

```
In [26]: append1 = market_impact[0].append(market_impact[1])
         liq_vol_all['market_impact'] = append1.append(market_impact[2]) ❶
```

```
In [27]: cols = ['vol_diff_pct', 'price_diff_pct', 'price_diff',
                  'VOL_pct_change', 'dvol', 'mid_price']
         liq_measures_all = liq_vol_all.drop(liq_vol_all[cols], axis=1)\
                            .iloc[:, -11:]
         liq_measures_all.dropna(inplace=True)
         liq_measures_all.describe().T
```

```
Out[27]:                         count          mean           std           min \
         liq_ratio              738.0  7.368514e+10  2.569030e+11  8.065402e+08
         Lhh                    738.0  3.340167e-05  5.371681e-05  3.966368e-06
         turnover_ratio         738.0  6.491127e-03  2.842668e-03  1.916371e-03
         percent_quoted_ba      738.0  1.565276e-02  7.562850e-03  3.779877e-03
         percent_effective_ba   738.0  8.334177e-03  7.100304e-03  0.000000e+00
         roll                   738.0  8.190794e-01  6.066821e-01  7.615773e-02
         CS_spread              738.0  3.305464e-01  1.267434e-01  1.773438e-40
         amihud                 738.0  2.777021e-15  2.319450e-15  0.000000e+00
         florackis              738.0  2.284291e-03  1.546181e-03  0.000000e+00
         cet                    738.0 -1.113583e+00  3.333932e+01 -4.575246e+02
         market_impact          738.0  8.614680e-05  5.087547e-04 -1.596135e-03
```

```
                              25%           50%           75%           max
liq_ratio            1.378496e+10  2.261858e+10  4.505784e+10  3.095986e+12
Lhh                  1.694354e-05  2.368095e-05  3.558960e-05  5.824148e-04
turnover_ratio       4.897990e-03  5.764112e-03  7.423111e-03  2.542853e-02
percent_quoted_ba    1.041887e-02  1.379992e-02  1.878123e-02  5.545110e-02
percent_effective_ba 3.032785e-03  6.851479e-03  1.152485e-02  4.656669e-02
roll                 4.574986e-01  6.975982e-01  1.011879e+00  4.178873e+00
CS_spread            2.444225e-01  3.609800e-01  4.188028e-01  5.877726e-01
amihud               1.117729e-15  2.220439e-15  3.766086e-15  1.320828e-14
florackis            1.059446e-03  2.013517e-03  3.324181e-03  7.869841e-03
cet                 -1.687807e-01  5.654237e-01  1.660166e+00  1.845917e+02
market_impact       -3.010645e-05  3.383862e-05  1.309451e-04  8.165527e-03
```

이는 GMM을 통해 유동성을 모델링하는 과정에서 활용하는 유동성 측정이다. 이제 확률론적 비지도 학습 알고리듬을 통해 이에 대해 살펴보자.

가우스 혼합 모델

여러 측면을 나타내는 다양한 모드를 가진 데이터가 있는 경우 어떤 일이 발생할까? 또는 유동성 측정의 맥락에서 살펴보자. 어떻게 다른 평균 분산으로 유동성 측정을 모델링할 수 있을까? 짐작하듯 유동성 측정으로 구성된 데이터는 다중 모드다. 즉, 다른 여러 높은 확률이 존재하며 여기서는 이러한 유형의 데이터에 가장 적합화하는 모델을 찾고자 한다.

제안된 모델이 여러 구성 요소의 혼합을 포함해야 하고 또 특정 유동성 척도를 모른 채 측정값에서 얻은 값을 기반으로 군집화해야 한다는 것은 분명하다. 요약하자면, 여기서는 모든 유동성 척도를 포함하는 하나의 빅데이터셋을 갖게 될 것이며, 이러한 측정에 레이블을 할당하는 것을 잊었다고 가정하면 레이블을 모른 채 측정의 다양한 분포를 나타내는 모델이 필요하다. 이 모델이 바로 변수 이름을 몰라도 다중 모드 데이터를 모델링할 수 있는 GMM이다.

이전에 도입된 유동성 측정이 다소 다른 초점을 가졌던 것을 생각해보면 이 데이터를 어떻게든 모델링할 수 있다면 다른 시간에 다른 유동성 수준을 포착할 수 있음을 의미한다. 예를 들어 변동성이 높은 기간의 유동성은 변동성이 낮은 기간과 같은 방식으로 모델링할 수 없다.

비슷한 맥락에서, 시장의 깊이가 주어지면 유동성의 다양한 측면에 초점을 맞출 필요가 있다. GMM은 이 문제를 해결할 수 있는 도구를 제공한다.

간단히 말해서, 시장이 높은 변동성과 일치하는 호황기를 경험하고 있다면 거래량과 거래 비용에 기반한 조치가 좋은 선택이 될 것이고 시장이 가격 불연속성으로 끝나는 경우라면 가격 기반 조치가 최적의 선택이 될 것이다. 물론, 일률적인 척도를 말하는 것은 아니다. 측정의 혼합이 더 잘 작동하는 경우가 있을 수 있다는 점을 주지할 필요가 있다.

반데르플라스^{VanderPlas}(2016)에 따르면 K-평균이 성공하려면 클러스터 모델이 원형 특성을 가져야 한다. 그럼에도 불구하고 많은 재무 변수는 K-평균을 통해 모델링하기 어렵게 만드는 비원형 모양을 나타낸다. 쉽게 관찰할 수 있는 것처럼 유동성 측정은 겹치고 원형이 아니므로 프랄리와 라프터리^{Fraley and Raftery}(1998)에서 설명한 것처럼 확률적 특성을 가진 GMM은 이러한 유형의 데이터를 모델링하는 데 좋은 선택이 될 것이다.

> "군집화에 대한 혼합 모델 접근 방식의 한 가지 이점은 근사 베이즈 요인을 사용해 모델을 비교할 수 있다는 것이다. 이는 모델의 매개변수화(따라서 군집화 방법)뿐만 아니라 클러스터의 수를 선택하는 체계적인 수단을 제공한다."

여기서는 GMM에서 사용하는 데 필요한 라이브러리를 가져오고자 한다. 또한 데이터프레임에 숫자 값이 혼합돼 있으므로 군집화의 필수 단계인 크기 조정이 적용된다. 다음 코드의 마지막 부분에서는 데이터의 다중 모드를 관찰하기 위해 히스토그램을 그린다(그림 7-1). 이는 이 절의 첫 번째 부분에서 논의한 현상이다.

```
In [28]: from sklearn.mixture import GaussianMixture
         from sklearn.preprocessing import StandardScaler
```

```
In [29]: liq_measures_all2 = liq_measures_all.dropna()
         scaled_liq = StandardScaler().fit_transform(liq_measures_all2)
```

```
In [30]: kwargs = dict(alpha=0.5, bins=50, stacked=True)
         plt.hist(liq_measures_all.loc[:, 'percent_quoted_ba'],
                 **kwargs, label='TC-based')
         plt.hist(liq_measures_all.loc[:, 'turnover_ratio'],
                 **kwargs, label='Volume-based')
         plt.hist(liq_measures_all.loc[:, 'market_impact'],
                 **kwargs, label='Market-based')
         plt.title('Multi Modality of the Liquidity Measures')
         plt.legend()
         plt.show()
```

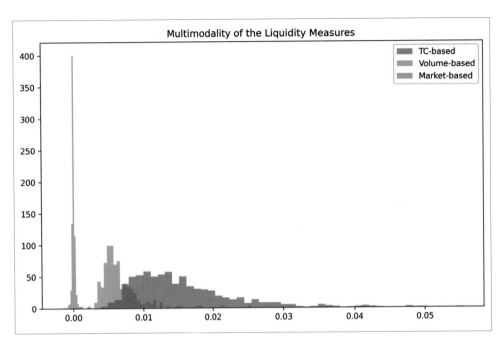

그림 7-1 유동성 척도의 다양성

그리고 이제 거래 비용, 거래량 및 시장 기반 유동성 측정이 주어졌으니, 다중 모드(즉, 3개의 피크)를 그림 7-1에서 쉽게 관찰할 수 있다. 크기 문제로 인해 가격 영향 기반 유동성 차원은 히스토그램에 포함되지 않았다.

이제 GMM을 실행하고 유동성 측정치를 군집화하는 방법을 살펴보자. 그러나 먼저 일반적인 질문이 발생한다. 클러스터가 몇 개여야 하는지다. 이 문제를 해결하기 위해 BIC를 다시 사용하고 그림 7-2에 표시된 도면을 생성한다.

```
In [31]: n_components = np.arange(1, 10)
         clusters = [GaussianMixture(n, covariance_type='spherical',
                                random_state=0).fit(scaled_liq)
               for n in n_components] ❶
         plt.plot(n_components, [m.bic(scaled_liq) for m in clusters]) ❷
         plt.title('Optimum Number of Components')
         plt.xlabel('n_components')
         plt.ylabel('BIC values')
         plt.show()
```

❶ 다른 클러스터 수를 기반으로 다른 BIC 값 생성
❷ 주어진 구성 요소 수에 대한 BIC 값에 대한 선 그림 그리기

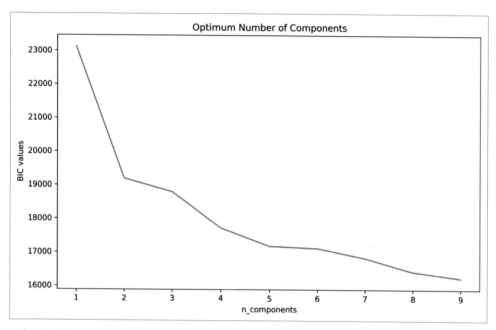

그림 7-2 최적의 구성 요소 수

그림 7-2는 선이 세 번째 군집 이후에 평평해져서 이상적인 중단 지점이 되는 것을 보여준다. 다음 코드를 사용해 데이터가 가장 잘 표현되는 상태를 감지할 수 있다. "상태"라는 용어는 사후 확률이 가장 높은 클러스터 외에는 아무것도 나타내지 않는다. 이는 이 특정 상태가 데이터의 역학을 가장 많이 설명한다는 것을 의미한다. 이 경우 확률이 0.55인 상태 3이 데이터의 역학을 설명할 가능성이 가장 높은 상태다.

```
In [32]: def cluster_state(data, nstates):
    gmm = GaussianMixture(n_components=nstates,
                          covariance_type='spherical',
                          init_params='kmeans') ❶
    gmm_fit = gmm.fit(scaled_liq) ❷
    labels = gmm_fit.predict(scaled_liq) ❸
    state_probs = gmm.predict_proba(scaled_liq) ❹
    state_probs_df = pd.DataFrame(state_probs,
                                  columns=['state-1','state-2',
```

```
                                                      'state-3'])
        state_prob_means = [state_probs_df.iloc[:, i].mean()
                            for i in range(len(state_probs_df.columns))]  ❺
        if np.max(state_prob_means) == state_prob_means[0]:
            print('State-1 is likely to occur with a probability of {:4f}'
                  .format(state_prob_means[0]))
        elif np.max(state_prob_means) == state_prob_means[1]:
            print('State-2 is likely to occur with a probability of {:4f}'
                  .format(state_prob_means[1]))
        else:
            print('State-3 is likely to occur with a probability of {:4f}'
                  .format(state_prob_means[2]))
        return state_probs

In [33]: state_probs = cluster_state(scaled_liq, 3)
         print(f'State probabilities are {state_probs.mean(axis=0)}')


         State-3 is likely to occur with a probability of 0.550297
         State probabilities are [0.06285593 0.38684657 0.5502975 ]
```

❶ GMM 구성
❷ 스케일링된 데이터로 GMM 적합화
❸ 실행 예측
❹ 상태 확률 구하기
❺ 세 가지 상태 확률 모두의 평균 계산

모두 좋다. GMM을 클러스터 유동성 측정에 적용하고 1차원 데이터로 나타내기 위해 가능한 상태를 추출하는 것은 논리적으로 보인다. 데이터의 끝에서 확률이 가장 높은 클러스터 하나만 생성하기 때문에 말 그대로 작업을 더 쉽게 만든다. 그러나 어떤 변수가 우세한 상태와 상관관계가 있는지 완전히 이해하기 위해 PCA를 적용하면 어떨까? PCA에서는 특정 기간의 특징을 정의하는 유동성 측정치를 분석할 수 있도록 로딩을 사용해 구성 요소와 기능 사이에 연결점을 만들 수 있다.

첫 번째 단계로 PCA를 적용하고 scree plot(그림 7-3)을 만들어 작업 중인 구성 요소의 수를 결정한다.

```
In [34]: from sklearn.decomposition import PCA
```

```
In [35]: pca = PCA(n_components=11)
         components = pca.fit_transform(scaled_liq)
         plt.plot(pca.explained_variance_ratio_)
         plt.title('Scree Plot')
         plt.xlabel('Number of Components')
         plt.ylabel('% of Explained Variance')
         plt.show()
```

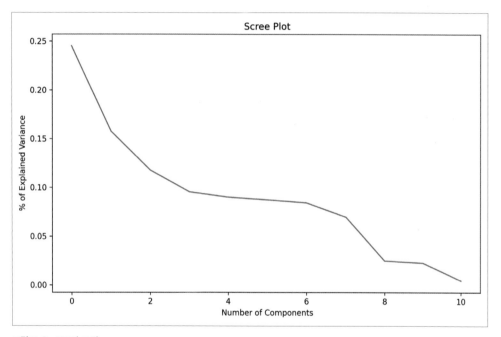

그림 7-3 스크리 도면

그림 7-3을 기반으로 구성 요소 3에서 중지하기로 결정한다. 이제 구성 요소 수를 결정했으므로 3개의 구성 요소와 GMM을 사용해 PCA를 다시 실행해보자. 이전 GMM 애플리케이션과 유사하게 사후 확률이 계산돼 state_probs라는 변수에 할당된다.

```
In [36]: def gmm_pca(data, nstate):
             pca = PCA(n_components=3)
             components = pca.fit_transform(data)
```

```
            mxtd = GaussianMixture(n_components=nstate,
                                   covariance_type='spherical')
            gmm = mxtd.fit(components)
            labels = gmm.predict(components)
            state_probs = gmm.predict_proba(components)
            return state_probs,pca

In [37]: state_probs, pca = gmm_pca(scaled_liq, 3)
         print(f'State probabilities are {state_probs.mean(axis=0)}')
         State probabilities are [0.7329713 0.25076855 0.01626015]
```

다음은 확률이 가장 높은 상태를 찾아내고 73%의 확률로 상태-1로 판명됐다.

```
In [38]: def wpc():
             state_probs_df = pd.DataFrame(state_probs,
                                           columns=['state-1', 'state-2',
                                                    'state-3'])
             state_prob_means = [state_probs_df.iloc[:, i].mean()
                                 for i in range(len(state_probs_df.columns))]
             if np.max(state_prob_means) == state_prob_means[0]:
                 print('State-1 is likely to occur with a probability of {:4f}'
                       .format(state_prob_means[0]))
             elif np.max(state_prob_means) == state_prob_means[1]:
                 print('State-2 is likely to occur with a probability of {:4f}'
                       .format(state_prob_means[1]))
             else:
                 print('State-3 is likely to occur with a probability of {:4f}'
                       .format(state_prob_means[2]))
         wpc()
         State-1 is likely to occur with a probability of 0.732971
```

이제 적재^{loading} 분석을 사용해 어떤 유동성 측정이 가장 중요한지 찾는 데 주의를 기울여보자. 이 분석은 Turnover_ratio, percent_quoted_ba, percent_effective_ba, amihud 및 florackis 비율이 State-1을 구성하는 유동성 비율임을 시사한다. 다음 코드를 보자.

```
In [39]: loadings = pca.components_.T * np.sqrt(pca.explained_variance_) ❶
         loading_matrix = pd.DataFrame(loadings,
                                       columns=['PC1', 'PC2', 'PC3'],
```

```
                            index=liq_measures_all.columns)
      loading_matrix
Out[39]:                         PC1        PC2        PC3
      liq_ratio           0.116701  -0.115791  -0.196355
      Lhh                -0.211827   0.882007  -0.125890
      turnover_ratio      0.601041  -0.006381   0.016222
      percent_quoted_ba   0.713239   0.140103   0.551385
      percent_effective_ba 0.641527  0.154973   0.526933
      roll               -0.070192   0.886080  -0.093126
      CS_spread           0.013373  -0.299229  -0.092705
      amihud              0.849614  -0.020623  -0.488324
      florackis           0.710818   0.081948  -0.589693
      cet                -0.035736   0.101575   0.001595
      market_impact       0.357031   0.095045   0.235266
```

❶ PCA에서 부하 계산

가우스 혼합 코풀라 모델

금융 시장의 복잡성과 정교함을 감안할 때 위험 모델을 단 하나의 만능 모델 형태로 제안하는 것은 불가능하다. 따라서 금융기관은 자신이 직면한 위험을 더욱 효율적이고 현실적으로 관리할 수 있도록 신용, 유동성, 시장 및 운영 위험에 대한 자체 모델을 개발한다. 그러나 이러한 금융기관이 직면한 가장 큰 문제 중 하나는 라체프와 스테인^{Rachev and} ^{Stein}(2009)이 제시한 것처럼 위험의 상관관계(공동 분배라고도 함)이다.

> "서브프라임 위기와 그에 따른 신용 경색의 출현으로 학계, 실무자, 철학자, 언론인들은 혼란과 (거의) 전례 없는 시장 악화를 초래한 원인과 실패를 찾기 시작했다. 그리고 월 스트리트와 전 세계적으로 사용된 여러 방법과 모델에 대한 논쟁은 많은 경우에 이를 잘못된 시각으로 바라보고 있다. 신용 시장에서 기초 자산의 증권화, 트렌칭 및 패키징으로 인해 위험과 문제가 흐려졌다는 사실 외에도 신용 평가 기관의 불행하고 다소 오해의 소지가 있는 역할로 인해 수학적 모델이 사용됐다. 극단적인 시장 단계에서는 위험을 포착할 수 있는 능력이 없다."

"극단적 시장 단계"를 모델링하는 작업은 단일 분배로 여러 위험을 모델링할 수 있는 공동 분배 개념으로 이어진다.

위험의 상호작용을 무시하는 모델은 실패하기 쉽다. 이와 관련해 직관적이면서도 간단한 접근 방식인 코풀라가 제안된다.

코풀라[Copula]는 개별 위험의 한계 분포를 다변량 분포에 매핑해 많은 표준 균일 랜덤 변수의 공동 분포를 생성하는 함수다. 정규분포와 같은 알려진 분포로 작업하는 경우 이변량 정규로 알려진 변수의 공동분포를 쉽게 모델링할 수 있다. 그러나 여기서 문제는 이 두 변수 간의 상관 구조를 정의하는 것이며, 이 지점에서 코풀라가 발생한다(Hull, 2012).

스크라[Sklar]의 정리를 사용해 F를 X^i의 한계 연속 누적분포함수[CDF]라고 한다. CDF 변환은 랜덤변수를 [0,1]에 균일하게 분포된 스칼라에 매핑한다. 그러나 이러한 모든 주변 CDF의 공동 분포는 균일분포와 코풀라함수를 따르지 않는다(Kasa and Rajan, 2020).

$$C : [0,1]^i \rightarrow [0,1]$$

여기서 i는 한계 CDF의 수를 나타낸다. 즉, 이변량의 경우 i는 2의 값을 취하고 함수는 다음과 같다.

$$C : [0,1]^2 \rightarrow [0,1]$$

따라서

$$F(x_1, x_2) \equiv C\big(F_1(x_1), \ldots, F_i(x_i)\big)$$

여기서 C는 F_is의 한계 분포가 연속적이고 F가 합동 누적분포인 경우 고유한 결합형이다. 또는 코풀라 함수는 개별 한계 밀도로 설명할 수 있다.

$$f(x) = C\big(F_1(x_1), \ldots, F_i(x_i)\big) \Pi_{j=1}^i f_j(x_j)$$

여기서 $f(x)$는 다변량 밀도를 나타내고 f_j는 j번째 자산의 한계 밀도를 나타낸다.

코풀라에 대해 만족시켜야 하는 가정을 언급하지 않고는 논의를 완료할 수 없다. 다음은 보이[Bouye](2000)의 가정이다.

1. $C = S_1 \times S_2$, 여기서 S_1과 S_2는 $[0,1]$의 공집합이 아닌 부분 집합이다.

2. C는 $0 \leq u_1 \leq u_2 \leq 1$ 및 $0 \leq v_1 \leq v_2 \leq 1$이 되도록 하는 증가 함수이다.

$$C([u_1, v_1] \times [u_2, v_2]) \equiv C(u_2, v_2) - C(u_2, v_2) - C(u_1, v_2) + C(u_1, u_1) \geq 0$$

3. S_1의 모든 u 및 S_2의 모든 v에 대해: $C(u, 1) = u$ 및 $C(1, v) = v$.

코풀라에 대한 긴 이론적 설명을 듣고 나면, 아마 파이썬으로 코딩하는 것이 무척 복잡할 것 같다는 인상을 받을 수 있을 것이다. 그러나 걱정 말라. 라이브러리가 있고 그 적용은 정말 쉽다. copulas용 파이썬 라이브러리 이름은 Copulae이며 다음 코드에서 사용한다.

```
In [40]: from copulae.mixtures.gmc.gmc import GaussianMixtureCopula ❶

In [41]: _, dim = scaled_liq.shape
         gmcm = GaussianMixtureCopula(n_clusters=3, ndim=dim) ❷

In [42]: gmcm_fit = gmcm.fit(scaled_liq,method='kmeans',
                             criteria='GMCM', eps=0.0001) ❸
         state_prob = gmcm_fit.params.prob
         print(f'The state {np.argmax(state_prob) + 1} is likely to occur')
         print(f'State probabilities based on GMCM are {state_prob}')
         The state 2 is likely to occur
         State probabilities based on GMCM are [0.3197832 0.34146341 0.
         33875339]
```

❶ copulae에서 GaussianMixtureCopula 임포트
❷ 클러스터와 차원 수로 GMCM 구성
❸ GMCM 적합화

결과는 상관관계를 고려할 때 State-2가 우세하지만 사후확률이 매우 가까우므로 유동성 측정치 간의 상관관계를 그림으로 볼 때 유동성의 공통점이 두드러진다는 것을 시사한다.

결론

유동성 위험은 그 자체로 중요한 위험원이며 다른 재정적 위험과 높은 상관관계를 가지고 있기 때문에 10년 넘게 세밀하게 관찰해왔다.

7장에서는 다변량 데이터를 모델링하고 클러스터를 생성할 수 있는 GMM 기반 유동성 모델링을 위한 새로운 방법을 소개했다. 이러한 클러스터의 사후 확률을 감안할 때 데이터의 정의 특성을 나타내는 클러스터를 결정할 수 있었다. 그러나 유동성 측정치의 상관관계 구조를 고려하지 않았다면 우리 모델은 현실을 제대로 반영하지 못했을 수 있다. 따라서 이러한 문제를 해결하기 위해 GMCM을 도입하고 변수 간의 상관 구조를 고려해 정의 클러스터를 재정의했다.

유동성 모델링을 완료한 후 이제 재무 위험의 또 다른 중요한 원인인 운영 위험에 대해 논의할 준비가 됐다. 운영 위험은 다양한 이유로 발생할 수 있지만, 사기 행위를 통한 운영 위험에 대해 논의한다.

참고문헌

Abdi, Farshid, and Angelo Ranaldo. 2017. "A Simple Estimation of Bid-Ask Spreads from Daily Close, High, and Low Prices." *The Review of Financial Studies* 30 (12): 4437-4480.

Baker, H. Kent, and Halil Kiymaz, eds. 2013. *Market Microstructure in Emerging and Developed Markets: Price Discovery, Information Flows, and Transaction Costs.* Hoboken, New Jersey: John Wiley and Sons.

Bessembinder, Hendrik, and Kumar Venkataraman. 2010. "Bid–Ask Spreads." In *Encyclopedia of Quantitative Finance*, edited b. Rama Cont. Hoboken, NJ: John Wiley and Sons.

Blume, Lawrence, David Easley, and Maureen O'Hara. 1994 "Market Statistics and Technical Analysis: The Role of Volume." The Journal of Finance 49 (1): 153-181.

Bouyé, Eric, Valdo Durrleman, Ashkan Nikeghbali, Gaël Riboulet, and Thierry Roncalli. 2000. "Copulas for Finance: A Reading Guide and Some Applications." Available at SSRN 1032533.

Chuck, Prince. 2007. "Citigroup Chief Stays Bullish on Buy-Outs." *Financial Times. https://oreil.ly/nKOZk.*

Corwin, Shane A., and Paul Schultz. 2012. "A Simple Way to Estimate Bid-Ask Spreads from Daily High and Low Prices." *The Journal of Finance* 67 (2): 719-760.

Florackis, Chris, Andros Gregoriou, and Alexandros Kostakis. 2011. "Trading Frequency and Asset Pricing on the London Stock Exchange: Evidence from a New Price Impact Ratio." *Journal of Banking and Finance* 35 (12): 3335-3350.

Fraley, Chris, and Adrian E. Raftery. 1998. "How Many Clusters? Which Clustering Method? Answers via Model-Based Cluster Analysis." The Computer Journal 41 (8): 578-588.

Gabrielsen, Alexandros, Massimiliano Marzo, and Paolo Zagaglia. 2011. "Measuring Market Liquidity: An Introductory Survey." *SRN Electronic Journal.*

Harris, Lawrence. 1990. "Statistical Properties of the Roll Serial Covariance Bid/Ask Spread Estimator." *The Journal of Finance* 45 (2): 579-590.

Gaygisiz, Esma, Abdullah Karasan, and Alper Hekimoglu. 2021. "Analyses of factors of Market Microstructure: Price impact, liquidity, and Volatility." *Optimization* (Forthcoming).

Kasa, Siva Rajesh, and Vaibhav Rajan. 2020. "Improved Inference of Gaussian Mixture Copula Model for Clustering and Reproducibility Analysis using Automatic Differentiation." arXiv preprint arXiv:2010.14359.

Kyle, Albert S. 1985. "Continuous Auctions and Insider Trading." *Econometrica* 53 (6): 1315-1335.

Le, Huong, and Andros Gregoriou. 2020. "How Do You Capture Liquidity? A Review of the Literature on Low-Frequency Stock Liquidity." *Journal of Economic Surveys* 34 (5): 1170-1186.

Lou, Xiaoxia, and Tao Shu. 2017. "Price Impact or Trading Volume: Why Is the Amihud (2002) measure Priced?." *The Review of Financial Studies* 30 (12): 4481-4520.

Nikolaou, Kleopatra. 2009. "Liquidity (Risk) concepts: Definitions and Interactions." European Central Bank Working Paper Series 1008.

Rachev, S. T., W. Sun, and M. stein. 2009. "Copula Concepts in Financial Markets." *Portfolio Institutionell* (4): 12-15.

Roll, Richard. 1984. "A Simple Implicit Measure of the Effective Bid-Ask Spread in an Efficient Market." *The Journal of Finance* 29 (4): 1127-1139.

Sarr, Abdourahmane, and Tonny Lybek. 2002. "Measuring liquidity in financial markets." IMF Working Papers (02/232): 1-64.

Hull, John. 2012. *Risk Management and Financial Institutions*. Hoboken, New Jersey: John Wiley and Sons.

VanderPlas, Jake. 2016. *Python Data Science Handbook: Essential Tools for Working with Data*. Sebastopol: O'Reilly.

8장

운영 위험 모델링

"...가장 큰 타격을 주는 것이 반드시 가장 큰 실수인 것이 아니다. 주식 가격은 아주 작은 사건으로도 폭락할 수 있다."

– 더넷, 레비 그리고 시모에[Dunnett, Levy, and Simoes](2005)

지금까지 시장, 신용, 유동성 위험이라는 세 가지 주요 재무 위험에 대해 이야기했다. 이제 다른 유형의 재무 위험보다 더욱 모호한 운영 위험에 대해 논의할 때다. 이러한 모호성은 금융기관이 막대한 손실에 직면할 수 있는 매우 다양한 위험 소스에서 발생한다.

운영 위험은 부적절하거나 실패한 구간 프로세스, 인력, 시스템 또는 외부 이벤트로 인한 직간접적인 손실의 위험이다(BIS, 2019). 손실은 직접 또는 간접적일 수 있다. 일부 직접적인 손실은 다음과 같다.

- 법 절차로 인한 법적 책임

- 절도 또는 자산 감소로 인한 상각

- 세금, 라이선스, 벌금 등으로 인한 규정 준수 문제

- 업무 중단

간접 비용은 기관의 결정이 미래의 불확실한 시기에 손실을 초래하는 일련의 사건을 유발할 수 있다는 점에서 기회 비용과 관련이 있다.

일반적으로 금융기관은 운용 위험에 따른 손실을 충당하기 위해 일정 금액의 자금을 할당하는데, 이를 미예상 손실이라고 한다. 그러나 예상치 못한 손실을 충당하기 위해 적절한 금액을 할당하는 것은 말처럼 쉽지 않다. 예상치 못한 손실을 대비할 수 있는 적절한 금액을 산정하는 것이 필요하다. 그렇지 못하면 더 많은 자금이 할당돼 유휴 상태가 되고 기회 비용이 발생하거나 필요한 자금보다 적게 할당돼 유동성 문제가 발생한다.

앞서 간략히 언급했듯이 운영 위험은 여러 형태를 취할 수 있다. 그중 가장 만연하고 파괴적인 운영 위험으로 간주되는 사기 위험에 초점을 맞추겠다.

사기는 일반적으로 다른 사람을 속이기 위해 고안된 의도적 행위, 허위 진술 또는 누락으로 특징지을 수 있으며, 그 결과 피해자는 손실을 입거나 가해자는 이익을 얻는다(OCC, 2019). 금융기관 내부에서 손실이 발생한 경우 사기는 내부 사기일 수 있고 제3자에 의해 수행된 경우 외부 사기일 수 있다.

사기를 금융기관의 주요 관심사로 만드는 이유는 무엇일까? 사기 행위를 저지를 가능성을 높이는 요인은 무엇일까? 이러한 질문을 해결하기 위해 세 가지 중요한 요소를 살펴볼 수 있다.

- 세계화
- 적절한 위험 관리 부족
- 경제적 압박

세계화로 인해 금융기관은 전 세계적으로 운영을 확장하게 됐고, 이는 금융기관이 경험해본 적 없는 환경에서 운영되기 시작하면서 부패, 뇌물 수수 및 모든 종류의 불법 행위의 가능성을 높이는 복잡성을 수반했다.

적절한 위험 관리의 부족이 사기의 가장 명백한 이유이자 가장 큰 이유다. 오해의 소지가 있는 보고나 불량한 무단 거래는 사기 행위의 씨앗을 뿌린다. 아주 잘 알려진 예는 베어링Barings의 젊은 트레이더인 닉 리슨Nick Leeson이 투기 거래를 하고 베어링 은행에 총 13억 달러에 달하는 재산을 날린 회계 트릭을 사용해 후속 은폐 작업을 수행한 사례다. 따라서 잘 정의된 위험 관리 정책과 잘 정립된 위험 문화가 없을 때 직원은 사기를 저지

르는 경향이 있다.

사기의 또 다른 동기는 직원의 재정 상황 악화다. 특히 경기 침체기에는 직원들이 사기 행위의 유혹을 받을 수 있다. 또한 금융기관 자체가 경기 침체에서 벗어날 방법을 찾기 위해 회계 트릭과 같은 불법 운영을 수용할 수 있다. 사기는 상당한 손실을 야기할 뿐만 아니라 회사의 명성에 위협이 되며, 이는 결국 회사의 장기적 지속 가능성을 저해할 수 있다. 2001년 발생한 회계 사기의 좋은 예인 엔론의 경우를 보자. 엔론Enron은 1985년에 설립된 미국과 세계에서 가장 큰 회사 중 하나가 됐다. 그 큰 붕괴에 대한 이야기를 간단히 해보겠다.

엔론은 에너지 시장에서 직면한 압력으로 인해 경영진은 모호한 회계 관행을 악용하도록 내몰렸고, 그 결과 막대한 미실현 미래 이익을 기록함으로써 부풀려진 이익을 얻게 됐다.

이전에 기업 개발 담당 부사장이었던 내부고발자 쉐론 와킨스Sherron Watkins 덕분에 현대 금융 역사상 가장 큰 사기 사건 중 하나가 밝혀졌다. 이 사건은 또한 개인이나 회사의 명성에 막대한 피해를 입히거나 재정적 붕괴로 이어질 수 있는 사기 행위를 방지하는 것의 중요성을 강조해줬다.

8장에서는 사기 또는 사기 가능성이 있는 작업을 감지하는 ML 기반 모델을 소개하고자 한다. 이는 가해자보다 앞서 나가기 위해 지속적으로 성장하는 분야이며 또 그래야만 한다.

사기와 관련된 데이터셋은 레이블이 있는 데이터와 레이블이 없는 데이터 두 가지 형태로 나타날 수 있다. 두 가지 모두 고려하기 위해 먼저 지도 학습 알고리듬을 적용한 다음 사용할 데이터셋에 레이블이 포함돼 있어도 레이블이 없는 것처럼 가장하는 비지도 학습 알고리듬을 사용한다. 사기 분석에 사용할 데이터셋은 브랜든 해리스Brandon Harris가 만든 신용카드 거래 사기 탐지 데이터셋이다. 신용카드 사기는 드문 문제가 아니며, 목표는 사기 가능성을 감지하고 은행이 실사를 통해 상황을 조사할 수 있도록 은행에 알리는 것이다. 이는 은행이 막대한 손실을 입지 않도록 보호하는 방법이다. 닐슨Nilsen 리포트(2020)에 따르면 지불 카드 사기 손실은 320억 4,000만 달러로 사상 최고 수준을 기록했으며, 이는 총 거래량 100달러당 6.8센트다.

이 데이터셋은 연속, 불연속 그리고 명목 데이터를 가지고 있기 때문에 변수 유형의 속성이 혼합된 좋은 예다. 케글^{Kaggle}에서 데이터를 찾을 수 있다. 데이터에 대한 설명은 표 8-1에 나와 있다.

표 8-1 속성 및 설명

속성	설명
trans_date_trans_time	거래일
cc_num	고객 신용카드 번호
merchant	거래 상인
amt	거래액
first	고객의 이름
last	고객의 성
gender	고객의 성별
street, city, state	고객의 주소
zip	거래가 일어난 곳
lat	고객의 위도
long	고객의 경도
city_pop	도시 인구
job	고객의 직업
dob	고객의 생년월일
trans_num	각 거래의 고유 번호
unix_time	거래 시각(유닉스 시각)
merch_lat	상점 위도
merch_long	상점 경도
is_fraud	거래의 사기성 여부

사기 데이터에 익숙해지기

아마 눈치챘겠지만 머신러닝 알고리듬은 서로 다른 부류 간의 관찰 수가 서로 거의 같을 때 더 잘 작동한다. 즉, 균형 잡힌 데이터에서 가장 잘 작동한다. 사기 사건의 경우 균형 데이터가 없으므로 이를 부류 불균형이라고 한다. 6장에서 부류 불균형 문제를 처리하는 방법을 배웠고 8장에서 그 기술을 다시 사용할 것이다.

먼저 신용카드 거래 사기 탐지 데이터셋에 있는 변수의 데이터 유형을 살펴보자.

```
In [1]: import pandas as pd
        import numpy as np
        import matplotlib.pyplot as plt
        import seaborn as sns
        from scipy.stats import zscore
        import warnings
        warnings.filterwarnings('ignore')

In [2]: fraud_data = pd.read_csv('fraudTrain.csv')
        del fraud_data['Unnamed: 0']

In [3]: fraud_data.info()
        <class 'pandas.core.frame.DataFrame'>
        RangeIndex: 1296675 entries, 0 to 1296674
        Data columns (total 22 columns):
         #   Column                Non-Null Count      Dtype
        ---  ------                --------------      -----
         0   trans_date_trans_time  1296675 non-null   object
         1   cc_num                 1296675 non-null   int64
         2   merchant               1296675 non-null   object
         3   category               1296675 non-null   object
         4   amt                    1296675 non-null   float64
         5   first                  1296675 non-null   object
         6   last                   1296675 non-null   object
         7   gender                 1296675 non-null   object
         8   street                 1296675 non-null   object
         9   city                   1296675 non-null   object
         10  state                  1296675 non-null   object
         11  zip                    1296675 non-null   int64
         12  lat                    1296675 non-null   float64
```

```
13   long                  1296675 non-null  float64
14   city_pop              1296675 non-null  int64
15   job                   1296675 non-null  object
16   dob                   1296675 non-null  object
17   trans_num             1296675 non-null  object
18   unix_time             1296675 non-null  int64
19   merch_lat             1296675 non-null  float64
20   merch_long            1296675 non-null  float64
21   is_fraud              1296675 non-null  int64
dtypes: float64(5), int64(5), object(12)
memory usage: 217.6+ MB
```

모든 유형의 데이터(객체, 정수 및 부동 소수점)가 있는 것으로 나타났다. 그러나 대부분의 변수가 객체형이기 때문에 이러한 범주형 변수를 수치형 변수로 바꾸기 위해서는 추가 적인 분석이 필요하다.

종속변수는 종종 상당한 주의가 필요한 불균형 특성을 가지므로 이러한 분석에서 상당 히 중요하다. 이는 다음 코드(와 그 결과 그림 8-1)에 표시되며, 매우 불균형적인 관찰 수 를 보여준다.

```
In [4]: plt.pie(fraud_data['is_fraud'].value_counts(), labels=[0, 1])
        plt.title('Pie Chart for Dependent Variable');
        print(fraud_data['is_fraud'].value_counts())
        plt.show()
        0    1289169
        1       7506
        Name: is_fraud, dtype: int64
```

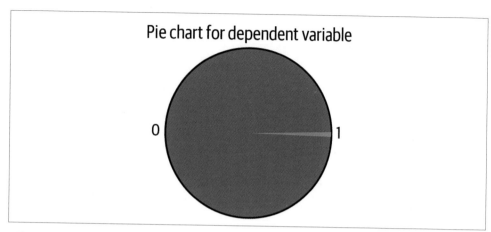

그림 8-1 종속변수에 대한 파이 차트

보다시피, 비사기 케이스에 대한 관찰 수는 1,289,169개인 반면, 사기 케이스에 대한 관찰 수는 7,506개이므로 예상대로 데이터의 불균형이 매우 심하다는 것을 알 수 있다. 이 시점에서 누락된 관측값의 수를 감지하기 위해 다소 다른 도구를 사용할 수 있다. 이 도구는 missingno로 알려져 있으며 누락된 값에 대한 시각화 모듈도 제공한다(그림 8-2 참조).

```
In [5]: import missingno as msno ❶

        msno.bar(fraud_data) ❷
```

❶ missingno 임포트하기
❷ 결측값에 대한 막대 그림 만들기

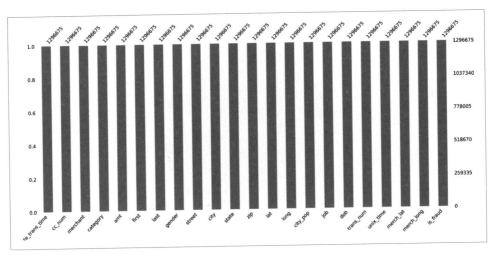

그림 8-2 누락된 관측치

그림 8-2는 상단에 변수당 비결측 관측값의 수를 나타내고 왼쪽에는 비결측값의 백분율을 볼 수 있다. 이 분석은 데이터에 결측값이 없음을 보여준다.

다음 단계에서는 먼저 날짜 변수인 trans_date_trans_time을 적절한 형식으로 변환한 다음 특정 기간 동안 사기 행위가 급증한다고 가정해 시간을 날짜와 시간으로 나눈다. 다양한 범주의 변수에 대한 사기의 영향을 분석하는 것이 합리적이다. 이를 위해 막대 그래프를 사용한다. 일부 변수의 범주를 고려할 때 사기 사례의 수가 변경될 수 있다는 것이 더 분명해진다. 그러나 성별변수에서는 동일하게 유지된다. 즉, 성별은 사기 행위에 영향을 미치지 않는다. 또 다른 놀라우면서도 분명한 관찰은 사기 사건이 하루와 시간마다 크게 변한다는 것이다. 이는 결과 그림 8-3에서 시각적으로 확인할 수 있다.

```
In [6]: fraud_data['time'] = pd.to_datetime(fraud_data['trans_date_trans_time'])
        del fraud_data['trans_date_trans_time']

In [7]: fraud_data['days'] = fraud_data['time'].dt.day_name()
        fraud_data['hour'] = fraud_data['time'].dt.hour

In [8]: def fraud_cat(cols):
            k = 1
            plt.figure(figsize=(20, 40))
```

```
    for i in cols:
        categ = fraud_data.loc[fraud_data['is_fraud'] == 1, i].\
                value_counts().sort_values(ascending=False).\
                reset_index().head(10) ❶
        plt.subplot(len(cols) / 2, len(cols) / 2, k)
        bar_plot = plt.bar(categ.iloc[:, 0], categ[i])
        plt.title(f'Cases per {i} Categories')
        plt.xticks(rotation='45')
        k+= 1
    return categ, bar_plot
```

```
In [9]: cols = ['job', 'state', 'gender', 'category', 'days', 'hour']
        _, bar_plot = fraud_cat(cols)
        bar_plot
```

❶ 사기 행위를 기반으로 사기 데이터를 오름차순으로 정렬

사기 분석에 대한 분석과 이전 지식을 기반으로 모델링에 사용할 변수의 수를 결정할 수 있다. 범주형 변수는 pd.get_dummies를 사용해 더미변수를 생성할 수 있도록 정렬된다.

```
In [10]: cols=['amt','gender','state','category',
               'city_pop','job','is_fraud','days','hour']
         fraud_data_df=fraud_data[cols]
```

```
In [11]: cat_cols=fraud_data[cols].select_dtypes(include='object').columns
```

```
In [12]: def one_hot_encoded_cat(data, cat_cols):
             for i in cat_cols:
                 df1 = pd.get_dummies(data[str(i)],
                                      prefix=i, drop_first=True)
                 data.drop(str(i), axis=1, inplace=True)
                 data = pd.concat([data, df1], axis=1)
             return data
```

```
In [13]: fraud_df = one_hot_encoded_cat(fraud_data_df, cat_cols)
```

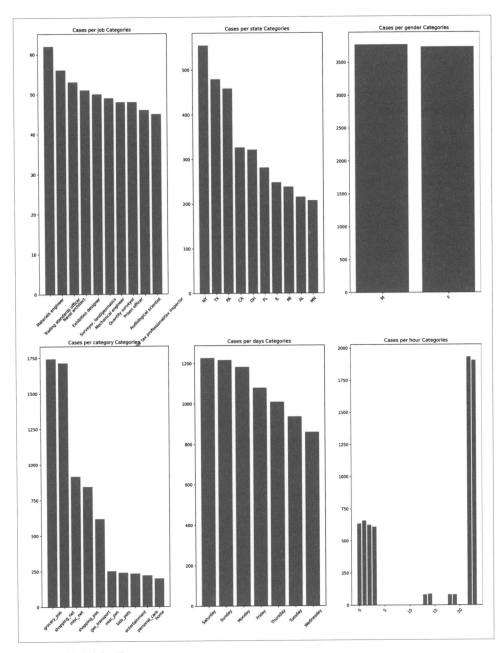

그림 8-3 변수별 막대 그림

범주형 변수 분석에 이어 수치 변수, 즉 양, 인구와 시간 간의 상호작용에 대해 설명할 필요가 있다. 상관 분석은 이 변수들 간의 상호작용(들)을 파악하기 위한 강력한 도구를 제공한다. 결과 히트맵(그림 8-4)은 상관관계가 매우 낮음을 시사한다.

```
In [14]: num_col = fraud_data_df.select_dtypes(exclude='object').columns
         fraud_data_df = fraud_data_df[num_col]
         del fraud_data_df['is_fraud']
```

```
In [15]: plt.figure(figsize=(10,6))
         corrmat = fraud_data_df.corr()
         top_corr_features = corrmat.index
         heat_map = sns.heatmap(corrmat, annot=True, cmap="viridis")
```

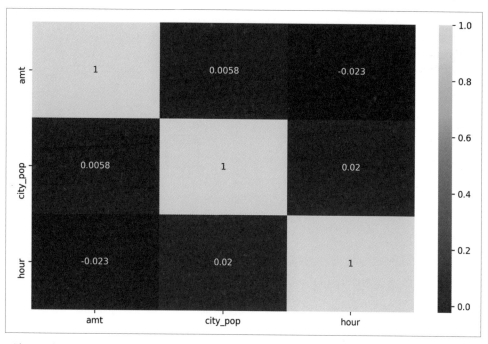

그림 8-4 히트맵

사기 조사를 위한 지도 학습

상호작용, 결측값 그리고 더미변수 생성을 통해 변수의 고유한 특성을 알아냈다. 이제 사기 분석을 위한 ML 모델을 계속 실행할 준비가 됐다. 실행하려는 모델은 다음과 같다.

- 로지스틱 회귀

- 의사결정 트리

- 랜덤 포레스트

- XG 부스트

짐작하듯 모델링을 수행하기 전에 균형 잡힌 데이터를 갖는 것이 중요하다. 균형 잡힌 데이터를 얻는 방법에는 여러 가지가 있지만 성능 때문에 언더샘플링 방법을 선택한다. 언더샘플링은 그림 8-5와 같이 다수 부류를 소수 부류에 일치시키는 기술이다.

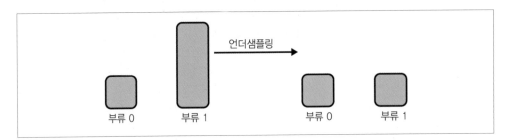

그림 8-5 언더샘플링

또는 소수 부류와 동일한 수의 관측값을 얻을 때까지 다수 부류의 관측값 수를 제거한다. 독립변수와 종속변수의 이름이 각각 X_under와 y_under인 다음 코드에서 언더샘플링을 적용한다. 다음에서 *train-test split*은 임의의 방식으로 train과 test split을 얻는 데 사용된다.

```
In [16]: from sklearn.model_selection import train_test_split
         from sklearn.linear_model import LogisticRegression
         from sklearn.model_selection import train_test_split
         from sklearn.model_selection import GridSearchCV
         from sklearn.model_selection import RandomizedSearchCV
```

```
          from sklearn.metrics import (classification_report,
                                       confusion_matrix, f1_score)

In [17]: non_fraud_class = fraud_df[fraud_df['is_fraud'] == 0]
         fraud_class = fraud_df[fraud_df['is_fraud'] == 1]

In [18]: non_fraud_count,fraud_count=fraud_df['is_fraud'].value_counts()
         print('The number of observations in non_fraud_class:', non_fraud_count)
         print('The number of observations in fraud_class:', fraud_count)
         The number of observations in non_fraud_class: 1289169
         The number of observations in fraud_class: 7506

In [19]: non_fraud_under = non_fraud_class.sample(fraud_count) ❶
         under_sampled = pd.concat([non_fraud_under, fraud_class], axis=0) ❷
         X_under = under_sampled.drop('is_fraud',axis=1) ❸
         y_under = under_sampled['is_fraud'] ❹

In [20]: X_train_under, X_test_under, y_train_under, y_test_under =\
                 train_test_split(X_under, y_under, random_state=0)
```

❶ fraud_count 샘플링
❷ 사기 사건이 포함된 데이터를 사기 사건이 없는 데이터와 연결
❸ is_fraud를 삭제해 독립변수 만들기
❹ is_fraud에 의한 종속변수 생성

언더샘플링 방법을 사용한 후 이제 앞에서 설명한 몇 가지 분류 모델을 실행하고 사기를 탐지하는 데 있어서 이러한 모델의 성능을 관찰해보겠다.

```
In [21]: param_log = {'C': np.logspace(-4, 4, 4), 'penalty': ['l1', 'l2']}
         log_grid = GridSearchCV(LogisticRegression(),
                                 param_grid=param_log, n_jobs=-1)
         log_grid.fit(X_train_under, y_train_under)
         prediction_log = log_grid.predict(X_test_under)

In [22]: conf_mat_log = confusion_matrix(y_true=y_test_under,
                                          y_pred=prediction_log)
         print('Confusion matrix:\n', conf_mat_log)
         print('--' * 25)
         print('Classification report:\n',
```

```
        classification_report(y_test_under, prediction_log))
Confusion matrix:
[[1534  310]
 [ 486 1423]]
-------------------------------------------------
Classification report:
              precision    recall  f1-score   support

           0       0.76      0.83      0.79      1844
           1       0.82      0.75      0.78      1909

    accuracy                           0.79      3753
   macro avg       0.79      0.79      0.79      3753
weighted avg       0.79      0.79      0.79      3753
```

먼저 혼동 행렬을 살펴보자. 혼동 행렬은 거짓양성과 거짓음성의 관측값이 각각 310개와 486개임을 보여준다. 여기서는 비용 기반 기법에서 혼동 행렬을 사용할 것이다.

F1 점수는 이러한 모델의 성능을 측정하는 데 사용되는 척도다. F1은 재현율과 정밀도의 가중 평균을 나타내므로 이와 같은 경우에 이상적인 척도가 된다.

두 번째 모델은 사기를 모델링하는 데 잘 작동하는 의사결정 트리다. 초매개변수를 튜닝하고 났더니 F1 점수가 크게 좋아졌고 이는 결정 트리가 비교적 좋은 결과를 준다는 점을 시사한다. 예상대로 거짓양성 및 거짓음성 관찰의 수는 로지스틱 회귀에 비해 훨씬 적다.

```
In [23]: from sklearn.tree import DecisionTreeClassifier

In [24]: param_dt = {'max_depth': [3, 5, 10],
                     'min_samples_split': [2, 4, 6],
                     'criterion': ['gini', 'entropy']}
         dt_grid = GridSearchCV(DecisionTreeClassifier(),
                                param_grid=param_dt, n_jobs=-1)
         dt_grid.fit(X_train_under, y_train_under)
         prediction_dt = dt_grid.predict(X_test_under)
```

```
In [25]: conf_mat_dt = confusion_matrix(y_true=y_test_under,
                                         y_pred=prediction_dt)
         print('Confusion matrix:\n', conf_mat_dt)
         print('--' * 25)
         print('Classification report:\n',
               classification_report(y_test_under, prediction_dt))
         Confusion matrix:
          [[1795   49]
          [  84  1825]]

         ------------------------------------------------
         Classification report:
                        precision    recall  f1-score   support

                    0       0.96      0.97      0.96      1844
                    1       0.97      0.96      0.96      1909

             accuracy                           0.96      3753
            macro avg       0.96      0.96      0.96      3753
         weighted avg       0.96      0.96      0.96      3753
```

일반적인 믿음에 따르면 랜덤 포레스트 모델은 앙상블 모델로서 의사결정 트리를 능가한다. 그러나 의사결정 트리가 다양한 샘플의 예측이 크게 달라지는 방식으로 예측 불안정성을 겪는 경우에만 해당되며 여기서는 그렇지 않다. 다음 결과에서 알 수 있듯이 랜덤 포레스트는 F1 점수가 87인 경우에도 의사결정 트리보다 성능이 좋지 않다.

```
In [26]: from sklearn.ensemble import RandomForestClassifier

In [27]: param_rf = {'n_estimators':[20,50,100] ,
                     'max_depth':[3,5,10],
                     'min_samples_split':[2,4,6],
                     'max_features':['auto', 'sqrt', 'log2']}
         rf_grid = GridSearchCV(RandomForestClassifier(),
                        param_grid=param_rf, n_jobs=-1)
         rf_grid.fit(X_train_under, y_train_under)
         prediction_rf = rf_grid.predict(X_test_under)

In [28]: conf_mat_rf = confusion_matrix(y_true=y_test_under,
                                         y_pred=prediction_rf)
```

```
print('Confusion matrix:\n', conf_mat_rf)
print('--' * 25)
print('Classification report:\n',
      classification_report(y_test_under, prediction_rf))
Confusion matrix:
 [[1763   81]
 [ 416 1493]]
-------------------------------------------------
Classification report:
               precision    recall  f1-score   support

           0       0.81      0.96      0.88      1844
           1       0.95      0.78      0.86      1909

    accuracy                           0.87      3753
   macro avg       0.88      0.87      0.87      3753
weighted avg       0.88      0.87      0.87      3753
```

여기서 살펴볼 마지막 모델은 F1 점수 97을 출력하므로 의사결정 트리와 유사한 결과를 생성하는 XG 부스트다.

```
In [29]: from xgboost import XGBClassifier

In [30]: param_boost = {'learning_rate': [0.01, 0.1],
                        'max_depth': [3, 5, 7],
                        'subsample': [0.5, 0.7],
                        'colsample_bytree': [0.5, 0.7],
                        'n_estimators': [10, 20, 30]}
         boost_grid = RandomizedSearchCV(XGBClassifier(),
                                         param_boost, n_jobs=-1)
         boost_grid.fit(X_train_under, y_train_under)
         prediction_boost = boost_grid.predict(X_test_under)

In [31]: conf_mat_boost = confusion_matrix(y_true=y_test_under,
                                           y_pred=prediction_boost)
         print('Confusion matrix:\n', conf_mat_boost)
         print('--' * 25)
         print('Classification report:\n',
               classification_report(y_test_under, prediction_boost))
```

```
Confusion matrix:
[[1791   53]
 [  75 1834]]
-------------------------------------------------
Classification report:
              precision    recall  f1-score   support

           0       0.96      0.97      0.97      1844
           1       0.97      0.96      0.97      1909

    accuracy                           0.97      3753
   macro avg       0.97      0.97      0.97      3753
weighted avg       0.97      0.97      0.97      3753
```

모든 응용을 살펴봤고 그 요약 결과는 다음과 같다.

표 8-2 언더샘플링에서의 사기 모델링 결과

모델	F1 점수
로지스틱 회귀	0.79
결정 트리	0.96
랜덤 포레스트	0.87
XG 부스트	0.97

비용 기반 사기 조사

언더샘플링은 불균형 데이터를 처리하기 위한 편리한 도구를 제공한다. 그러나 언더샘플링에는 희생이 따르며, 가장 큰 비용은 중요한 관측치를 버려야 하는 것이다. 의료, 사기 등과 같은 민감한 분석에 서로 다른 샘플링 절차를 적용할 수 있지만 성과 척도는 서로 다른 오분류가 미치는 다양한 경제적 영향을 고려하지 못한다는 점에 유의해야 한다. 따라서 기법에 따라 서로 다른 오분류 비용이 발생한다면 이를 비용-민감cost-sensitive 분류기라고 한다. 비용-민감 분석의 전형적인 예인 사기 사건을 생각해보자. 이러한 유형의 분석에서는 거짓양성이 거짓음성보다 비용이 덜 든다는 것이 분명하다. 좀 더 정확하게 말하면 거짓양성은 이미 합법적인 거래를 차단하는 것을 의미한다. 이러한 유형의 분류 비용은 감지에 소요되는 시간과 에너지, 금융기관이 거래를 통해 얻을 수 있는 잠재적 이익 손실과 같이 관리 및 기회 비용과 관련된 경향이 있다.

그러나 사기를 감지하지 못하는 것(즉, 거짓음성)은 다양한 내부 약점과 잘못 설계된 운영 절차를 암시할 수 있기 때문에 회사에 큰 의미가 있다. 실제 사기를 감지하지 못하면 회사의 평판 훼손으로 인한 비용은 물론 거래 금액을 비롯한 막대한 재정적 비용이 발생할 수 있다. 전자는 기업에 부담을 주지만 후자는 계량화할 수도, 무시할 수도 없다.

보다시피 서로 다른 오분류에 대해 다양한 비용을 할당해야 하므로 더욱 명확하고 현실적인 해법이 제공된다. 편의상 거짓음성과 참양성 비용을 각각 거래 금액과 2라고 가정하겠다. 결과는 표 8-3에 요약해놓았다. 비용 민감도를 평가하기 위한 또 다른 접근 방식은 다른 경우처럼 일정한 거짓음성을 가정하는 것이다. 그러나 이 접근 방식은 비현실적인 것으로 간주된다.

표 8-3 비용-민감 행렬

양성	음성
참양성 = 2	거짓음성 = 거래 금액
거짓양성 = 2	참음성 = 0

결과적으로 기관이 다양한 거짓음성 비용으로 인해 직면할 수 있는 총 비용은 다음과 같은 형식을 취한다.

$$비용 = \sum_{i=1}^{N} y_i\left(c_i C_{TP_i} + (1 - c_i)C_{FN_i}\right) + (1 - y_i)c_i C_{FP_i}$$

여기서 c_i는 예측된 레이블, y_i는 실제 레이블, N은 관찰 수, C_{TP_i}는 관리 비용에 해당하며 이 경우에는 2이다. C_{FN_i}는 거래 금액을 나타낸다.

이제 이 정보를 가지고 비용에 민감한 접근 방식을 고려한 ML 모델을 다시 사용해 이러한 모델의 변화하는 비용을 계산해보겠다. 그러나 시작하기 전에 비용에 민감한 모델은 빠르게 처리되는 모델이 아니라는 점에 유의할 필요가 있다. 따라서 많은 수의 관측치가 있으므로 해당 모델에서 샘플링해 적시에 데이터를 모델링하는 것이 좋다. 부류-종속 비용 측정은 다음과 같다.

```
In [32]: fraud_df_sampled = fraud_df.sample(int(len(fraud_df) * 0.2)) ❶
```

```
In [33]: cost_fp = 2
         cost_fn = fraud_df_sampled['amt']
         cost_tp = 2
         cost_tn = 0
         cost_mat = np.array([cost_fp * np.ones(fraud_df_sampled.shape[0]),
                              cost_fn,
                              cost_tp * np.ones(fraud_df_sampled.shape[0]),
                              cost_tn * np.ones(fraud_df_sampled.shape[0])]).T ❷
```

```
In [34]: cost_log = conf_mat_log[0][1] * cost_fp + conf_mat_boost[1][0] * \
                 cost_fn.mean() + conf_mat_log[1][1] * cost_tp ❸
         cost_dt = conf_mat_dt[0][1] * cost_fp + conf_mat_boost[1][0] * \
                 cost_fn.mean() + conf_mat_dt[1][1] * cost_tp ❸
         cost_rf = conf_mat_rf[0][1] * cost_fp + conf_mat_boost[1][0] * \
                 cost_fn.mean() + conf_mat_rf[1][1] * cost_tp ❸
         cost_boost = conf_mat_boost[0][1] * cost_fp + conf_mat_boost[1][0] * \
                 cost_fn.mean() + conf_mat_boost[1][1] * cost_tp ❸
```

❶ Fraud_df 데이터에서 샘플링
❷ 비용 매트릭스 계산
❸ 사용된 모델당 총 비용 계산

총 비용을 계산하면 모델 성능을 평가할 때 다양한 접근 방식을 사용할 수 있다. F1 점수가 높은 모델은 총 비용이 낮을 것으로 예상되며, 표 8-4에 나와 있다. 로지스틱 회귀는 총 비용이 가장 높고 XG 부스트가 가장 낮다.

표 8-4 총 비용

모델	총 비용
로지스틱 회귀	5995
결정 트리	5351
랜덤 포레스트	5413
XG 부스트	5371

절약 점수

비용 개선에 사용할 수 있는 다양한 척도가 있으며 절약 점수는 절대적으로 그중 하나다. 절약을 정의할 수 있도록 비용 공식을 정리해보자 반센[Bahnsen], 아오아다[Aouada], 오테르스텐[Ottersten](2014)은 절약 점수 공식을 다음과 같이 명확하게 설명한다.

$$비용(f(S)) = \sum_{i=1}^{N} \left(y_i \left(c_i C_{TP_i} + (1 - c_i) C_{FN_i} \right) + (1 - y_i) \left(c_i C_{FP_i} + (1 - c_i) C_{TN_i} \right) \right)$$

여기서 TP, FN, FP 및 TN은 각각 참양성, 거짓음성, 거짓양성 그리고 참음성이다. c_i는 훈련 집합 S의 각 관측치 i에 대한 예측된 레이블이다.

y_i는 부류 레이블이며 1 또는 0의 값, 즉 $y \in 0, 1$을 사용한다.

그러면 절약 공식은 다음과 같다.

$$절약(f(S)) = \frac{Cost(f(S)) - Cost_l(S)}{Cost_l(S)}$$

여기서 $Cost_l = minCost(f_0(S)), Cost(f_1(S))$ 여기서 f_0은 부류 0, c_0을 예측하고 f_1은 부류 1, c_1의 관측값을 예측한다.

다음 코드를 보자.

```
In [35]: import joblib
         import sys
         sys.modules['sklearn.externals.joblib'] = joblib
         from costcla.metrics import cost_loss, savings_score
         from costcla.models import BayesMinimumRiskClassifier

In [36]: X_train, X_test, y_train, y_test, cost_mat_train, cost_mat_test = \
         train_test_split(fraud_df_sampled.drop('is_fraud', axis=1),
                          fraud_df_sampled.is_fraud, cost_mat,
                          test_size=0.2, random_state=0)

In [37]: saving_models = []
         saving_models.append(('Log. Reg.',
```

```
                        LogisticRegression()))
        saving_models.append(('Dec. Tree',
                              DecisionTreeClassifier()))
        saving_models.append(('Random Forest',
                              RandomForestClassifier()))
```

In [38]: saving_score_base_all = []

```
        for name, save_model in saving_models:
            sv_model = save_model
            sv_model.fit(X_train, y_train)
            y_pred = sv_model.predict(X_test)
            saving_score_base = savings_score(y_test, y_pred, cost_mat_test) ❶
            saving_score_base_all.append(saving_score_base)
            print('The saving score for {} is {:.4f}'.
                  format(name, saving_score_base))
            print('--' * 20)
        The saving score for Log. Reg. is -0.5602
        ----------------------------------------
        The saving score for Dec. Tree is 0.6557
        ----------------------------------------
        The saving score for Random Forest is 0.4789
        ----------------------------------------
```

In [39]: f1_score_base_all = []

```
        for name, save_model in saving_models:
            sv_model = save_model
            sv_model.fit(X_train, y_train)
            y_pred = sv_model.predict(X_test)
            f1_score_base = f1_score(y_test, y_pred, cost_mat_test) ❷
            f1_score_base_all.append(f1_score_base)
            print('The F1 score for {} is {:.4f}'.
                  format(name, f1_score_base))
            print('--' * 20)
        The F1 score for Log. Reg. is 0.0000
        ----------------------------------------
        The F1 score for Dec. Tree is 0.7383
        ----------------------------------------
```

```
The F1 score for Random Forest is 0.7068
----------------------------------------
```

❶ 절약 점수 계산
❷ F1 점수 계산

---

 sklearn 버전 0.23 이상을 사용하는 경우 costcla 라이브러리를 사용하려면 0.22로 다운그레이드해야 한다. 이 조정은 costcla 라이브러리 내부의 sklearn.external.six 패키지로 인해 필요하다.

표 8-5는 의사결정 트리가 세 가지 모델 중 가장 높은 절약 점수를 가짐을 보여주고 있으며, 흥미롭게도 로지스틱 회귀는 음의 절약 점수를 생성해 거짓음성 및 거짓양성 예측의 수가 상당히 많아 저축 점수 공식의 분모를 부풀리게 됨을 의미한다.

표 8-5 절약 점수

모델	절약 점수	F1 점수
로지스틱 회귀	−0.5602	0.0000
결정 트리	0.6557	0.7383
랜덤 포레스트	0.4789	0.7068

비용에 민감한 모델링

지금까지 절약 점수와 비용 민감도의 개념에 대해 논의했으며 이제 비용에 민감한 로지스틱 회귀, 의사결정 트리 및 랜덤 포레스트를 실행할 준비가 됐다. 여기서 해결하려는 질문은 다양한 오분류 비용을 고려해 사기를 모델링하면 어떻게 되는지다. 이는 절약 점수에 어떤 영향을 주는가?

이 조사를 수행하기 위해 여기서는 costcla 라이브러리를 사용할 것이다. 이 라이브러리는 다양한 오분류 비용이 고려되는 비용에 민감한 분류기를 사용하기 위해 특별히 만들어졌다. 앞서 논의한 바와 같이 전통적인 사기 모델은 올바르게 분류되고 잘못 분류된 모든 예가 동일한 비용을 부담한다고 가정하기 때문에 사기에 관련된 오분류의 다양한 비용을 감안할 때 정확하지 않다(Bahnsen, 2021).

비용에 민감한 모델을 적용했으면 절약 점수는 다음 코드에서 모델을 비교하는 데 사용된다.

```
In [40]: from costcla.models import CostSensitiveLogisticRegression
         from costcla.models import CostSensitiveDecisionTreeClassifier
         from costcla.models import CostSensitiveRandomForestClassifier

In [41]: cost_sen_models = []
         cost_sen_models.append(('Log. Reg. CS',
                                 CostSensitiveLogisticRegression()))
         cost_sen_models.append(('Dec. Tree CS',
                                 CostSensitiveDecisionTreeClassifier()))
         cost_sen_models.append(('Random Forest CS',
                                 CostSensitiveRandomForestClassifier()))

In [42]: saving_cost_all = []

         for name, cost_model in cost_sen_models:
             cs_model = cost_model
             cs_model.fit(np.array(X_train), np.array(y_train),
                          cost_mat_train) ❶
             y_pred = cs_model.predict(np.array(X_test))
             saving_score_cost = savings_score(np.array(y_test),
                                               np.array(y_pred), cost_mat_test)
             saving_cost_all.append(saving_score_cost)
             print('The saving score for {} is {:.4f}'.
                   format(name, saving_score_cost))
             print('--'*20)
         The saving score for Log. Reg. CS is -0.5906
         ----------------------------------------
         The saving score for Dec. Tree CS is 0.8419
         ----------------------------------------
         The saving score for Random Forest CS is 0.8903
         ----------------------------------------
```

```
In [43]: f1_score_cost_all = []

         for name, cost_model in cost_sen_models:
             cs_model = cost_model
             cs_model.fit(np.array(X_train), np.array(y_train),
                          cost_mat_train)
             y_pred = cs_model.predict(np.array(X_test))
             f1_score_cost = f1_score(np.array(y_test),
                                      np.array(y_pred), cost_mat_test)
             f1_score_cost_all.append(f1_score_cost)
             print('The F1 score for {} is {:.4f}'. format(name,
                                                           f1_score_cost))
             print('--'*20)
         The F1 score for Log. Reg. CS is 0.0000
         ----------------------------------------
         The F1 score for Dec. Tree CS is 0.3281
         ----------------------------------------
         The F1 score for Random Forest CS is 0.4012
         ----------------------------------------
```

❶ 반복을 통한 비용에 민감한 모델 훈련

표 8-6에 따르면 랜덤 포레스트와 로지스틱 회귀에서 각각 최고의 절약 점수와 최악의 절약 점수를 얻었다. 이는 두 가지 중요한 사실을 확인시켜준다. 첫째, 랜덤 포레스트는 부정확한 관찰의 수가 적고, 둘째는 부정확한 관찰이 비용이 적게 든다는 것이다. 정확히 말하면 랜덤 포레스트로 사기를 모델링하면 절약 점수 공식의 분모인 매우 적은 수의 거짓 부정이 생성된다.

표 8-6 비용-민감 모델의 절약 점수

모델	절약 점수	F1 점수
로지스틱 회귀	−0.5906	0.0000
결정 트리	0.8414	0.3281
랜덤 포레스트	0.8913	0.4012

베이즈 최소 위험

베이즈 결정은 비용 민감도를 고려해 사기를 모델링하는 데 사용할 수도 있다. 베이즈 최소 위험 방법은 다른 비용(또는 손실)과 확률을 사용하는 의사결정 프로세스에 기반한다. 수학적으로 거래가 사기로 예측되는 경우 전체 위험은 다음과 같이 정의된다.

$$R\left(c_f\middle|S\right) = L\left(c_f\middle|y_f\right)P\left(c_f\middle|S\right) + L\left(c_f\middle|y_l\right)P\left(c_l\middle|S\right)$$

반면 거래가 합법적인 것으로 예측되면 전체 위험은 다음과 같이 나타난다.

$$R\left(c_l\middle|S\right) = L\left(c_l\middle|y_l\right)P\left(c_l\middle|S\right) + L\left(c_l\middle|y_f\right)P\left(c_f\middle|S\right)$$

여기서 y_f 및 y_l은 각각 사기 및 적법한 경우의 실제 부류다. $L(c_f|y_f)$는 사기가 감지되고 실제 부류가 사기일 때의 비용을 나타낸다. 마찬가지로, $L(c_l|y_l)$은 거래가 적법하다고 예측되고 실제 부류가 적법할 때의 비용을 나타낸다. 이와 반대로 $L(c_f|y_l)$ 및 $L(c_l|y_f)$는 표 8-3에서 비대각선 요소의 비용을 계산한다. 전자는 거래가 사기로 예측되지만 실제 부류가 사기가 아닌 경우 비용을 계산하고, 후자는 거래가 합법적이지만 실제 부류가 사기인 경우 비용을 표시한다. $P(c_l|S)$는 S와 $P(c_f|S)$가 주어졌을 때 합법적인 거래가 있을 확률을 나타내고, S가 주어졌을 때 사기 거래를 할 확률을 예측한다. 또는 베이즈 최소 위험 공식은 다음과 같이 해석될 수 있다.

$$R\left(c_f\middle|S\right) = C_{admin}P\left(c_f\middle|S\right) + C_{admin}P(c_l|S)$$

$$R\left(c_l\middle|S\right) = 0 + C_{amt}P(c_l|S)$$

*admin*은 관리 비용이고 *amt*는 거래 금액이다. 즉, 다음과 같은 경우 거래는 사기로 분류된다.

$$R\left(c_f\middle|S\right) \geq R(c_l|S)$$

또는,

$$C_{admin}P\left(c_f\middle|S\right) + C_{admin}P\left(c_l\middle|S\right) \geq C_{amt}P\left(c_l\middle|S\right)$$

자, 이제 베이즈 최소 위험 모델을 파이썬에 적용할 때다. 다시 세 가지 모델을 사용해 F1 점수를 사용해 비교한다. F1 점수 결과는 표 8-7에서 볼 수 있으며 의사결정 트리가 F1 점수가 가장 높고 로지스틱 회귀가 가장 낮다. 따라서 절약 점수의 순서는 반대이며 비용에 민감한 접근 방식의 효율성을 나타낸다.

```
In [44]: saving_score_bmr_all = []

         for name, bmr_model in saving_models:
             f = bmr_model.fit(X_train, y_train)
             y_prob_test = f.predict_proba(np.array(X_test))
             f_bmr = BayesMinimumRiskClassifier() ❶
             f_bmr.fit(np.array(y_test), y_prob_test)
             y_pred_test = f_bmr.predict(np.array(y_prob_test),
                                         cost_mat_test)
             saving_score_bmr = savings_score(y_test, y_pred_test,
                                         cost_mat_test)
             saving_score_bmr_all.append(saving_score_bmr)
             print('The saving score for {} is {:.4f}'.\
                   format(name, saving_score_bmr))
             print('--' * 20)
         The saving score for Log. Reg. is 0.8064
         ----------------------------------------
         The saving score for Dec. Tree is 0.7343
         ----------------------------------------
         The saving score for Random Forest is 0.9624
         ----------------------------------------

In [45]: f1_score_bmr_all = []

         for name, bmr_model in saving_models:
             f = bmr_model.fit(X_train, y_train)
             y_prob_test = f.predict_proba(np.array(X_test))
             f_bmr = BayesMinimumRiskClassifier()
             f_bmr.fit(np.array(y_test), y_prob_test)
             y_pred_test = f_bmr.predict(np.array(y_prob_test),
                                         cost_mat_test)
```

```
        f1_score_bmr = f1_score(y_test, y_pred_test)
        f1_score_bmr_all.append(f1_score_bmr)
        print('The F1 score for {} is {:.4f}'.\
            format(name, f1_score_bmr))
        print('--'*20)
The F1 score for Log. Reg. is 0.1709
----------------------------------------
The F1 score for Dec. Tree is 0.6381
----------------------------------------
The F1 score for Random Forest is 0.4367
----------------------------------------
```

❶ 베이즈 최소 위험 분류자 라이브러리 호출

표 8-7 BMR 모델에 기반한 F1 점수

모델	절약 점수	F1 점수
로지스틱 회귀	0.8064	0.1709
결정 트리	0.7343	0.6381
랜덤 포레스트	0.9624	0.4367

이 데이터의 도면을 만들기 위해 다음을 수행한다(결과는 그림 8-6을 보라).

```
In [46]: savings = [saving_score_base_all, saving_cost_all, saving_score_bmr_all]
         f1 = [f1_score_base_all, f1_score_cost_all, f1_score_bmr_all]
         saving_scores = pd.concat([pd.Series(x) for x in savings])
         f1_scores = pd.concat([pd.Series(x) for x in f1])
         scores = pd.concat([saving_scores, f1_scores], axis=1)
         scores.columns = ['saving_scores', 'F1_scores']

In [47]: model_names = ['Log. Reg_base', 'Dec. Tree_base', 'Random Forest_base',
                        'Log. Reg_cs', 'Dec. Tree_cs', 'Random Forest_cs',
                        'Log. Reg_bayes', 'Dec. Tree_bayes',
                        'Random Forest_bayes']

In [48]: plt.figure(figsize=(10, 6))
         plt.plot(range(scores.shape[0]), scores["F1_scores"],
             "--", label='F1Score') ❶
```

```
plt.bar(np.arange(scores.shape[0]), scores['saving_scores'],
        0.6, label='Savings') ❷
_ = np.arange(len(model_names))
plt.xticks(_, model_names)
plt.legend(loc='best')
plt.xticks(rotation='vertical')
plt.show()
```

❶ 선 그림으로 F1 점수 그리기
❷ 사용된 모델을 기반으로 막대 도면 그리기

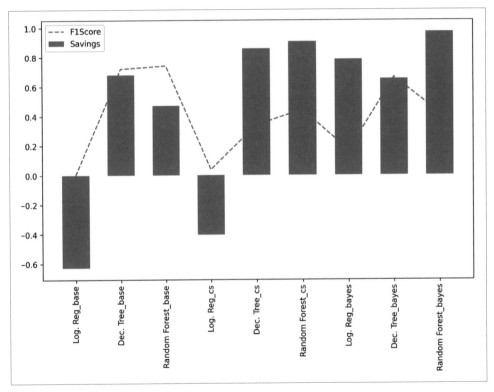

그림 8-6 F1 및 절약 점수

그림 8-6은 지금까지 사용한 모델에 대한 F1 및 절약 점수를 보여준다. 따라서 비용에
민감한 베이즈 최소 위험 모델은 예상대로 기본 모델을 능가한다.

사기 조사를 위한 비지도 학습 모델링

비지도 학습 모델은 데이터의 숨겨진 특성을 추출하는 방식으로 사기 행위를 탐지하는 데에도 사용된다. 지도 모델에 비해 비지도 학습의 가장 두드러진 장점은 불균형 데이터 문제를 해결하기 위해 샘플링 절차를 적용할 필요가 없다는 것이다. 비지도 모델은 특성상 데이터에 대한 사전 지식이 필요하지 않다. 비지도 학습 모델이 이러한 유형의 데이터에서 어떻게 수행되는지 확인하기 위해 SOM[Self-Organizing Map, 자기 구성맵]과 오토인코더 모델을 살펴보겠다.

자기 구성맵

자기 구성맵[SOM]은 고차원 공간에서 저차원 공간을 얻는 비지도 방법이다. 이는 1980년대 핀란드 학자 테우보 코호넨[Teuvo Kohonen]이 도입해 널리 보급시킨 방법이다. SOM은 일종의 인공 신경망이며, 따라서 출력 뉴런이 활성화되기 위해 경쟁한다는 점에서 경쟁 학습에 의존한다. 활성화된 뉴런을 위닝[winning] 뉴런이라고 하며, 각 뉴런은 인접한 가중치를 가지므로 입력 공간의 고유한 통계적 특징을 나타내는 것은 출력 공간에서 노드의 공간적 위치다(Haykin, 1999).

SOM 방법의 가장 독특한 특징은 다음과 같다(Asan and Ercan, 2012).

- 변수 분포에 대한 가정이 없음

- 변수 간의 종속 구조

- 비선형 구조 처리

- 잡음 및 누락된 데이터 처리

SOM 기술의 중요한 단계부터 살펴보자. 짐작할 수 있듯이 첫 번째 단계는 승리한 노드 또는 활성화된 뉴런을 식별하는 것이다. 승리한 노드는 거리 척도, 즉 맨해튼[Manhattan], 체비쇼프[Chebyshev] 그리고 유클리드[Euclidean] 거리로 식별된다. 이러한 거리 척도 중 유클리드 거리는 그래디언트 하강법에서 잘 작동하기 때문에 가장 일반적으로 사용된다. 따라서 다음 유클리드 공식이 주어지면 샘플과 무게 사이의 거리를 찾을 수 있다.

$$\| (x_t - w_i(t)) \| = \sqrt{\sum_i = 1^n \left(x_{tj} - w_{tji}\right)^2}, i = 1, 2, \ldots, n$$

여기서 x는 샘플, w는 가중치, 승리 노드 $k(t)$는 식 8-1과 같다.

식 8-1 승리 노드 식별

$$k(t) = \arg\ \min \| x(t) - w)i(t) \|$$

다른 중요한 단계는 가중치를 갱신하는 것이다. 학습률과 이웃 크기가 주어지면 다음 갱신이 적용된다.

$$w_i(t + 1) = w_i(t) + \lambda\big[x(t) - w_i(t)\big]$$

여기서 $w_i(t)$는 t번째 반복에서 승리한 뉴런 i의 가중치이고 λ는 학습률이다.

리차드슨, 리시엔 그리고 실링턴[Richardson, Risien and Shillington](2003)은 가중치의 적응 비율이 승리 노드에서 멀어질수록 감소한다고 말한다. 이는 이웃함수 $h_{ki}(t)$에 의해 정의되며, 여기서 i는 이웃의 인덱스다. 이웃함수 중에서 가장 유명한 것은 다음과 같은 형태의 수다.

$$h_{ki}(t) = exp\left(- \frac{d_{ki}^2}{2\sigma^2(t)}\right)$$

여기서 d_{ki}^2는 승리 뉴런과 관련 뉴런 사이의 거리를 나타내며, $\sigma^2(t)$는 반복 t에서의 반경을 나타낸다.

이 모든 것을 고려하면 갱신 과정은 식 8-2와 같이 된다.

식 8-2 가중치 갱신

$$w_i(t + 1) = w_i(t) + \lambda h_{ki}(t)\big[x(t) - w_i(t)\big]$$

그것이 전부다. 그러나 그 과정이 약간 장황해 보인다. 단계를 요약해보자.

1. 가중치 초기화: 가중치에 임의의 값을 할당하는 것이 가장 일반적이다.

2. 식 8-1을 사용해 승리 뉴런을 찾는다.

3. 식 8-2에 주어진 대로 가중치를 갱신한다.

4. t를 $t + 1$로 설정해 식 8-2의 결과에 따라 매개변수를 조정한다.

사용하는 사기 데이터에 두 가지 부류가 있다는 것을 이미 알고 있으므로 자기 구성맵는 2 × 1차원의 구조를 가져야 한다. 다음 코드를 보자.

```
In [49]: from sklearn.preprocessing import StandardScaler
         standard = StandardScaler()
         scaled_fraud = standard.fit_transform(X_under)

In [50]: from sklearn_som.som import SOM
         som = SOM(m=2, n=1, dim=scaled_fraud.shape[1]) ❶
         som.fit(scaled_fraud)
         predictions_som = som.predict(np.array(scaled_fraud))

In [51]: predictions_som = np.where(predictions_som == 1, 0, 1)

In [52]: print('Classification report:\n',
               classification_report(y_under, predictions_som))
         Classification report:

                       precision    recall  f1-score   support

                    0       0.56      0.40      0.47      7506
                    1       0.53      0.68      0.60      7506

             accuracy                           0.54     15012
            macro avg       0.54      0.54      0.53     15012
         weighted avg       0.54      0.54      0.53     15012
```

❶ SOP 구성

분류 보고서를 확인하면 F1 점수가 다른 방법에서 찾은 것과 다소 유사하다는 것이 분명해졌다. 이는 SOM이 레이블이 지정된 데이터가 없을 때 사기를 감지하는 데 유용한 모델임을 확인해준다. 다음 코드에서 실제 부류와 예측 부류를 보여주는 그림 8-7을 생성한다.

```
In [53]: fig, ax = plt.subplots(nrows=1, ncols=2, figsize=(8, 6))
         x = X_under.iloc[:,0]
         y = X_under.iloc[:,1]

         ax[0].scatter(x, y, alpha=0.1, cmap='Greys', c=y_under)
         ax[0].title.set_text('Actual Classes')
         ax[1].scatter(x, y, alpha=0.1, cmap='Greys', c=predictions_som)
         ax[1].title.set_text('SOM Predictions')
```

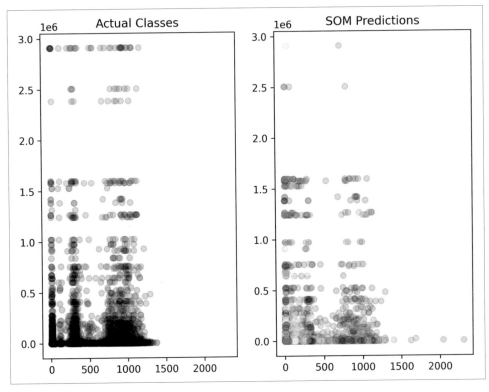

그림 8-7 SOM 예측

오토인코더

오토인코더Autoencoders는 은닉층을 통해 입력을 출력으로 변환하도록 훈련된 비지도 딥러닝 모델이다. 그러나 오토인코더의 네트워크 구조는 오토인코더가 인코더와 디코더의 두 부분으로 구성된다는 점에서 다른 구조와 구분된다.

인코더는 특징 추출 기능을 수행하고 디코더는 재구성 기능으로 작동한다. 설명을 위해 x를 입력이라고 하고 h를 은닉층이라고 하자. 그러면 인코더 함수는 $h = f(x)$이고 디코더 함수는 $r = g(h)$로 재구성한다. 오토인코더가 단순한 복제(예: $g(f(x)) = x$)로 학습하는 경우, 오토인코더가 특징 추출을 찾는 이상적인 상황이 아니다. 이는 입력에서 관련 부분만 복사하는 것과 같다(Goodfellow et al., 2016).

결과적으로 오토인코더는 원래 입력의 저차원 표현을 갖도록 지식을 압축하는 네트워크 구조를 가지고 있다. 인코더와 디코더 기능이 주어지면 다양한 유형의 오토인코더가 생긴다. 여기서는 그중 가장 일반적으로 사용되는 세 가지 오토인코더에 대해 설명한다.

- 불완전 오토인코더

- 희소 오토인코더

- 잡음 제거 오토인코더

불완전 오토인코더

불완전 오토인코더Undercomplete autoencoders는 은닉층 h가 훈련 데이터 x보다 작은 차원을 가지므로 가장 기본적인 유형의 오토인코더다. 따라서 뉴런의 수는 훈련 데이터의 수보다 적다. 이 오토인코더의 목적은 손실함수를 최소화해 데이터의 잠재 속성을 포착하는 것이다. 즉, $\mathbb{L}(x, g(f(x)))$이다. 여기서 $\mathbb{L}$은 손실함수다.

오토인코더는 ML에서는 흔히 편향-분산 트레이드-오프로 알려진 상충문제에 처하는데, 이 경우 오토인코더는 저차원 표현에서 원시 입력을 재현하려고 한다. 이 문제를 해결하기 위해 희소 및 잡음 제거 오토인코더를 소개하겠다.

희소 오토인코더

희소 오토인코더는 재구성 오류에 희소성을 부과해 이러한 절충에 대한 해법을 제시한다. 희소 오토인코더에 정규화를 적용하는 두 가지 방법이 있다. 첫 번째 방법은 L_1 정규화를 적용하는 것이다. 이 경우 오토인코더 최적화는 다음과 같다(Banks, Koenigstein and Giryes, 2020).

$$\operatorname{argmin}_{g,f} \mathbb{L}(x, g(f(x))) + \lambda(h)$$

여기서 $g(f(x))$는 디코더이고 h는 인코더 출력이다. 그림 8-8은 희소 오토인코더를 보여준다.

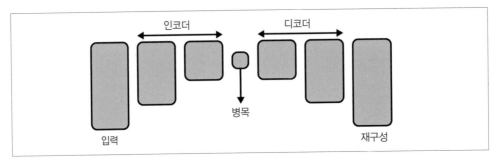

그림 8-8 희소 오토인코더 모델 구조

희소 오토인코더를 정규화하는 두 번째 방법은 쿨백-라이블러[KL, Kullback-Leibler] 발산을 사용하는 것이다. 이는 단순히 두 확률 분포 사이의 거리를 측정해 두 확률 분포의 유사성을 알려준다. KL 발산은 수학적으로 다음과 같이 나타낼 수 있다.

$$\mathbb{L}(x, \hat{x}) + \Sigma_j KL(\rho \| \hat{\rho} \|)$$

여기서 ρ와 $\hat{\rho}$는 각각 이상적인 분포와 관찰된 분포다.

잡음 제거 오토인코더

잡음 제거 오토인코더의 기본 개념은 패널티 항 λ를 사용하는 대신 입력 데이터에 잡음을 추가하고 이 변경된 구성, 즉 재구성에서 학습한다는 것이다. 따라서 $\mathbb{L}(x, g(f(x)))$를 최소화하는 대신 잡음 제거 오토인코더는 다음 손실함수를 최소화하도록 제시한다.

$$\mathbb{L}(x, g(f(\hat{x})))$$

여기서 x는 예컨대 가우스 잡음에 의해 잡음을 추가해 얻은 손상된 입력이다. 그림 8-9는 이 과정을 보여준다.

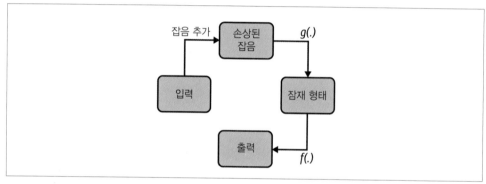

그림 8-9 잡음 제거 오토인코더 모델 구조

다음 코드에서는 Keras와 함께 오토인코더 모델을 사용한다. 진행하기 전에 Standard Scaler를 사용해 스케일링한 후 배치 크기 200과 에포크 번호 100을 사용해 만족스러운 예측 결과를 얻을 수 있다. 그런 다음 실제 부류와 비교하기 위해 오토인코더 모델에서 재구성 오류 테이블을 생성해 이러한 모델의 평균과 표준편차가 서로 가깝다는 것이 밝혀졌다.

```
In [54]: from sklearn.preprocessing import StandardScaler
         from tensorflow import keras
         from tensorflow.keras.layers import Dense, Dropout
         from keras import regularizers
```

```
In [55]: fraud_df[['amt','city_pop','hour']] = StandardScaler().\
         fit_transform(fraud_df[['amt','city_pop','hour']])

In [56]: X_train, X_test = train_test_split(fraud_df,
                                      test_size=0.2, random_state=123)
         X_train[X_train['is_fraud'] == 0]
         X_train = X_train.drop(['is_fraud'], axis=1).values
         y_test = X_test['is_fraud']
         X_test = X_test.drop(['is_fraud'], axis=1).values


In [57]: autoencoder = keras.Sequential()
         autoencoder.add(Dense(X_train_under.shape[1], activation='tanh',
                             activity_regularizer=regularizers.l1(10e-5),
                             input_dim= X_train_under.shape[1]))
         #encoder
         autoencoder.add(Dense(64, activation='tanh')) ❶
         autoencoder.add(Dense(32, activation='relu')) ❷
         #encoder
         autoencoder.add(Dense(32, activation='elu')) ❶
         autoencoder.add(Dense(64,activation='tanh')) ❷
         autoencoder.add(Dense(X_train_under.shape[1], activation='elu'))
         autoencoder.compile(loss='mse',
                             optimizer='adam')
         autoencoder.summary();
         Model: "sequential"
```

Layer (type)	Output Shape	Param #
dense (Dense)	(None, 566)	320922
dense_1 (Dense)	(None, 64)	36288
dense_2 (Dense)	(None, 32)	2080
dense_3 (Dense)	(None, 32)	1056
dense_4 (Dense)	(None, 64)	2112
dense_5 (Dense)	(None, 566)	36790

```
=============================================================
Total params: 399,248
Trainable params: 399,248
Non-trainable params: 0
_____
```

❶ 인코더와 디코더 부분에서 각각 64 및 32개의 은닉층 식별
❷ 인코더와 디코더 부분에서 각각 32 및 64개의 은닉층 식별

오토인코더 모델을 구성한 후 다음 단계는 적합화와 예측이다. 예측을 수행한 후 요약
통계량을 사용해 모델의 품질을 확인한다. 요약 통계량은 재구성이 잘 작동하는지 여부
를 확인할 수 있는 신뢰할 수 있는 방법이기 때문이다.

```
In [58]: batch_size = 200
         epochs = 100


In [59]: history = autoencoder.fit(X_train, X_train,
                                   shuffle=True,
                                   epochs=epochs,
                                   batch_size=batch_size,
                                   validation_data=(X_test, X_test),
                                   verbose=0).history


In [60]: autoencoder_pred = autoencoder.predict(X_test)
         mse = np.mean(np.power(X_test - autoencoder_pred, 2), axis=1)
         error_df = pd.DataFrame({'reconstruction_error': mse,
                                  'true_class': y_test}) ❶
         error_df.describe()
```
Out[60]:

	reconstruction_error	true_class
count	259335.000000	259335.000000
mean	0.002491	0.005668
std	0.007758	0.075075
min	0.000174	0.000000
25%	0.001790	0.000000
50%	0.001993	0.000000
75%	0.003368	0.000000
max	2.582811	1.000000

❶ 모델에서 얻은 결과와 실제 데이터를 비교하기 위해 error_df라는 테이블 생성

마지막으로 도면을 생성한다(그림 8-10).

```
In [61]: plt.figure(figsize=(10, 6))
         plt.plot(history['loss'], linewidth=2, label='Train')
         plt.plot(history['val_loss'], linewidth=2, label='Test')
         plt.legend(loc='upper right')
         plt.title('Model loss')
         plt.ylabel('Loss')
         plt.xlabel('Epoch')
         plt.show()
```

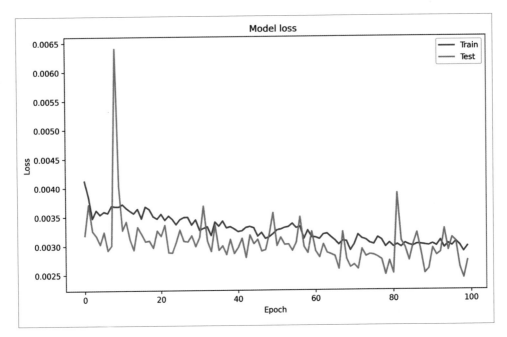

그림 8-10 오토인코더 성능

그림 8-10은 선 그래프를 이용한 오토인코더 모델링 결과를 보여주고 있으며 테스트 손실 결과가 훈련보다 변동성이 크지만 평균적으로 평균 손실은 비슷함을 알 수 있다.

결론

사기는 여러 가지 이유로 금융 분야에서 뜨거운 주제다. 엄격한 규제, 평판 손실, 사기로 인한 비용 등이 이를 해결해야 하는 주요 이유다. 최근까지 사기 모델링은 만족스러운 결과를 얻지 못했고 이로 인해 금융기관은 이 현상을 처리하기 위해 더 많은 자원을 사용해야 했기 때문에 사기는 금융기관에 큰 문제였다. 최근 머신러닝의 발전 덕분에 사기 퇴치를 위한 다양한 도구를 사용할 수 있으며 8장에서는 이러한 모델을 소개하고 결과를 비교하는 데 전념했다. 이러한 모델은 로지스틱 회귀와 같은 매개변수 접근 방식에서 오토인코더와 같은 딥러닝 모델에 이르기까지 다양하다.

9장에서 기업 지배 구조의 웰빙에 대한 통찰력을 얻을 수 있도록 하는 주가 붕괴 위험으로 알려진 다소 다른 재무 위험 모델을 살펴볼 것이다. 이는 위험 관리가 궁극적으로 회사의 관리에 기반하고 있는 재무적 위험 관리를 위한 중요한 도구이기 때문이다.

참고문헌

Asan, Umut, and Secil Ercan. 2012. "An Introduction to Self-Organizing Maps." In *Computational Intelligence Systems in Industrial Engineering*, edited by Cengiz Kahraman. 295-315. Paris: Atlantis Press

Bahnsen, Alejandro Correa, Djamia Aouada, and Björn Ottersten. 2014. "Example-Dependent Cost-Sensitive Logistic Regression for Credit Scoring." In *The 13th International Conference on Machine Learning and Applications*, pp. 263-269. IEEE.

Bank, Dor, Noam Koenigstein, and Raja Giryes. 2020. "Autoencoders." arXiv preprint arXiv:2003.05991.

Dunnett, Robert S., Cindy B. Levy, and Antonio P. Simoes. 2005. "The Hidden Costs of Operational Risk." McKinsey St Company.

Richardson, Anthony J., C. Risien, and Frank Alan Shillington. 2003. "Using Self-Organizing Maps to Identify Patterns in Satellite Imagery." Progress in Oceanography 59 (2-3): 223-239.

Bahnsen, Alejandro Correa. 2021. "Introduction to Example-Dependent Cost-Sensitive Classification." *https://oreil.ly/5eCsJ*.

Goodfellow, Ian, Yoshua Bengio, and Aaron Courville. 2016. *Deep Learning*. Cambridge: MIT press.

Nilsen. 2020. "Card Fraud Losses Reach $28.65 Billion." Nilsen Report. *https://oreil.ly/kSls7*.

Office of the Comptroller of the Currency. 2019. "Operational Risk: Fraud Risk Management Principles." CC Bulletin. *https://oreil.ly/GaQez*.

Simon, Haykin. 1999. *Neural Networks: A Comprehensive Foundation*, second edition. Englewood Cliffs, New Jersey: Prentice-Hall.

3부

기타 재무 위험 원인 모델링

9장

기업 지배 구조 위험 측정: 주가 폭락

"기업 지배 구조를 이해하면 부유한 경제에서 미미한 개선에 대한 논의에 그치는 것이 아니라 개선이 필요한 곳에서 주요 제도적 변화를 자극할 수 있다."

— 슐라이퍼와 비시니 Shleifer and Vishny (1997)

기업 지배 구조의 질을 위험 측정을 통해 평가될 수 있다고 생각하는가? 최근 연구에 따르면 대답은 '예'다. 기업 지배 구조와 위험 측정 사이의 연결 고리는 주가 폭락 위험을 통해 확립되는데, 주가 폭락 위험이란 거대한 마이너스 개별 주가 수익률의 위험이라고 한다. 이 연관성은 이 분야에서 많은 연구를 촉발했다.

주가 폭락의 결정 요인을 알아내는 일의 중요성은 품질이 낮은 (또는 높은) 기업 지배 구조의 근본 원인을 식별하는 데 관련된다. 이러한 근본 원인을 식별하는 것은 회사가 문제가 있는 관리 영역에 집중하는 데 도움을 줘 회사의 성과를 개선하고 평판을 향상시킨다. 이는 결국 주가 폭락의 위험을 낮추고 회사의 총 수익을 증가시킨다.

주가 폭락은 투자자와 위험 관리자에게 기업 지배 구조의 약점과 강점에 대한 신호를 제공한다. 기업 지배 구조는 기업이 지시하고 통제하는 방식과 "기업의 공정성, 투명성, 책임성을 제고"하고 하지 않는 것에 관한 것이다 (Wolfensohn, 1999).

이 정의에 따라 기업 지배 구조에는 세 가지 핵심이 있다.

공정성

이 원칙은 모든 주주에 대한 평등한 대우를 의미한다.

투명성

주주들에게 회사 사건에 대해 적시에 알리는 것을 투명성이라고 한다. 이는 불투명성, 즉 회사가 주주에게 정보를 공개하지 않으려는 것의 반대다.

책임

이는 회사의 위치에 대해 공정하고 균형 잡힌 이해 가능한 평가를 주주에게 제공할 수 있는 잘 확립된 행동 강령을 설정하는 것과 관련이 있다.

책임은 주주와 경영진의 경쟁 이익에서 발생하는 비용인 대리인 비용을 통제하기 위한 도구다. 대리인 비용은 경영진과 주주가 동일한 양의 정보를 갖고 있지 않기 때문에 비대칭 정보의 또 다른 출처다. 상충은 경영자와 주주의 이해가 다를 때 발생한다. 더 정확하게 말하면, 경영진은 한편으로 자신의 권력과 부를 극대화하려는 경향이 있다. 반면 주주들은 주주 가치를 극대화할 방법을 찾고 있다. 이 두 가지 목표는 상충될 수 있으며, 경영진의 정보적 우월성 때문에 일부 회사 정책은 주주 이익을 희생시키면서 경영진의 권력과 부를 증가시키려는 의도가 있을 수 있다.

따라서 주가 폭락은 기업 지배 구조의 질에 대한 경고 신호일 수 있다. 예를 들어 정보 비대칭이 있는 경우 대리인 이론은 외부 이해관계자가 경영진이 나쁜 소식을 숨기기 위해 더 불투명한 재무 보고서를 생성하도록 허용한다고 제시한다(Hutton, Marcus, and Tehranian, 2009). 이 현상에 대한 좀 더 최근의 설명은 임의적 공개^{discretionary-disclosure} 이론으로 알려져 있다(Bae, Lim, and Wei, 2006). 이 이론에 따르면 기업은 좋은 소식을 즉시 발표하는 것을 선호하지만 부정적인 정보는 쌓아둔다. 누적된 부정적인 정보가 한계점에 도달하면 큰 하락을 일으킬 것이다. 기업에 대한 나쁜 소식을 은폐하면 적시에 시정 조치를 취하지 못하기 때문에 누적된 나쁜 소식이 시장에 공개되면 투자자들은 미래에 대한 기대치를 수정하게 되고 불가피하게 가격의 급격한 하락을 겪게 되는데 이를 폭락 위험[Crash Risk]이라고 한다(Hutton, Marcus, and Tehranian, 2009; Kim, 2011).

더욱이 책임 원칙과 관련된 불투명한 재무 보고는 경영진이 나쁜 소식을 공개하기를 꺼리는 환경을 만든다. 이는 기업의 재무 상태에 대한 불공정한 표시를 초래하고, 이는 곧 미래 주가 폭락의 가능성을 높인다(Bleck and Liu, 2007; Myers, 2006; Kim and Zhang, 2013).

따라서 기업 지배 구조와 주가 폭락의 연관성은 여러 면에서 분명하다. 9장에서는 먼저 주가 측정치를 살펴본 다음 이러한 측정치를 적용해 충돌을 감지하는 방법을 알아본다.

먼저 증권 가격 연구 센터[CRSP]와 Compustat 데이터베이스에서 일부 데이터를 얻은 다음 주가 폭락의 주요 결정 요인을 식별한다.

CRSP는 1960년부터 학술 연구 및 강의실 지침 지원을 위한 데이터를 제공했다. CRSP는 금융, 경제 및 관련 분야의 고품질 데이터를 보유하고 있다. 자세한 내용은 CRSP 웹사이트를 참조하라.

마찬가지로 Compustat 데이터베이스는 1962년부터 글로벌 기업에 대한 재무, 경제 및 시장 정보를 제공했다. 이는 S&P Global Market Intelligence의 제품이다. 자세한 내용은 Compustat 브로셔를 참조하라.

주가 폭락 측정

주가 폭락에 대한 문헌이 증가하고 있으며 다양한 연구자들이 다양한 폭락 척도를 사용하고 있다. ML 기반 폭락 척도를 도입하기 전에 이러한 다양한 접근 방식의 장단점을 비교할 필요가 있다.

문헌에 사용된 주요 폭락 측정은 다음과 같다.

- 다운-투-업 변동성[DUVOL, Down-to-Up VOLatility]

- 음의 왜도 계수[NCSKEW, Negative Coefficient of SKEWness]

- 크래시[CRASH]

DUVOL은 '하락'과 '상승' 주별 기업 수익률의 표준편차를 기반으로 하는 매우 일반적인 폭락 측정 방법이다. 하락 주간은 회사별 주간 수익률이 회계 연도의 평균 주간 수익률보다 낮은 한 주다. 반대로 상승 주는 회사별 주간 수익률이 회계 연도의 평균 주간 수익률보다 높은 주다. 수학적으로 설명하면 다음과 같다.

$$\text{DUVOL} = \log\left(\frac{(n_u - 1)\Sigma_{\text{down}} R_{it}^2}{(n_d - 1)\Sigma_{\text{up}} R_{it}^2}\right)$$

여기서 n은 t년에 주식 i에 대한 거래 주 수, n_u는 상승 주 수, n_d는 하락 주 수다. 1년 중 기업별 수익률이 연간 평균보다 낮은 주를 하락 주라고 하고 기업별 수익률이 연간 평균보다 높은 주를 상승 주라고 한다.

NCSKEW는 일별 수익률의 세 번째 모멘트에서 음수를 취하고 이를 3승으로 거듭제곱한 일일 수익률의 표준편차로 나누어 계산한다(Chen, Hong and Stein, 2001).

$$\text{NCSKEW} = -\frac{\left(n(n-1)^{3/2}\Sigma R_{it}^3\right)}{\left((n-1)(n-2)\left(\Sigma R_{it}^2\right)^{3/2}\right)}$$

NCSKEW 및 DUVOL 측정값이 높을수록 폭락 위험이 높아진다.

반면에 CRASH 척도는 기업별 주간 수익률과의 거리를 기반으로 계산된다. 즉, CRASH는 수익이 평균 이하 3.09 (때로는 3.2) 표준편차보다 더 작으면 1 값을 취하고 그렇지 않으면 0을 취한다.

최소 공분산 행렬식

ML 기반 알고리듬이 규칙 기반 모델의 약점을 파고들어 좋은 예측 성능을 보여주기 때문에 많은 관심을 받는 것은 놀라운 일이 아니다. 따라서 최소 공분산 행렬식^{MCD}이라고 하는 ML 기반 방법을 사용해 주가 폭락 위험을 추정하려고 한다. MCD는 타원 대칭 및 단봉 데이터셋이 있는 분포에서 이상을 탐지하기 위해 제안된 방법이다. 주식 수익률의 이상은 MCD 추정기를 사용해 감지되며 이는 폭락 위험의 근본 원인을 탐색하는 로지스틱 패널 회귀의 종속변수가 된다.

MCD 추정기는 이상값을 감지하는 강력하고 일관된 방법을 제공한다. 이는 이상치가 다변량 분석에 큰 영향을 미칠 수 있기 때문에 중요하다. 핀치[Finch](2012)가 요약한 것처럼 다변량 분석에서 이상치가 있으면 상관계수가 왜곡돼 추정치가 편향될 수 있다.

MCD의 알고리듬은 다음과 같다.

1. 데이터를 기반으로 초기 견고한 군집화를 감지한다.

2. 각 클러스터에 대해 평균 벡터 M^a 및 양의 정부호[1] 공분산 행렬 Σ^a를 계산한다.

3. 클러스터의 각 관측치에 대해 MCD를 계산한다.

4. MCD가 더 작은 새 관측치를 클러스터에 할당한다.

5. 가장 작은 MCD를 기반으로 1/2 샘플 h를 선택하고 h에서 M^a 및 Σ^a를 계산한다.

6. h에 변화가 없을 때까지 2~5단계를 반복한다.

7. $c_p \nabla \sqrt{\chi^2_{p,0.95}}$이 d^2인 이상값을 감지한다.

MCD의 강점은 설명 가능성, 조정 가능성, 낮은 계산 시간 요구 사항 및 견고성의 형태로 나타난다.

설명 가능성

설명 가능성은 모델 이면의 알고리듬을 설명할 수 있는 정도다. MCD는 데이터가 타원형으로 분포돼 있다고 가정하고 이상치는 마할라노비스[Mahalanobis] 거리 척도에 의해 계산된다.

마할라노비스(Mahalanobis) 거리는 다변량 설정에서 사용되는 거리 척도다. 거리 측정 중 마할라노비스는 변수의 상호 상관 구조를 고려하기 때문에 계산 비용이 많이 드는 방법임에도 불구하고 이상값을 감지하는 기능이 두드러진다. 수학적으로 마할라노비스 거리는 다음과 같이 식으로 쓸 수 있다.

$$d_m(x, \mu) = \sqrt{(x - \mu)^T \sum{}^{-1} (x - \mu)}$$

여기서 μ = X, Σ는 공분산 행렬, X는 벡터다.

조정 가능성

조정 가능성은 구조적 변화를 포착할 수 있도록 일관된 기준으로 자체 보정할 수 있는 데이터 종속 모델의 중요성을 강조한다.

적은 계산 시간

공분산 행렬을 빨리 계산할 수 있는 능력을 나타내며 통상 전체 샘플 사용을 피한다. 대신 MCD는 외부 관측치가 MCD 위치나 모양을 왜곡하지 않도록 이상값이 포함되지 않은 절반 샘플을 사용한다.

견고성

MCD에서 절반 샘플을 사용하면 모델이 오염 상태에서도 일관적임을 의미하므로 견고성을 보장한다(Hubert et al., 2018).

이제 MCD 방법을 적용해 주식 수익률의 이상값을 감지하고 그 결과를 종속변수로 사용한다. 따라서 주가가 폭락하면 종속변수는 1, 그렇지 않으면 0의 값을 취한다. 경험적 관점에서, 파이썬에서 이 알고리듬을 실행하기 위한 내장 라이브러리인 타원 엔벨로프 Elliptic Envelope가 있으며 여기서 사용할 것이다.

최소 공분산 행렬식의 적용

지금까지 주가 폭락 감지의 이론적 배경에 대해 설명했다. 지금부터는 실증적인 부분에 초점을 맞추고 이론을 실제에 적용하는 방법을 살펴보겠다. 이 작업을 수행하는 동안은 우리의 관심사는 주식 가격 폭락 감지에 국한된 것이 아니다. 머신러닝 기반 주가 폭락 감지를 제안한 후 폭락의 근본 원인을 파헤쳐 볼 것이다. 이를 위해 방대한 양의 문헌이 있으므로, 여러 변수를 사용해 주가 폭락의 발생에 어떻게 그리고 어느 정도 영향을 미치는지 관찰할 것이다. 따라서 9장의 목적은 두 가지다. 즉, 주가 폭락을 감지하고 폭락의 근본 원인을 식별하는 것이다. 주가 폭락의 감지와 이 폭락에 영향을 미치는 변수에 대해 서로 다른 많은 경쟁적인 아이디어가 있음을 명심하라. 이 분석에서는 다음과 같은 회사의 주식 및 대차대조표 정보를 사용한다.

애플	AT&T	브라데스코 은행	뱅크 오브 아메리카 주식회사
시스코	코카콜라	컴캐스트	듀폰
엑손모빌	페이스북	포드	제너럴 일렉트릭
인텔	존슨 & 존슨	JP 모건	머크
마이크로소프트	모투스 GI	오라클	화이자(주)
프록터 앤 갬블 컴퍼니	셰리트 인터내셔널 주식회사	시리우스 XM 홀딩스	트리수라 그룹
UBS	버라이즌	월마트	웰스 파고 앤드 컴퍼니

계속 진행하려면 주간 기업별 수익률을 계산해야 하지만 데이터는 일별이므로 필요한 코딩을 수행해보겠다.

```
In [1]: import pandas as pd
        import matplotlib.pyplot as plt
        import numpy as np
        import seaborn as sns; sns.set()
        pd.set_option('use_inf_as_na', True)
        import warnings
        warnings.filterwarnings('ignore')

In [2]: crash_data = pd.read_csv('crash_data.csv')

In [3]: crash_data.head()
```

```
Out[3]: Unnamed: 0        RET      date TICKER     vwretx  BIDLO   ASKHI    PRC  \
        0    27882462  0.041833  20100104    BAC  0.017045  15.12  15.750  15.69

        1    27882463  0.032505  20100105    BAC  0.003362  15.70  16.210  16.20

        2    27882464  0.011728  20100106    BAC  0.001769  16.03  16.540  16.39

        3    27882465  0.032947  20100107    BAC  0.002821  16.51  17.185  16.93

        4    27882466 -0.008860  20100108    BAC  0.004161  16.63  17.100  16.78

                   VOL

        0  180845100.0

        1  209521200.0

        2  205257900.0

        3  320868400.0

        4  220104600.0
```

```
In [4]: crash_data.date = pd.to_datetime(crash_data.date, format='%Y%m%d')  ❶
        crash_data = crash_data.set_index('date')  ❷
```

❶ 날짜 열을 적절한 날짜 형식으로 변환
❷ 날짜를 인덱스로 설정

참고로 여기서 사용하는 데이터는 CRSP와 Compustat에서 수집됐다. 표 9-1은 데이터에 대한 간략한 설명을 보여준다.

표 9-1 속성 및 설명

속성	설명
RET	주식 수익률
vwretx	거래량 가중 수익률
BIDLO	최저 매수 호가
ASKHI	최대 매도 호가
PRC	거래가
VOL	거래량

이 데이터가 주어지면 주간 평균 수익률을 계산하고 처음 4개 주식으로 그림 9-1을 생성해본다. 이 계산을 수행하기 위해 다른 변수의 주간 평균도 계산할 것이다.

```
In [5]: crash_dataw = crash_data.groupby('TICKER').resample('W').\
                      agg({'RET':'mean', 'vwretx':'mean', 'VOL':'mean',
                           'BIDLO':'mean', 'ASKHI':'mean', 'PRC':'mean'}) ❶
```

```
In [6]: crash_dataw = crash_dataw.reset_index()
        crash_dataw.dropna(inplace=True)
        stocks = crash_dataw.TICKER.unique()
```

```
In [7]: plt.figure(figsize=(12, 8))
        k = 1

        for i in stocks[: 4]: ❷
            plt.subplot(2, 2, k)
            plt.hist(crash_dataw[crash_dataw.TICKER == i]['RET'])
            plt.title('Histogram of '+i)
            k+=1
        plt.show()
```

❶ 다른 변수와 함께 각 주식별 주간 수익률 계산
❷ 처음 4개 종목 선정

그림 9-1은 에플, 뱅크오브 아메리카, 브라데스코 은행 그리고 컴캐스트의 네 가지 최초 주식의 히스토그램을 보여준다. 예상대로 분포는 정상인 것처럼 보이지만 급첨 분포 leptokurtic distribution를 보여주는 수익률 값이 보인다.

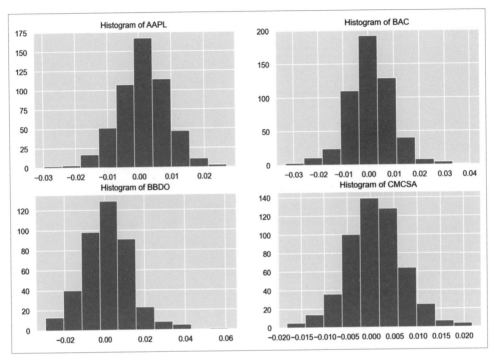

그림 9-1 수익률 히스토그램

지금부터는 시장 영향을 배제한 방식으로 수익률을 계산하는데, 이를 기업별 수익률이라고 한다. 기업별 주간 수익률을 계산하기 위해 다음 식을 기반으로 선형 회귀를 실행한다.

$$r_{j,t} = \alpha_0 + \beta_1 r_{m,t-2} + \beta_2 r_{m,t-1} + \beta_3 r_{m,t} + \beta_4 r_{m,t+1} + \beta_5 r_{m,t+2} + \epsilon_{j,t}$$

여기서 $r_{j,t}$는 t주에 j 회사의 수익률이고, r_m, t는 t주에 CRSP 가치 가중 시장 수익률에 대한 수익률이다. 이 회귀의 잔차를 1 + 로그로 크기 조정하면 기업 고유의 수익률을 얻을 수 있다.

확장된 시장 모델에 따르면 기업별 주간 수익률은 $W_{i,t} = \ln(1 + \epsilon_{i,t})$로 계산할 수 있다 (Kim, Li, and Zhang, 2011).

```
In [8]: import statsmodels.api as sm
        residuals = []

        for i in stocks:
            Y = crash_dataw.loc[crash_dataw['TICKER'] == i]['RET'].values
            X = crash_dataw.loc[crash_dataw['TICKER'] == i]['vwretx'].values
            X = sm.add_constant(X)
            ols = sm.OLS(Y[2:-2], X[2:-2] + X[1:-3] + X[0:-4] + \
                        X[3:-1] + X[4:]).fit() ❶
            residuals.append(ols.resid)

In [9]: residuals = list(map(lambda x: np.log(1 + x), residuals)) ❷

In [10]: crash_data_sliced = pd.DataFrame([])
         for i in stocks:
             crash_data_sliced = crash_data_sliced.\
                            append(crash_dataw.loc[crash_dataw.TICKER == i]
                                  [2:-2]) ❸
         crash_data_sliced.head()
Out[10]: TICKER       date      RET     vwretx        VOL      BIDLO
         ASKHI \
         2   AAPL 2010-01-24 -0.009510 -0.009480  25930885.00  205.277505
         212.888450
         3   AAPL 2010-01-31 -0.005426 -0.003738  52020594.00  198.250202
         207.338002
         4   AAPL 2010-02-07  0.003722 -0.001463  26953208.40  192.304004
         197.378002
         5   AAPL 2010-02-14  0.005031  0.002970  19731018.60  194.513998
         198.674002
         6   AAPL 2010-02-21  0.001640  0.007700  16618997.25  201.102500
         203.772500
```

```
                 PRC

     2   208.146752

     3   201.650398

     4   195.466002

     5   196.895200

     6   202.636995
```

❶ 사전에 정의된 식으로 선형 회귀 실행
❷ 잔차의 1 + 로그 계산
❸ 이전 데이터와 정렬하기 위해 첫 번째 및 마지막 두 관측값 삭제

이러한 모든 준비가 끝나면 Elliptic Envelope를 실행해 폭락을 감지할 상태가 된다. support_fraction과 contamination의 두 가지 매개변수만 식별된다. support_fraction는 원시 MCD 추정치의 지원에 포함될 포인트의 비율을 제어하는 데 사용되며, contamination은 데이터셋에서 이상값의 비율을 알아내는 데 사용된다.

```
In [11]: from sklearn.covariance import EllipticEnvelope
         envelope = EllipticEnvelope(contamination=0.02, support_fraction=1) ❶
         ee_predictions = {}

         for i, j in zip(range(len(stocks)), stocks):
             envelope.fit(np.array(residuals[i]).reshape(-1, 1))
             ee_predictions[j] = envelope.predict(np.array(residuals[i])
                                          .reshape(-1, 1)) ❷

In [12]: transform = []

         for i in stocks:
             for j in range(len(ee_predictions[i])):
                 transform.append(np.where(ee_predictions[i][j] == 1, 0, -1)) ❸

In [13]: crash_data_sliced = crash_data_sliced.reset_index()
         crash_data_sliced['residuals'] = np.concatenate(residuals) ❹
```

```
crash_data_sliced['neg_outliers'] = np.where((np.array(transform)) \
                                    == -1, 1, 0) ❺
crash_data_sliced.loc[(crash_data_sliced.neg_outliers == 1) &
                     (crash_data_sliced.residuals > 0),
                     'neg_outliers'] = 0 ❻
```

❶ contamination과 support_fraction을 각각 2와 1로 사용해 Elliptic Envelope 실행
❷ 폭락 예측
❸ 폭락을 원하는 형태로 변환
❹ 데이터프레임에 새 열을 생성하기 위해 1차원 numpy 배열 얻기
❺ Neg_outliers라는 폭락에 대한 최종 변환 수행
❻ 분포의 양수 부분(즉, 오른쪽 꼬리)에서 폭락 제거

알고리듬이 폭락을 적절하게 포착하는지 시각화하기 위해 다음 코드를 사용한다. 이 분석에서는 GM, 인텔, 존슨 & 존슨과 JP 모건이 사용된다. 결과 그림 9-2에서 볼 수 있는 것처럼 알고리듬은 잘 작동하고 분포의 음수 측면에서 폭락을 찾아낸다(검은색 막대로 표시된다).

```
In [14]: plt.figure(figsize=(12, 8))
         k = 1

         for i in stocks[8:12]:
             plt.subplot(2, 2, k)
             crash_data_sliced['residuals'][crash_data_sliced.TICKER == i]\
             .hist(label='normal', bins=30, color='gray')
             outliers = crash_data_sliced['residuals']
             [(crash_data_sliced.TICKER == i) &
              (crash_data_sliced.neg_outliers > 0)]
             outliers.hist(color='black', label='anomaly')
             plt.title(i)
             plt.legend()
             k += 1
         plt.show()
```

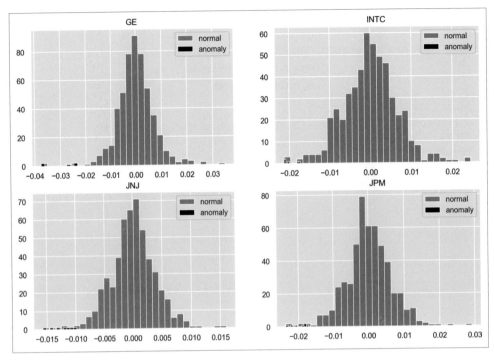

그림 9-2 이상 히스토그램

이 시점부터 분석에 대차대조표 정보가 필요하므로 두 개의 다른 데이터셋을 사용한다. 따라서 이 데이터가 대차대조표 정보(연간 정보 포함)와 병합되도록 주간 데이터를 연간 데이터로 변환한다. 또한 수익률의 연간 평균과 표준편차는 또 다른 주가 하락 위험인 폭락 위험을 계산하는 데 필요하다.

```
In [15]: crash_data_sliced = crash_data_sliced.set_index('date')
         crash_data_sliced.index = pd.to_datetime(crash_data_sliced.index)

In [16]: std = crash_data.groupby('TICKER')['RET'].resample('W').std()\
             .reset_index()
         crash_dataw['std'] = pd.DataFrame(std['RET'])  ❶

In [17]: yearly_data = crash_data_sliced.groupby('TICKER')['residuals']\
                 .resample('Y').agg({'residuals':{'mean', 'std'}})\
                 .reset_index()
         yearly_data.columns = ['TICKER', 'date', 'mean', 'std']
```

```
         yearly_data.head()
Out[17]:  TICKER       date       mean       std
      0     AAPL 2010-12-31  0.000686  0.008291
      1     AAPL 2011-12-31  0.000431  0.009088
      2     AAPL 2012-12-31 -0.000079  0.008056
      3     AAPL 2013-12-31 -0.001019  0.009096
      4     AAPL 2014-12-31  0.000468  0.006174


In [18]: merge_crash = pd.merge(crash_data_sliced.reset_index(), yearly_data,
                                 how='outer', on=['TICKER', 'date']) ❷


In [19]: merge_crash[['annual_mean', 'annual_std']] = merge_crash\
                                       .sort_values(by=['TICKER',
                                                         'date'])\
                                       .iloc[:, -2:]\
                                       .fillna(method='bfill') ❸
         merge_crash['residuals'] = merge_crash.sort_values(by=['TICKER',
                                                                 'date'])\
                                        ['residuals']\
                                       .fillna(method='ffill') ❸
         merge_crash = merge_crash.drop(merge_crash.iloc[: ,-4:-2], axis=1) ❹
```

❶ 수익률의 평균과 표준편차를 계산하기 위한 데이터 재표본
❷ Ticker 및 date를 기반으로 yearly_data와 crash_data_sliced 병합
❸ 연간 데이터에 대한 역으로 채우기
❹ 혼동을 방지하기 위해 열 삭제

문헌에서 가장 널리 사용되는 주가 폭락 측정법 중 하나는 폭락 위험$^{crash\ risk}$인데, 이산형을 가지고 있어 비교 목적으로 편리한 도구이기 때문이다.

이제 파이썬에서 폭락 위험을 생성해보자. 여기서는 이전 코드에서 생성한 merge_crash 데이터를 사용할 것이다. 폭락 위험 공식이 주어지면 주간 수익률이 평균보다 3.09 표준편차 미만인지 확인한다. 그렇다면 폭락을 나타내는 1로 레이블이 지정되고, 그렇지 않으면 0으로 레이블이 지정된다. 13,502개의 관찰 중 44개의 폭락이 있는 것으로 밝혀졌다.

마지막 블록([22]에서)에서 폭락 위험 측정이 연간화돼 최종 데이터에 포함할 수 있다.

```
In [20]: crash_risk_out = []

         for j in stocks:
             for k in range(len(merge_crash[merge_crash.TICKER == j])):
                 if merge_crash[merge_crash.TICKER == j]['residuals'].iloc[k] < \
                 merge_crash[merge_crash.TICKER == j]['annual_mean'].iloc[k] - \
                 3.09 * \
                 merge_crash[merge_crash.TICKER == j]['annual_std'].iloc[k]:
                     crash_risk_out.append(1)
                 else:
                     crash_risk_out.append(0)

In [21]: merge_crash['crash_risk'] = crash_risk_out
         merge_crash['crash_risk'].value_counts()
Out[21]: 0    13476
         1       44
         Name: crash_risk, dtype: int64

In [22]: merge_crash = merge_crash.set_index('date')
         merge_crash_annual = merge_crash.groupby('TICKER')\
                             .resample('1Y')['crash_risk'].sum().reset_index()
```

여기에서처럼 여러 주식을 사용하는 경우 DUVOL 및 NCSKEW를 계산하는 것은 쉬운
일이 아니다. 첫 번째 단계는 하락과 상승 주를 계산하는 것이다. 참고로 하락 (또는 상승)
주를 찾기 위해서는 주간 수익률이 연간 수익률보다 작거나 큰 주를 계산한다. 다음 코
드의 마지막 부분에서는 DUVOL와 NCSKEW 폭락 척도를 계산하는 데 필요한 하락 주
동안의 제곱 잔차와 같은 필수 구성 요소를 계산한다.

```
In [23]: down = []

         for j in range(len(merge_crash)):
             if merge_crash['residuals'].iloc[j] < \
                merge_crash['annual_mean'].iloc[j]:
                 down.append(1) ❶
             else:
                 down.append(0) ❷
```

```
In [24]: merge_crash = merge_crash.reset_index()
         merge_crash['down'] = pd.DataFrame(down)
         merge_crash['up'] = 1 - merge_crash['down']
         down_residuals = merge_crash[merge_crash.down == 1]\
                          [['residuals', 'TICKER', 'date']]
         up_residuals = merge_crash[merge_crash.up == 1]\
                        [['residuals', 'TICKER', 'date']]

In [25]: down_residuals['residuals_down_sq'] = down_residuals['residuals'] ** 2
         down_residuals['residuals_down_cubic'] = down_residuals['residuals'] **3
         up_residuals['residuals_up_sq'] = up_residuals['residuals'] ** 2
         up_residuals['residuals_up_cubic'] = up_residuals['residuals'] ** 3
         down_residuals['down_residuals'] = down_residuals['residuals']
         up_residuals['up_residuals'] = up_residuals['residuals']
         del down_residuals['residuals']
         del up_residuals['residuals']

In [26]: merge_crash['residuals_sq'] = merge_crash['residuals'] ** 2
         merge_crash['residuals_cubic'] = merge_crash['residuals'] ** 3
```

❶ 조건이 true를 반환하면 아래 리스트에 1을 추가한다.
❷ 조건이 true를 반환하면 아래 리스트에 0을 추가한다.
❸ 하락 주를 포함해 down_residuals라는 새 변수 생성
❹ 상승 주를 포함해 up_residuals라는 이름의 새 변수 만들기

다음 단계는 down_residuals와 up_residuals를 merge_crash와 병합하는 것이다. 그런 다음 주가 폭락을 설명하는 데 가장 중요한 변수를 식별하기 위해 확인하려는 모든 변수를 지정하고 연간화한다.

```
In [27]: merge_crash_all = merge_crash.merge(down_residuals,
                                              on=['TICKER', 'date'],
                                              how='outer')
         merge_crash_all = merge_crash_all.merge(up_residuals,
                                                 on=['TICKER', 'date'],
                                                 how='outer')

In [28]: cols = ['BIDLO', 'ASKHI', 'residuals',
                 'annual_std', 'residuals_sq', 'residuals_cubic',
                 'down', 'up', 'residuals_up_sq', 'residuals_down_sq',
```

```
                      'neg_outliers']
          merge_crash_all = merge_crash_all.set_index('date')
          merge_grouped = merge_crash_all.groupby('TICKER')[cols]\
                          .resample('1Y').sum().reset_index() ❶
          merge_grouped['neg_outliers'] = np.where(merge_grouped.neg_outliers >=
                                     1, 1, 0) ❷
```

❶ 관심 변수 지정 및 연간화
❷ 1보다 큰 음의 이상치(neg_outliers) 관측값 변환(있는 경우)

두 가지 중요한 질문이 남아 있다. 하락과 상승 주수와 그 합계는 얼마인가? 상승과 하락 주수가 DUVOL 공식에서는 각각 n_u와 n_d이므로 이러한 질문은 중요하다.

이제 계산을 해보자.

```
In [29]: merge_grouped = merge_grouped.set_index('date')
         merge_all = merge_grouped.groupby('TICKER')\
                     .resample('1Y').agg({'down':['sum', 'count'],
                                          'up':['sum', 'count']})\
                     .reset_index() ❶
         merge_all.head()
```

Out[29]:	TICKER	date	down		up	
			sum	count	sum	count
0	AAPL	2010-12-31	27	1	23	1
1	AAPL	2011-12-31	26	1	27	1
2	AAPL	2012-12-31	28	1	26	1
3	AAPL	2013-12-31	24	1	29	1
4	AAPL	2014-12-31	22	1	31	1

```
In [30]: merge_grouped['down'] = merge_all['down']['sum'].values
         merge_grouped['up'] = merge_all['up']['sum'].values
         merge_grouped['count'] = merge_grouped['down'] + merge_grouped['up']
```

❶ 하락과 상승 주수 및 연간 합계 계산

마지막으로 지금까지 도출한 모든 입력을 사용해 DUVOL과 NCSKEW를 계산하도록 모두 설정했다.

```
In [31]: merge_grouped = merge_grouped.reset_index()

In [32]: merge_grouped['duvol'] = np.log(((merge_grouped['up'] - 1) *
                                          merge_grouped['residuals_down_sq']) /
                                         ((merge_grouped['down'] - 1) *
                                          merge_grouped['residuals_up_sq']))  ❶

In [33]: merge_grouped['duvol'].mean()
Out[33]: -0.023371498758114867

In [34]: merge_grouped['ncskew'] = - (((merge_grouped['count'] *
                                       (merge_grouped['count'] - 1) **
                                       (3 / 2)) *
                                     merge_grouped['residuals_cubic']) /
                                    (((merge_grouped['count'] - 1) *
                                      (merge_grouped['count'] - 2)) *
                                     merge_grouped['residuals_sq'] **
                                     (3 / 2)))  ❷

In [35]: merge_grouped['ncskew'].mean()
Out[35]: -0.031025284134663118

In [36]: merge_grouped['crash_risk'] = merge_crash_annual['crash_risk']
         merge_grouped['crash_risk'] = np.where(merge_grouped.crash_risk >=
                                                1, 1, 0)

In [37]: merge_crash_all_grouped2 = merge_crash_all.groupby('TICKER')\
                                    [['VOL', 'PRC']]\
                                    .resample('1Y').mean().reset_index()
         merge_grouped[['VOL', 'PRC']] = merge_crash_all_grouped2[['VOL', 'PRC']]
         merge_grouped[['ncskew','duvol']].corr()
```

❶ DUVOL 계산하기
❷ NCSKEW 계산

DUVOL은 연간 평균에 비해 더 낮았던 수익 규모와 더 높았던 수익 규모의 비율을 알려준다. 결과적으로 더 높은 DUVOL은 왼쪽으로 치우친 분포 또는 더 높은 폭락 확률을 의미한다. 평균 DUVOL 값이 −0.0233인 경우라면 지정된 기간 동안은 주가가 폭락할 가능성이 적다는 결론에 도달할 수 있다.

반면 NSCKEW는 꼬리의 모양을 비교한다. 즉, 왼쪽 꼬리가 오른쪽 꼬리보다 길면 주가가 폭락하는 경향이 있다. 예상대로 NCSKEW와 DUVOL 사이의 상관관계가 높아 두 측정값이 서로 다른 방식으로 동일한 정보를 많이 수집함을 확인할 수 있다.

로지스틱 패널 응용

주가 폭락 위험을 설명할 수 있는 변수를 찾고 있으므로 이 절에서는 백본[backbone] 분석을 알아본다. 데이터에 주식과 시계열이 모두 있으므로 패널 데이터 분석이 사용에 적합한 기법이다.

패널 데이터 연구(Hsiao, 2014)의 기하급수적인 성장에 적어도 세 가지 요인이 기여했다.

1. 데이터 가용성

2. 단일 횡단면 또는 시계열 데이터보다 인간 행동의 복잡성을 모델링하는 더 큰 능력

3. 도전적인 방법론

간단히 말해서 패널 데이터 분석은 시계열과 횡단면 데이터를 결합하므로 시계열과 횡단면의 각각 분석에 비해 많은 이점이 있다. 울라[Ullah](1998)는 이러한 이점을 다음과 같이 요약한다.

> "명백한 이점은 횡단면이나 시계열 데이터의 일반적인 분석보다 변수 간의 변동성이 더 크고 공선성이 적은 훨씬 큰 데이터셋이라는 점이다. 더 많은 정보를 제공하는 추가 데이터를 사용하면 더 신뢰할 수 있는 추정치를 얻을 수 있고 더 적은 제약에서 더 많은 정교한 행동 모델을 테스트할 수 있다. 패널 데이터셋의 또 다른 장점은 개별 이질성을 제어할 수 있다는 것이다… 특히 패널 데이터셋은 동적 행동의 복잡한 문제를 더 잘 연구할 수 있다."

책에서 사용한 데이터는 이산형이므로 로지스틱 패널 애플리케이션을 사용해 요구 사항을 해결한다. 그러나 패널 데이터 분석을 위한 라이브러리가 부족하고, 로지스틱 패널의 경우 상황은 더욱 심각하다. 여기서 사용할 라이브러리는 Python Econometrics Models 모듈(pyeconometrics)이다. 여기에는 다음과 같은 몇 가지 고급 수준 모델이 있다.

- 고정 효과 로지스틱 회귀(Logit)

- 랜덤 효과 로지스틱 회귀(Logit 및 Probit)

- Tobit I(잘린 데이터에 대한 선형 회귀)

시불변 누락 변수에서 발생하는 잠재적인 내생성 문제는 설명해야 할 문제 중 하나다. 이를 제어하기 위해 고정 효과 로지스틱 패널 모델을 사용한다.

로지스틱 패널 애플리케이션을 실행하기 위해 pyeconometrics 모듈이 사용되지만 이 라이브러리의 설치 방식은 일반적인 것과 약간 다르다. 자세한 내용은 GitHub 리포지토리를 참조하라.

pyeconometrics를 설치하는 것은 지금까지 사용한 라이브러리와 모듈을 설치하는 것과 약간 다르다. 라이브러리를 제대로 설치했는지 확인하려면 해당 GitHub 리포지토리를 참고하라.

이제 이 분석에 사용할 변수를 소개하겠다. 주가 폭락 대책을 얻었다면 주가 폭락 위험을 추정하는 데 어떤 변수가 중요한지 살펴볼 차례다. 표 9-2는 독립변수를 나열한다.

표 9-2 주가 폭락 분석에 사용되는 독립변수

변수	설명
Size(log_size)	회사 소유 총 자산의 로그값
Receivables(rect)	채권/채무자
Property, plant and equipment(ppegt)	총 부동산, 공장, 설비
Average turnover(dturn)	(t년도의 평균 월 회전율) − (t − 1년도의 평균 월 회전율) 월 회전율은 월 거래량을 발행 주식 수로 나눈 값이다.
NCSKEW(ncskew)	연간 기업별 주간 수익률의 음의 왜도 계수 즉, 기업별 주간 수익률의 음수 왜도 계수는 기업별 주간 수익률의 세 번째 순간을 3제곱 표준편차로 나눈 값이다.
Firm-specific return(residuals)	연간 기업별 주식 수익률의 평균
Return on asset(RoA)	연간 자산 수익률. 즉 총 자산 대비 순익률이다.
Standard deviation(annual_std)	연간 기업률 수익률의 표준편차
Firm-specific sentiment(firm_sent)	PCA로 구한 기업별 투자 심리 척도

자산 수익률과 레버리지 변수는 대차대조표 데이터를 사용해 계산된다.

```
In [38]: bs = pd.read_csv('bs_v.3.csv')
         bs['Date'] = pd.to_datetime(bs.datadate, format='%Y%m%d')
         bs['annual_date'] = bs['Date'].dt.year

In [39]: bs['RoA'] = bs['ni'] / bs['at']
         bs['leverage'] = bs['lt'] / bs['at']

In [40]: merge_grouped['annual_date'] = merge_grouped['date'].dt.year
         bs['TICKER'] = bs.tic
         del bs['tic']
```

다음 단계는 대차대조표 데이터(bs)와 주식 관련 데이터를 병합하는 나머지 변수(merge_crash_all_grouped)를 얻는 것이다.

```
In [41]: merge_ret_bs = pd.merge(bs, merge_grouped,
                                 on=['TICKER', 'annual_date'])

In [42]: merge_ret_bs2 = merge_ret_bs.set_index('Date')
         merge_ret_bs2 = merge_ret_bs2.groupby('TICKER').resample('Y').mean()
```

```
        merge_ret_bs2.reset_index(inplace=True)


In [43]: merge_ret_bs2['vol_csho_diff'] = (merge_ret_bs2.groupby('TICKER')
                                            ['VOL'].shift(-1) /
                                            merge_ret_bs2.groupby('TICKER')
                                            ['csho'].shift(-1))
         merge_ret_bs2['dturn1'] = merge_ret_bs2['VOL'] / merge_ret_bs2['csho']
         merge_ret_bs2['dturn'] = merge_ret_bs2['vol_csho_diff'] - \
                                  merge_ret_bs2['dturn1']


In [44]: merge_ret_bs2['p/e'] = merge_ret_bs2['PRC'] / merge_ret_bs2['ni']
         merge_ret_bs2['turnover_rate'] = merge_ret_bs2['VOL'] / \
                                          merge_ret_bs2['csho']
         merge_ret_bs2['equity_share'] = merge_ret_bs2['ceq'] / \
                                         (merge_ret_bs2['ceq'] +
                                         merge_ret_bs2['dt'])
         merge_ret_bs2['firm_size'] = np.log(merge_ret_bs2['at'])
         merge_ret_bs2['cefd'] = (((merge_ret_bs2['at'] -
                                  merge_ret_bs2['lt']) / merge_ret_bs2['csho']) -
                                  merge_ret_bs2['PRC']) / (merge_ret_bs2['at'] -
                                  merge_ret_bs2['lt']) / merge_ret_bs2['csho']


In [45]: merge_ret_bs2 = merge_ret_bs2.set_index('Date')
         merge_ret_bs2['buying_volume'] = merge_ret_bs2['VOL'] * \
                                          (merge_ret_bs2['PRC'] -
                                          merge_ret_bs2['BIDLO']) / \
                                          (merge_ret_bs2['ASKHI'] -
                                          merge_ret_bs2['BIDLO'])
         merge_ret_bs2['selling_volume'] = merge_ret_bs2['VOL'] * \
                                           (merge_ret_bs2['ASKHI'] -
                                           merge_ret_bs2['PRC']) / \
                                           (merge_ret_bs2['ASKHI'] -
                                           merge_ret_bs2['BIDLO'])
         buying_volume = merge_ret_bs2.groupby('TICKER')['buying_volume'] \
                       .resample('Y').sum().reset_index()
         selling_volume = merge_ret_bs2.groupby('TICKER')['selling_volume'] \
                        .resample('Y').sum().reset_index()
         del buying_volume['TICKER']
         del buying_volume['Date']
```

```
In [46]: buy_sel_vol = pd.concat([buying_volume,selling_volume], axis=1)
         buy_sel_vol['bsi'] = (buy_sel_vol.buying_volume -
                               buy_sel_vol.selling_volume) / \
                              (buy_sel_vol.buying_volume +
                               buy_sel_vol.selling_volume)

In [47]: merge_ret_bs2 = merge_ret_bs2.reset_index()
         merge_ret_bs2 = pd.merge(buy_sel_vol ,merge_ret_bs2,
                                  on=['TICKER', 'Date'])
```

기업별 투자 심리를 제외하고 나머지 변수는 널리 사용되며 주가 폭락 위험을 설명하는 데 매우 유용하다. 어떤 현상을 나타내는 적절한 변수를 찾기 어려울 때 인덱스를 도출해 이를 대체로 사용하는 것은 연구자들 사이에서 매우 인기 있는 방법이다. 예를 들어 회사 고유의 투자 심리가 주가 폭락에 대한 매우 강력한 통찰력을 포함하는 변수라고 생각하지만 어떻게 기업 고유의 투자 심리를 나타내는 변수를 찾아낼 수 있을 것인가? 이 문제를 해결하기 위해 기업 고유의 감성과 어느 정도 관련이 있는 모든 변수를 고려하고 그 관계를 식별해 주성분 분석을 사용해 지수를 생성할 수 있다.

여기서도 그렇게 해볼 것이다.

주가 폭락 위험의 일부 잘 알려진 결정 요인에도 불구하고 간과되는 것으로 생각되는 폭락 위험의 중요한 측면은 기업 고유의 투자 심리다. 기업에 대한 투자자의 인식에 따라 주가가 오르거나 내릴 수 있다고 말하는 것은 다소 직관적이다. 즉, 투자자가 개별 주식에 대해 낙관적으로 느끼는 경향이 있는 경우 해당 자산을 구매할 가능성이 높으며, 이는 차례로 가격 등락을 초래한다(Yin and Tian, 2017).

이와 관련해 주가수익비율$^{P/E}$, 회전율^{TURN}, 지분율^{EQS}, 폐쇄형 펀드 할인^{CEFD}, 레버리지^{LEV}, 매수와 매도량^{BSI}은 기업 고유의 감정을 식별하는 데 사용된다. 이러한 변수에 대한 설명은 표 9-3에 나와 있다.

표 9-3 기업 고유의 감정에 사용되는 변수

변수	설명
주가수익비율(p/e)	주당 시장 가치/주당 순이익
회전율(turnover_rate)	총 거래 주식 수/평균 발행 주식 수
지분율(equity_share)	보통 주
폐쇄형 펀드 할인(cefd)	공모를 통해 일정 금액의 자본을 조달하는 자산
레버리지(leverage)	장기 부채와 유동 부채의 부채 합계/총 자산
매수와 매도량(bsi)	매수 (매도) 거래량은 매수(매도) 거래와 관련된 주식 수다.

기업 고유의 감정을 적절하게 포착하려면 가능한 한 많은 정보를 추출해야 하며 PCA는 이 작업을 수행하기에 편리한 도구다.

```
In [48]: from sklearn.preprocessing import StandardScaler
         from sklearn.decomposition import PCA
```

```
In [49]: firm_sentiment = merge_ret_bs2[['p/e', 'turnover_rate',
                                          'equity_share', 'cefd',
                                          'leverage', 'bsi']]
         firm_sentiment = firm_sentiment.apply(lambda x: x.fillna(x.mean()),
                                               axis=0) ❶
```

```
In [50]: firm_sentiment_std = StandardScaler().fit_transform(firm_sentiment)
         pca = PCA(n_components=6)
         pca_market_sentiment = pca.fit_transform(firm_sentiment_std)
         print('Explained Variance Ratios per Component are:\n {}'\
               .format(pca.explained_variance_ratio_))
         Explained Variance Ratios per Component are:
          [0.35828322 0.2752777 0.15343653 0.12206041 0.06681776 0.02412438]
```

```
In [51]: loadings_1 = pd.DataFrame(pca.components_.T *
                                   np.sqrt(pca.explained_variance_),
                                   columns=['PC1', 'PC2', 'PC3',
                                            'PC4', 'PC5', 'PC6'],
                                   index=firm_sentiment.columns) ❷
```

```
          loadings_1
Out[51]: PC1        PC2       PC3       PC4       PC5       PC6
         p/e             -0.250786  0.326182  0.911665  0.056323  0.000583
           0.021730
         turnover_rate -0.101554  0.854432 -0.197381  0.201749  0.428911
           -0.008421
         equity_share  -0.913620 -0.162406 -0.133783  0.224513 -0.031672
           0.271443
         cefd           0.639570 -0.118671  0.038422  0.754467 -0.100176
           0.014146
         leverage       0.917298  0.098311  0.068633 -0.264369  0.089224
           0.265335
         bsi            0.006731  0.878526 -0.173740 -0.044127 -0.446735
           0.022520

In [52]: df_loading1 = pd.DataFrame(loadings_1.mean(axis=1))
         df_loading1
Out[52]:                      0
         p/e            0.177616
         turnover_rate  0.196289
         equity_share  -0.124254
         cefd           0.204626
         leverage       0.195739
         bsi            0.040529

In [53]: firm_sentiment = pd.DataFrame(np.dot(pca_market_sentiment,
                                     np.array(df_loading1)))
         merge_ret_bs2['firm_sent'] = firm_sentiment
```

❶ 누락된 값을 평균으로 채우기
❷ 적재 계산
❸ 적재의 횡단면 평균을 구한다.

특징의 적재를 구한 후 구성 요소의 단면 평균 결과는 다음과 같은 결과를 생성한다.

$$\text{SENT}i, t = 0.177\text{P/E}_{i,t} + 0.196\text{TURN}_{i,t} - 0.124\text{EQS}_{i,t} + 0.204\text{CEFD}_{i,t} + 0.195\text{LEV}_{i,t} + 0.040\text{BSI}_{i,t}$$

그 결과는 기업 특유의 감정은 자기자본을 제외한 모든 변수에 의해 양의 영향을 받는 다는 것을 의미한다. 또한 레버리지와 회전율은 기업 고유의 정서에 가장 큰 영향을 미 친다.

아직 한 단계 더 남았다. 바로 로지스틱 패널 데이터 분석을 해석하는 것이다. 그 전에 독립 및 종속변수를 정의해야 하며 이를 위해 필요한 라이브러리를 사용해야 한다.

```
In [54]: merge_ret_bs2['log_size'] = np.log(merge_ret_bs2['at'])
```

```
In [55]: merge_ret_bs2.set_index(['TICKER', 'Date'], inplace=True)
```

```
In [56]: X = (merge_ret_bs2[['log_size', 'rect', 'ppegt', 'dturn',
                             'ncskew', 'residuals', 'RoA', 'annual_std',
                             'firm_sent']]).shift(1)
         X['neg_outliers'] = merge_ret_bs2['neg_outliers']
```

로지스틱 패널 데이터 분석은 Elliptic Envelope 알고리듬에서 얻은 주가 폭락 척도인 neg_outliers와 통계적으로 유의한 관계가 있는 변수를 보여준다.

결과는 ppegt 및 residuals를 제외한 다른 모든 변수가 기존의 신뢰구간에서 통계적으로 유의함을 시사한다. 특히 log_size, dturn, firm_sent, Annual_std는 폭락을 유발한다.

그 결과 기업 특유 투자 심리 지수의 계수는 1% 수준에서 양의 값으로 재무적으로 중요 하며 통계적으로 유의한 것으로 나타났다.

문헌에 따르면 감정이 고조되고 낙관적인 기대의 압력을 받는 경영자는 긍정적인 환경 을 유지하기 위해 좋은 소식은 빠르게 전달하지만 나쁜 소식은 보류하는 경향이 있다 (Bergman and Roychowdhury, 2008). 따라서 결과는 감정과 폭락 위험 사이에 양의 관계 를 제시한다.

이 모든 변수가 neg_outlier와 통계적으로 유의미한 강력한 관계를 보여줌으로써 신뢰할 수 있는 예측 분석을 실행할 수 있다.

```
In [57]: from pyeconometrics.panel_discrete_models import FixedEffectPanelModel
         from sklearn.model_selection import train_test_split
```

```
        from sklearn.metrics import accuracy_score

In [58]: FE_ML = FixedEffectPanelModel()
         FE_ML.fit(X, 'neg_outliers')
         FE_ML.summary()
```

```
===================================================================
==========
Dep. Variable:              neg_outliers   Pseudo R-squ.:     0.09611
Model:         Panel Fixed Effects Logit   Log-Likelihood:    -83.035
Method:                             MLE    LL-Null:           -91.864
No. Observations:                   193    LLR p-value:         0.061
Df Model:                             9

Converged:                                 True

===================================================================
                 coef   std err       t    P>|t|   [95.0% Conf. Int.]
-------------------------------------------------------------------
_cons         -2.5897    1.085   -2.387   0.008       -4.716
-0.464
log_size       0.1908    0.089    2.155   0.016        0.017
0.364
rect          -0.0000    0.000   -4.508   0.000       -0.000
-0.000
ppegt         -0.0000    0.000   -0.650   0.258       -0.000
0.000
dturn          0.0003    0.000    8.848   0.000        0.000
0.000
ncskew        -0.2156    0.089   -2.420   0.008       -0.390
-0.041
residuals     -0.3843    1.711   -0.225   0.411       -3.737
2.968
RoA            1.4897    1.061    1.404   0.080       -0.590
3.569
annual_std     1.9252    0.547    3.517   0.000        0.852
2.998
firm_sent      0.6847    0.151    4.541   0.000        0.389
0.980
-------------------------------------------------------------------
```

비교를 위해 이번에는 종속변수를 이산 유형인 crash_risk로 대체했다. 이 비교 덕분에 모델의 장점과 가능한 예측력을 비교할 수 있다. 모델 R^2로부터 우수성 척도를 얻게 되면 neg_outliers를 종속변수로 가진 모델은 더 높은 설명력을 가진다. 그러나 R^2가 모델의 우수성을 비교하는 데 사용되는 유일한 척도인 것은 아니다. 이 논의는 책의 범위를 벗어나므로 자세히 설명하지는 않겠다.

그 외에도 명백한 것은 일부 추정된 계수의 징후가 이 두 모델에서 서로 다르다는 것이다. 예를 들어 문헌에 따르면 기업 감정(firm_sent)은 일단 투자 심리가 급상승하면 나쁜 소식을 모으는 행동이 증가해 주가 폭락 위험이 증가하기 때문에 양의 신호를 갖는 것으로 가정된다. 이러한 중요한 관찰은 새로 도입된 종속변수 neg_outliers를 포함한 이전 모델에서 포착된다. neg_outliers를 가진 모델은 더 우수하고 안정적인 예측을 제공한다.

```
In [59]: del X['neg_outliers']
         X['crash_risk'] = merge_ret_bs2['crash_risk']

In [60]: FE_crash = FixedEffectPanelModel()
         FE_crash.fit(X, 'crash_risk')
         FE_crash.summary()
==========================================================================
Dep. Variable:                     crash_risk   Pseudo R-squ.:     0.05324
Model:             Panel Fixed Effects Logit    Log-Likelihood:    -55.640
Method:                                   MLE   LL-Null:           -58.769
No. Observations:                         193   LLR p-value:         0.793
Df Model:                                   9

Converged:                                       True

==========================================================================
                       coef   std err        t    P>|t| [95.0% Conf. Int.]
--------------------------------------------------------------------------
_cons               -3.1859     1.154   -2.762    0.003   -5.447
-0.925
log_size             0.2012     0.094    2.134    0.016    0.016
0.386
rect                -0.0000     0.000   -1.861    0.031   -0.000
0.000
```

ppegt	-0.0000	0.000	-0.638	0.262	-0.000
0.000					
dturn	0.0001	0.000	2.882	0.002	0.000
0.000					
ncskew	0.3840	0.114	3.367	0.000	0.160
0.608					
residuals	3.3976	2.062	1.648	0.050	-0.644
7.439					
RoA	2.5096	1.258	1.994	0.023	0.043
4.976					
annual_std	2.4094	0.657	3.668	0.000	1.122
3.697					
firm_sent	-0.0041	0.164	-0.025	0.490	-0.326
0.318					

결론

9장에서는 ML을 사용해 주가 폭락을 감지하는 방법을 배웠다. MCD 방법을 사용해 시장 조정 기업별 주가 수익률에서 음의 이상을 탐지하고 주가 폭락 위험 지표로 정의했다. 결과는 감정과 폭락 위험 사이에 양의 관계가 있음을 시사하며, 이는 감정이 높은 시간에 낙관적 기대의 압력하에서 경영자가 나쁜 소식을 보류하는 경향이 있고 축적된 나쁜 소식이 큰 하락으로 이어진다는 것을 나타낸다.

또한 NCSKEW, DUVOL 및 폭락 위험과 같은 다른 주가 폭락 대책도 얻었다. 이 중 NCSKEW와 폭락 위험을 각각 독립변수와 종속변수로 사용했다.

로지스틱 패널 분석은 neg_outliers가 있는 모델이 문헌에 따라, 부호를 사용해 계수를 추정해 crash_risk가 있는 모델에 비해 더 유용하고 예측 분석의 신뢰성을 높이는 것으로 나타났다.

10장에서는 금융계에서 새롭고 매우 인기 있는 주제인 합성 데이터 생성과 위험 관리에서의 사용을 소개한다.

참고문헌

Bae, Kee-Hong, Chanwoo Lim, and KC John Wei. 2006. "Corporate Governance and Conditional Skewness In The World's Stock Markets." *The Journal of Business* 79 (6): 2999-3028.

Bergman, Nittai K., and Sugata Roychowdhury. 2008. "Investor Sentiment and Corporate Disclosure." *Journal of Accounting Research* 46 (5): 1057-1083.

Bleck, Alexander, and Xuewen Liu. 2007. "Market Transparency and The Accounting Regime." *Journal of Accounting Research* 45 (2): 229-256.

Chen, Joseph, Harrison Hong, and Jeremy C. Stein. 2001. "Forecasting Crashes: Trading Volume, Past Returns, and Conditional Skewness In Stock Prices." *Journal of Financial Economics* 61 (3): 345-381.

Hubert, Mia, Michiel Debruyne, and Peter J. Rousseeuw. 2018. "Minimum Covariance Determinant and Extensions." 2018. *Wiley Interdisciplinary Reviews: Computational Statistics* 10 (3): e1421.

Hutton, Amy P., Alan J. Marcus, and Hassan Tehranian. 2009. "Opaque Financial Reports, R2, and Crash Risk." *Journal of Financial Economics* 94 (1): 67-86.

Hsiao, Cheng. 2014. *Analysis Of Panel Data.* Cambridge University Press.

Kim J. B., Li Y., and Zhang L. 2011. "Corporate Tax Avoidance and Stock Price Crash Risk: Firm-Level Analysis." *Journal of Financial Economics* 100 (3): 639-662.

Kim, Jeong-Bon, and Liandong Zhang. 2014. "Financial Reporting Opacity and Expected Crash Risk: Evidence From Implied Volatility Smirks." *Contemporary Accounting Research* 31 (3): 851-875.

Jin, Li, and Stewart C. Myers. 2006. "R2 Around The World: New Theory and New Tests." *Journal of Financial Economics* 79 (2): 257-292.

Finch, Holmes. 2012. "Distribution Of Variables By Method Of Outlier Detection." *Frontiers in Psychology* (3): 211.

Wolfensohn, James. 1999. "The Critical Study Of Corporate Governance Provisions In India." *Financial Times* 25 (4). Retrieved from *https://oreil.ly/EnLaQ*.

Shleifer, Andrei, and Robert W. Vishny. 1997. "A Survey Of Corporate Governance." *The Journal of Finance* 52 (2): 737-783.

Ullah, Aman, ed. 1998. *Handbook Of Applied Economic Statistics.* Boca Raton: CRC Press.

Yin, Yugang, and Rongfu Tian. 2017. "Investor Sentiment, Financial Report Quality and Stock Price Crash Risk: Role Of Short-Sales Constraints." *Emerging Markets Finance and Trade* 53 (3): 493-510.

10장

금융의 합성 데이터 생성과 은닉 마르코프 모델

"데이터가 가치를 갖기 위해 현실 세계에 뿌리를 둘 필요는 없다. 일부가 누락됐거나 확보하기 어려운 곳에서 조작이나 삽입될 수 있다."

– 아후자Ahuja(2020)

합성 데이터 생성은 기밀 유지에 대한 우려가 커지고 데이터 요구 사항 증가로 인해 금융 분야에서 주목받고 있다. 따라서 실제 데이터로 작업하는 대신 필수 통계 속성을 모방할 수 있다면 모델에 합성 데이터를 제공하는 것이 어떨까? 매력적으로 들리지 않는가? 합성 데이터 생성은 10장의 한 부분이다. 다른 부분은 과소평가됐지만 매우 중요하고 흥미로운 또 다른 주제인 은닉 마르코프 모델HMM에 대해 설명한다. 합성 데이터와 HMM 사이의 공통점이 무엇인지 묻고 싶을 것이다. HMM으로 합성 데이터를 생성할 수 있으며 그것이 10장의 목적 중 하나다. 다른 목표는 머신러닝에서 자주 사용되는 이 두 가지 중요한 주제를 소개하는 것이다.

합성 데이터 생성

금융 데이터의 기밀성, 민감도, 비용은 사용성을 크게 제한한다. 이 점은 차례로 금융에 유용한 지식의 발전과 보급을 방해한다. 합성 데이터는 이러한 단점을 해결하고 연구자와 실무자가 분석을 수행하고 결과를 전파하는 데 도움이 된다.

합성 데이터는 실제 데이터의 통계적 속성을 모방하는 과정에서 생성된 데이터다. 데이터는 원래의 형태로 모델링돼야 한다는 믿음이 있지만 반드시 실제 데이터로부터 합성 데이터를 생성하는 것만이 우리가 할 수 있는 유일한 방법은 아니다(Patki, Wedge, and Veeramachaneni, 2016). 합성 데이터를 생성할 수 있는 세 가지 방법이 있다.

- 실제 데이터에서 합성 데이터를 생성할 수 있다. 이 프로세스의 워크플로는 실제 데이터를 가져오는 것에서 시작해 데이터 분포 공개를 모델링을 계속하고 마지막 단계로 이 기존 모델에서 합성 데이터를 샘플링한다.

- 합성 데이터는 모델 또는 지식에서 얻을 수 있다. 일반적으로 이러한 유형의 합성 데이터 생성은 기존 모델을 사용하거나 연구원의 지식을 사용해 적용할 수 있다.

- 하이브리드 프로세스에는 앞의 두 단계가 포함된다. 그 이유는 종종 오직 데이터의 일부만 사용할 수 있는 경우에는, 실제 데이터로 합성 데이터를 생성하는 데 사용하고 합성할 데이터의 나머지 부분은 모델에서 얻을 수 있기 때문이다.

여기서는 합성 데이터를 생성하기 위해 이러한 기술을 어떻게 적용할 수 있는지 곧 알게 될 것이다. 본질적으로 합성 데이터 생성 프로세스는 프라이버시와 효용 사이에 타협되지 않는 절충점이 있다. 정확히 말하면, 실제 미공개 데이터로부터 합성 데이터를 생성하면 높은 효용을 가져온다. 그러나 합성 데이터 생성의 유용성은 실제 공개 데이터의 비식별화와 집계에 따라 크게 종속된다. 합성 데이터 생성의 유용성은 성공적인 모델링이나 분석가의 전문성에 달려 있다.

그림 10-1은 데이터 생성 프로세스의 맥락에서 프라이버시와 효용 사이의 균형을 보여준다.

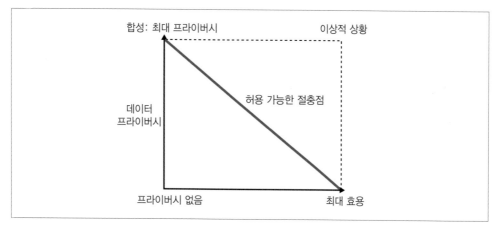

그림 10-1 개인 정보 보호 효용 트레이드 오프

합성 데이터의 평가

짐작하듯 다양한 도구를 적용해 합성 데이터의 효율성을 측정할 수 있다. 그러나 일반적으로 사용되는 4가지 방법인 KL-분산, 구별 가능^{Distinguishable}, ROC 곡선 및 평균, 중앙값 등과 같은 주요 통계 비교에 대해서만 알아볼 것이다. 각각 8장과 6장에서 설명됐으므로 별도 설명은 건너뛰고 바로 구별 가능^{distinguishable}한 방법부터 시작할 것이다.

구별 가능^{distinguishable} 기법은 그 이름에서 알 수 있듯 분류 모델이 실제 데이터와 합성 데이터를 구분하는 경우 실제 데이터에는 1을 할당한다. 또 실제와 합성을 구분하지 않는 경우 0을 할당한다. 출력이 1에 가까우면 데이터는 실제라고 예측하고, 그렇지 않으면 성향 점수^{propensity score}를 사용해 합성 데이터라고 예측한다(El Emam, 2020).

다른 방법은 간단하면서도 강력한 것인데, 실제 데이터와 합성 데이터의 주요 통계량을 비교하는 데 기반을 두고 있다. 사용된 모델이 주어지면 실제 데이터와 합성 데이터의 평균(또는 기타 통계량)을 비교해 합성 데이터가 실제 데이터를 모방하는 정도를 파악할 수 있다.

이제 합성 데이터 생성의 장점과 단점에 대해 논의해보겠다.

장점

데이터 가용성 향상

합성 데이터를 생성하면 실제 데이터에 접근할 경우의 어려움인 고비용과 독점 문제 등을 극복할 수 있는 강력한 도구를 제공한다.

향상된 분석 능력

실제 데이터의 좋은 대용물로서 합성 데이터는 다양한 분석 프로세스에서 사용될 수 있으며, 이는 계속해서 특정 주제에 대한 이해를 향상시킨다. 또한 합성 데이터를 레이블로 사용할 수 있어 매우 정확한 분석을 할 수 있다.

일반적인 통계 문제 처리

합성 데이터 생성은 실제 데이터에서 발생하는 문제를 완화할 수 있다. 실제 데이터에는 모델의 성능에 나쁜 영향을 미치는 결측값, 이상값 등과 같은 문제가 있을 수 있다. 합성 데이터는 이러한 통계적 문제에 대처할 수 있는 도구를 제공하므로 결국 모델링 성능이 향상될 수 있다.

단점

기밀성을 유지할 수 없음

사이버 공격으로 인해 합성 데이터가 개인 정보 유출의 원인이 될 수 있다. 예를 들어 고객의 자격 증명은 리버스 엔지니어링을 통해 얻을 수 있다.

품질 문제

합성 데이터 생성 과정에서 고려해야 할 두 가지 중요한 사항이 있다. 바로 연구자의 능력과 데이터의 특성이다. 이 두 가지 점은 합성 데이터 생성의 품질 프로세스를 결정한다. 이러한 점이 부족하면 저품질 합성 데이터가 만들어질 수 있다.

합성 데이터 생성

먼저 실제 데이터에서 합성 데이터를 생성한 다음 모델에서 합성 데이터를 생성해보자. fetch_california_housing의 실제 데이터를 사용해 합성 데이터를 생성하고 이 프로세스에서 CTGAN 라이브러리^{CTGANSynthesizer}도 사용한다. CTGAN 라이브러리를 사용하면 생성적 적대 네트워크^{GAN}를 기반으로 원본 데이터에 대한 충실도가 높은 합성 데이터를 생성할 수 있다. 합성 데이터를 생성할 때 훈련 단계의 수는 epoch 매개변수에 의해 제어되므로 짧은 시간에 합성 데이터를 얻을 수 있다.

```
In [1]: from sklearn.datasets import fetch_california_housing ❶
        import pandas as pd
        import numpy as np
        import matplotlib. pyplot as plt
        import yfinance as yf
        import datetime
        import warnings
        warnings.filterwarnings('ignore')

In [2]: X, y = fetch_california_housing(return_X_y=True) ❷

In [3]: import numpy as np
        california_housing=np.column_stack([X, y]) ❸
        california_housing_df=pd.DataFrame(california_housing)

In [4]: from ctgan import CTGANSynthesizer ❹

        ctgan = CTGANSynthesizer(epochs=10) ❺
        ctgan.fit(california_housing_df)
        synt_sample = ctgan.sample(len(california_housing_df)) ❻
```

❶ sklearn에서 fetch_california_housing 데이터 가져오기
❷ fetch_california_housing에서 독립 및 종속변수 생성
❸ stack 함수를 사용해 두 개의 배열 쌓기
❹ 합성 데이터 생성을 위해 CTGANSynthesizer 가져오기
❺ epoch 10으로 CTGANSynthesizer에서 합성 데이터 생성 프로세스 초기화
❻ 샘플 생성

합성 데이터를 생성한 후 기술 통계량을 통해 합성 데이터의 유사성을 확인할 수 있다. 늘 그렇듯이 기술 통계량은 편리하지만 SDV^{Synthetic Data Vault}의 evaluate 패키지라는 또 다른 도구가 있다. 이 함수의 출력은 0에서 1 사이의 숫자로 두 테이블이 얼마나 유사한지를 나타내며 0은 최악의 점수이고 1은 가능한 최고의 점수이다. 또한 생성 프로세스의 결과를 시각화(결과 그림 10-2와 10-3)하고 실제 데이터와 비교할 수 있으므로 합성 데이터가 실제 데이터를 잘 나타내는지 여부를 완전히 이해할 수 있다.

```
In [5]: california_housing_df.describe()
```

Out[5]:	0	1	2	3	4 \
count	20640.000000	20640.000000	20640.000000	20640.000000	20640.000000
mean	3.870671	28.639486	5.429000	1.096675	1425.476744
std	1.899822	12.585558	2.474173	0.473911	1132.462122
min	0.499900	1.000000	0.846154	0.333333	3.000000
25%	2.563400	18.000000	4.440716	1.006079	787.000000
50%	3.534800	29.000000	5.229129	1.048780	1166.000000
75%	4.743250	37.000000	6.052381	1.099526	1725.000000
max	15.000100	52.000000	141.909091	34.066667	35682.000000

	5	6	7	8
count	20640.000000	20640.000000	20640.000000	20640.000000
mean	3.070655	35.631861	-119.569704	2.068558
std	10.386050	2.135952	2.003532	1.153956
min	0.692308	32.540000	-124.350000	0.149990
25%	2.429741	33.930000	-121.800000	1.196000
50%	2.818116	34.260000	-118.490000	1.797000
75%	3.282261	37.710000	-118.010000	2.647250
max	1243.333333	41.950000	-114.310000	5.000010

```
In [6]: synt_sample.describe()
```

Out[6]:	0	1	2	3	4 \
count	20640.000000	20640.000000	20640.000000	20640.000000	20640.000000
mean	4.819246	28.954316	6.191938	1.172562	2679.408170
std	3.023684	13.650675	2.237810	0.402990	2127.606868
min	-0.068225	-2.927976	0.877387	-0.144332	-468.985777
25%	2.627803	19.113346	4.779587	0.957408	1148.179104
50%	4.217247	29.798105	5.779768	1.062072	2021.181784

```
75%        6.254332    38.144114     7.058157     1.285233   3666.957652
max       19.815551    54.219486    15.639807     3.262196  12548.941245

                 5             6             7             8
count  20640.000000  20640.000000  20640.000000  20640.000000
mean       3.388233     36.371957   -119.957959      2.584699
std        1.035668      2.411460      2.306550      1.305122
min        0.650323     32.234033   -125.836387      0.212203
25%        2.651633     34.081107   -122.010873      1.579294
50%        3.280092     36.677974   -119.606385      2.334144
75%        3.994524     38.023437   -118.080271      3.456931
max        7.026720     43.131795   -113.530352      5.395162
```

```
In [7]: from sdv.evaluation import evaluate

        evaluate(synt_sample, california_housing_df)
Out[7]: 0.4773175572768998
```

```
In [8]: from table_evaluator import TableEvaluator

        table_evaluator = TableEvaluator(california_housing_df, synt_sample)

        table_evaluator.visual_evaluation()
```

❶ 합성 데이터와 실제 데이터의 유사성을 평가하기 위한 evaluate 패키지 가져오기
❷ 실제 및 합성 데이터에서 evaluate 패키지 실행
❸ 합성 데이터와 실제 데이터 간의 유사성을 시각적으로 검사하기 위해 TableEvaluator 가져오기
❹ 실제 및 합성 데이터로 TableEvaluator 실행
❺ visual_evaluation 패키지로 시각적 분석 수행

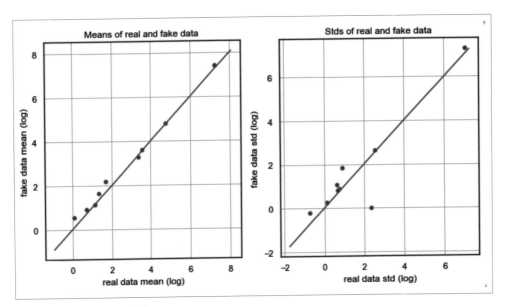

그림 10-2 합성 데이터 생성 평가-1

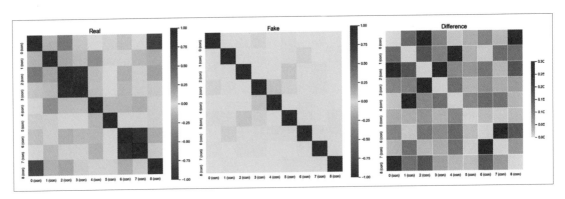

그림 10-3 합성 데이터 생성 평가-2

그림 10-2와 10-3을 통해 평균, 표준편차 그리고 히트맵을 사용해 실제 데이터와 합성 데이터의 성능을 시각적으로 비교할 수 있다. evaluation에는 다양한 도구가 있지만 지금은 이들에만 집중할 필요가 있다.

본 것처럼 실제 데이터에서 합성 데이터를 생성하는 것은 어렵지 않다. 이제 모델을 기반으로 합성 데이터를 생성할 수 있는 프로세스를 살펴보자. 여기서는 분류와 회귀 모델 모두에 머신러닝 애플리케이션용 다재 다능한 라이브러리인 sklearn을 사용할 것이다. make_regression은 회귀 모델을 실행하기 위한 합성 데이터를 생성하는 데 유용하다. 마찬가지로 make_classification은 분류 모델을 실행할 목적으로 합성 데이터를 생성한다. 다음 코드는 그림 10-4를 생성한다.

```
In [9]: from sklearn.datasets import make_regression ❶
        import matplotlib.pyplot as plt
        from matplotlib import cm

In [10]: X, y = make_regression(n_samples=1000, n_features=3, noise=0.2,
                                random_state=123) ❷
         plt.scatter(X[:, 0], X[:, 1], alpha= 0.3, cmap='Greys', c=y)

In [11]: plt.figure(figsize=(18, 18))
         k = 0

         for i in range(0, 10):
             X, y = make_regression(n_samples=100, n_features=3, noise=i,
                                    random_state=123)
             k+=1
             plt.subplot(5, 2, k)
             profit_margin_orange = np.asarray([20, 35, 40])
             plt.scatter(X[:, 0], X[:, 1], alpha=0.3, cmap=cm.Greys, c=y)
             plt.title('Synthetic Data with Different Noises: ' + str(i))
         plt.show()
```

❶ make_regression 패키지 가져오기
❷ 1,000개의 샘플, 3개의 특징과 잡음의 표준편차를 사용해 회귀를 위한 합성 데이터 생성

그림 10-4는 다양한 잡음이 합성 데이터 생성에 미치는 영향을 보여준다. 예상대로 표준편차가 커질수록 노이즈 매개변수가 커진다.

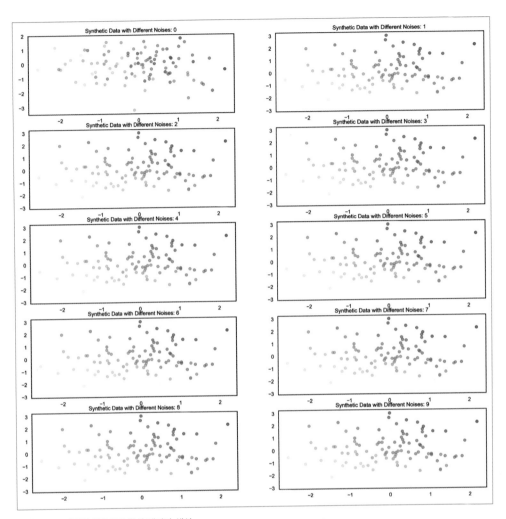

그림 10-4 다양한 잡음으로 합성 데이터 생성

분류를 위해 합성 데이터를 생성하는 것은 어떨까? 글쎄, 쉬워 보인다. 여기서는 회귀와 매우 유사한 프로세스를 따를 것이다. 이번에는 make_classi화 패키지를 사용하겠다. 합성 데이터를 생성한 후 산점도(그림 10-5)를 통해 다양한 부류 수의 효과를 관찰할 수 있다.

```
In [12]: from sklearn.datasets import make_classification ❶

In [13]: plt.figure(figsize=(18, 18))
         k = 0

         for i in range(2, 6):
             X, y = make_classification(n_samples=100,
                                        n_features=4,
                                        n_classes=i,
                                        n_redundant=0,
                                        n_informative=4,
                                        random_state=123) ❷
             k+=1
             plt.subplot(2, 2, k)
             plt.scatter(X[: ,0], X[:, 1], alpha=0.8, cmap='gray', c=y)
             plt.title('Synthetic Data with Different Classes: ' + str(i))
         plt.show()
```

❶ make_classification 패키지 가져오기
❷ 100개의 샘플, 4개의 특징과 4개의 정보 특징으로 분류를 위한 합성 데이터 생성

그림 10-5는 합성 데이터 생성에 대한 서로 다른 부류의 효과를 보여준다. 이 경우 합성 데이터는 부류 2에서 5까지 생성됐다.

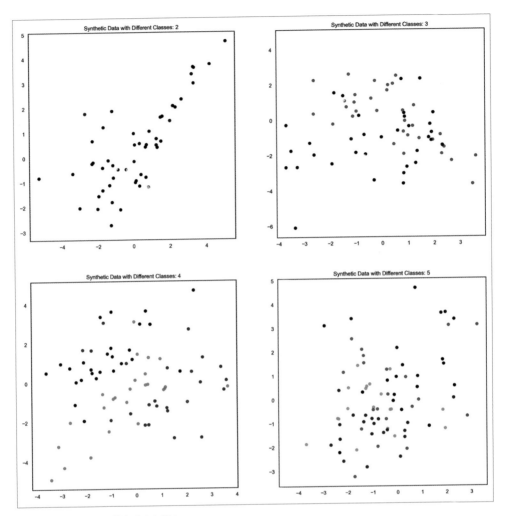

그림 10-5 다른 부류로 합성 데이터 생성

비지도 학습으로 합성 데이터를 생성하는 것도 가능하다. make_blobs는 이 용도로 사용할 수 있는 패키지다. 따라서 여기서는 합성 데이터를 생성하고 합성 데이터에 대한 다양한 클러스터 수의 효과를 주시하고 그림 10-6을 생성한다.

```
In [14]: from sklearn.datasets import make_blobs ❶

In [15]: X, y = make_blobs(n_samples=100, centers=2,
                           n_features=2, random_state=0) ❷

In [16]: plt.figure(figsize=(18, 18))
         k = 0
         for i in range(2, 6):
             X, y = make_blobs(n_samples=100, centers=i,
                               n_features=2, random_state=0)
             k += 1
             plt.subplot(2, 2, k)
             my_scatter_plot = plt.scatter(X[:, 0], X[:, 1],
                                           alpha=0.3, cmap='gray', c=y)
             plt.title('Synthetic Data with Different Clusters: ' + str(i))
         plt.show()
```

❶ sklearn에서 make_blobs 패키지 가져오기
❷ 100개의 샘플, 2개의 중심, 2개의 특징으로 합성 데이터 생성

그림 10-6은 다양한 클러스터에서 합성 데이터가 어떻게 보이는지 보여준다. 지금까지 지도 학습(회귀 및 분류)과 비지도 학습을 모두 사용해 실제 데이터와 모델을 사용해 합성 데이터를 생성하는 방법을 배웠다. 이제부터 HMM과 그 사용법에 대해 알아보도록 하자. 재무적 관점에서는 팩터 투자factor investing를 통해 이 과제를 수행할 것이다. 팩터 투자는 새로운 주제는 아니지만 유명한 파마-프렌치Fama-French 3요소 모델(Fama and French, 1993) 이후 점점 더 매력적으로 변했다. 여기서는 HMM이 경제의 여러 상태를 식별하는 데 미치는 영향을 보고 투자 전략에 참고할 것이다. 마지막으로 파마-프렌치 3요인 모델에 기반한 팩터 투자의 효율성을 샤프Sharpe 비율을 사용해 HMM과 비교할 수 있을 것이다.

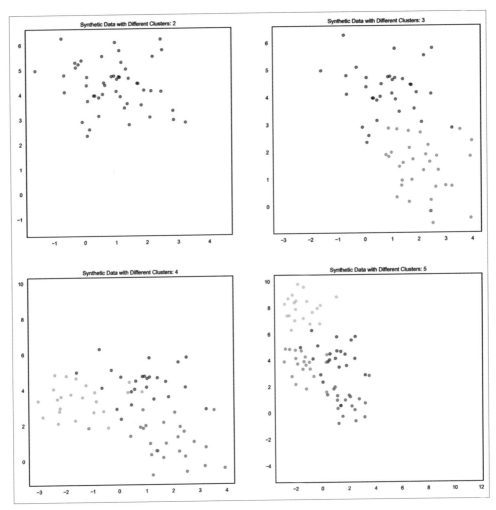

그림 10-6 다양한 노이즈로 합성 데이터 생성

은닉 마르코프 모델에 대한 간략한 소개

HMM은 은닉 상태가 있는 마르코프 프로세스에 의해 모델링된 순차적 데이터에 대한 확률분포를 제공한다. HMM을 사용하면 한 상태에서 다른 상태로의 확률 전이를 추정할 수 있다.

예컨대 상승, 하락, 유지의 세 가지 상태로 정의되는 주식 시장을 생각해보자. 임의의 상태를 하나 선택한다. 예를 들어 상승을 선택한다고 하자. 다음 상태는 상승, 하락, 유지 중 하나가 될 것이다. 이 맥락에서 상태는 시장에서 다음으로 우세할 상태가 무엇일지는 확실하지 않기 때문에 은닉 상태로 간주된다.

일반적으로 HMM은 두 가지 기본 가정이 있다. 첫째, 모든 관찰은 현재 상태에만 의존하고 다른 변수에는 조건부로 독립적이며, 둘째, 전환 확률은 동질적이며 현재의 은닉 상태에만 종속된다(Wang, Lin, Mikhelson, 2020).

파마-프렌치 3요소 모델과 HMM 비교

파마와 프렌치(1993)가 제안한 모델은 CAPM을 확장하는 추가 연구를 위한 길을 열었다. 이 모델은 주식 수익률의 변화를 설명하기 위해 완전히 새로운 설명 변수를 제안했다. 이 모델의 세 가지 요소는 시장 위험($Rm - Rf$), 소형-대형(SMB), 고평가-저평가(HML)이다. 다음 모델에서 사용할 것이므로 이러한 요소에 대해 간단히 살펴보자.

($Rm - Rf$)는 기본적으로 시장 포트폴리오의 수익률에서 무위험 이자율을 뺀 것이다. 무위험 이자율은 정부가 발행한 국채나 이와 유사한 자산에 의해 대리되는 가상 이자율이다.

SMB는 규모 효과에 대한 대체다. 규모 효과는 기업 금융의 여러 현상을 설명하는 데 사용되는 중요한 변수다. 이 값은 총 자산의 로그와 같은 다양한 변수로 표현된다. 파마-프렌치는 소형주와 대형주 사이의 수익률을 계산해 규모 효과를 고려했다.

세 번째 요소는 HML로, 기업의 장부 가치를 시장 가치와 비교해 장부가가 높은 기업과 장부가가 낮은 기업 간의 수익률 스프레드를 나타낸다. 경험적 연구에 따르면 더 작은 SMB, 더 높은 HML, 더 작은 $Rm - Rf$가 주가 수익률을 높인다. 이론적으로 말하면 파마-프렌치 3요소 모델을 실행하기 전에 상태를 식별하면 모델의 성능이 향상된다. 실제 데이터의 경우인지 확인하기 위해 HMM을 사용하거나 사용하지 않고 팩터 투자 모델을 실행해보자.

데이터는 케네스 프렌치 데이터 라이브러리[Kenneth R. French data library]에서 구한 것이다. 다음에서 볼 수 있듯이 데이터에 포함된 변수는 Date, Mkt-RF, SMB, HML 및 RF이다. 예상대로 날짜를 제외한 모든 변수는 수치로 나타난다. 모델 처리 시간을 절약하기 위해 데이터는 2000-01-03부터 시작하도록 잘랐다.

```
In [17]: ff = pd.read_csv('FF3.csv', skiprows=4)
         ff = ff.rename(columns={'Unnamed: 0': 'Date'})
         ff = ff.iloc[:-1]
         ff.head()
Out[17]:        Date  Mkt-RF   SMB   HML     RF
         0  19260701    0.10 -0.24 -0.28  0.009
         1  19260702    0.45 -0.32 -0.08  0.009
         2  19260706    0.17  0.27 -0.35  0.009
         3  19260707    0.09 -0.59  0.03  0.009
         4  19260708    0.21 -0.36  0.15  0.009
```

```
In [18]: ff.info()
         <class 'pandas.core.frame.DataFrame'>
         RangeIndex: 24978 entries, 0 to 24977
         Data columns (total 5 columns):
          #   Column  Non-Null Count  Dtype
         ---  ------  --------------  -----
          0   Date    24978 non-null  object
          1   Mkt-RF  24978 non-null  float64
          2   SMB     24978 non-null  float64
          3   HML     24978 non-null  float64
          4   RF      24978 non-null  float64
         dtypes: float64(4), object(1)
         memory usage: 975.8+ KB
```

```
In [19]: ff['Date'] = pd.to_datetime(ff['Date'])
         ff.set_index('Date', inplace=True)
         ff_trim = ff.loc['2000-01-01':]
```

```
In [20]: ff_trim.head()
Out[20]:             Mkt-RF   SMB   HML     RF
         Date
         2000-01-03   -0.71  0.61 -1.40  0.021
         2000-01-04   -4.06  0.01  2.06  0.021
```

```
2000-01-05    -0.09  0.18  0.19  0.021
2000-01-06    -0.73 -0.42  1.27  0.021
2000-01-07     3.21 -0.49 -1.42  0.021
```

그렇다면, 주식 수익률의 역학을 설명하는 변수를 얻었지만 어떤 주식 수익률인가? 그 것은 경제의 일반을 잘나타내는 수익률이어야 한다. 이러한 종류의 변수에 대한 잠재적 인 후보는 S&P 500 상장지수펀드^{ETF}다.

 TF는 산업, 상품 등을 추적하는 특별한 유형의 투자 펀드이자 상장지수상품이다. SPDR S&P 500 ETF(SPY)는 S&P 500 지수를 추적하는 매우 잘 알려진 예다. 올바른 ETF는 다음과 같다.

- Vanguard Total International Stock ETF(VXUS)
- Energy Select Sector SPDR Fund(XLE)
- iShares Edge MSCI Min Vol USA ETF(USMV)
- iShares Morningstar Large-Cap ETF(JKD)

여기서는 2000년 1월 3일부터 2021년 4월 30일까지의 SPY 일일 종가를 조사하는 기 간에 맞게 수집한다. 데이터에 접근한 후 ff_trim과 SP_ETF를 병합해, 은닉 상태가 결정되 는 수익률과 변동성을 포함한 데이터로 만든다.

```
In [21]: ticker = 'SPY'
         start = datetime.datetime(2000, 1, 3)
         end = datetime.datetime(2021, 4, 30)
         SP_ETF = yf.download(ticker, start, end, interval='1d').Close
         [*********************100%*********************] 1 of 1 completed

In [22]: ff_merge = pd.merge(ff_trim, SP_ETF, how='inner', on='Date')

In [23]: SP = pd.DataFrame()
         SP['Close']= ff_merge['Close']

In [24]: SP['return'] = (SP['Close'] / SP['Close'].shift(1))-1 ❶
```

❶ SPY의 수익률 계산

경제에는 상승, 하락, 유지의 세 가지 상태가 있다고 가정한다. 이를 염두에 두고 완전한 공분산으로 HMM을 실행한다. 즉 독립 구성 요소를 사용하며 100의 반복 횟수(n_iter)를 설정한다. 다음 코드는 가우스 HMM을 적용하고 은닉 상태를 예측하는 방법을 보여준다.

```
In [25]: from hmmlearn import hmm
```

```
In [26]: hmm_model = hmm.GaussianHMM(n_components=3,
                                     covariance_type="full",
                                     n_iter=100)
```

```
In [27]: hmm_model.fit(np.array(SP['return'].dropna()).reshape(-1, 1))   ❶
         hmm_predict = hmm_model.predict(np.array(SP['return'].dropna())  ❷
                                         .reshape(-1, 1))
         df_hmm = pd.DataFrame(hmm_predict)
```

```
In [28]: ret_merged = pd.concat([df_hmm,SP['return'].dropna().reset_index()],
                                axis=1)
         ret_merged.drop('Date',axis=1, inplace=True)
         ret_merged.rename(columns={0:'states'}, inplace=True)
         ret_merged.dropna().head()
Out[28]:    states    return
         0       1 -0.039106
         1       1  0.001789
         2       1 -0.016071
         3       1  0.058076
         4       2  0.003431
```

❶ 수익률 데이터에 가우스 HMM 적합화
❷ 수익률 데이터가 주어지면 은닉 상태 예측

은닉 상태를 예측한 후 수익률 데이터는 은닉 상태와 연결돼 어떤 수익률이 어떤 상태에 속하는지 확인할 수 있다

이제 Gaussian HMM 분석을 실행한 후 얻은 결과를 살펴보자. 다음 코드는 다양한 상태의 평균과 표준편차를 계산한다. 또한 공분산, 초기 확률 그리고 전이 행렬이 추정된다.

```
In [29]: ret_merged['states'].value_counts()
Out[29]: 0    3014
         2    2092
         1     258
         Name: states, dtype: int64

In [30]: state_means = []
         state_std = []

         for i in range(3):
             state_means.append(ret_merged[ret_merged.states == i]['return']
                                .mean())
             state_std.append(ret_merged[ret_merged.states == i]['return']
                              .std())
         print('State Means are: {:.4f}'.format(state_means))
         print('State Standard Deviations are: {:.4f}'.format(state_std))
         State Means are: [0.0009956956923795376, -0.0018371952883552139, -0.
         0005000714110860054]
         State Standard Deviations are: [0.006006540155737148, 0.
         03598912028897813, 0.01372712345328388]

In [31]: print(f'HMM means\n {hmm_model.means_}')
         print(f'HMM covariances\n {hmm_model.covars_}')
         print(f'HMM transition matrix\n {hmm_model.transmat_}')
         print(f'HMM initial probability\n {hmm_model.startprob_}')
         HMM means
          [[ 0.00100365]
           [-0.002317 ]
           [-0.00036613]]
         HMM covariances
          [[[3.85162047e-05]]

           [[1.26647594e-03]]

           [[1.82565269e-04]]]
         HMM transition matrix
          [[9.80443302e-01 1.20922866e-06 1.95554886e-02]
           [1.73050704e-08 9.51104459e-01 4.88955238e-02]
           [2.67975578e-02 5.91734590e-03 9.67285096e-01]]
         HMM initial probability
          [0.00000000e+000 1.00000000e+000 2.98271922e-120]
```

상태별 관찰 횟수는 표 10-1에 나와 있다.

표 10-1 상태별 관측값

상태	관측치 수	수익률 평균	공분산
0	3014	0.0010	3.8482e−05
1	2092	−0.0023	1.2643e−05
2	258	−0.0003	1.8256e−05

여기서는 경제에 세 가지 상태가 있다고 가정하지만 이 가정은 이론일 뿐이다. 그러나 확실히 하고 싶다면 적용할 수 있는 강력하고 편리한 도구가 있다. 바로 엘보우 분석이다. 가우스 HMM을 실행해 우도 결과를 얻고 개선의 여지가 없는 경우, 즉 우도 값이 상대적으로 정체되는 경우 이 지점에서 분석을 중단할 수 있다. 다음 결과를 보면(결과 그림 10-7) 세 가지 구성 요소가 좋은 선택임을 알 수 있다.

```
In [32]: sp_ret = SP['return'].dropna().values.reshape(-1,1)
         n_components = np.arange(1, 10)
         clusters = [hmm.GaussianHMM(n_components=n,
                                     covariance_type="full").fit(sp_ret)
                     for n in n_components] ❶
         plt.plot(n_components, [m.score(np.array(SP['return'].dropna())\
                                 .reshape(-1,1)) for m in clusters]) ❷
         plt.title('Optimum Number of States')
         plt.xlabel('n_components')
         plt.ylabel('Log Likelihood')
In [33]: hmm_model = hmm.GaussianHMM(n_components=3,
                                     covariance_type="full",
                                     random_state=123).fit(sp_ret)
         hidden_states = hmm_model.predict(sp_ret)
```

❶ 리스트 컴프리핸션(list comprehension)을 통한 가우스 HMM 기반 10개의 클러스터 생성
❷ 구성 요소 수를 고려한 로그 우도 계산

그림 10-7은 상태별 우도 값을 보여준다. 세 번째 구성 요소 이후에 곡선이 더 평평해지는 것을 쉽게 관찰할 수 있다.

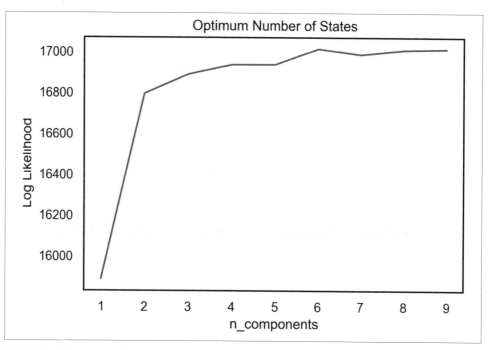

Optimum Number of States

그림 10-7 가우스 HMM 스크리 도면

이제 가우스 HMM을 통해 얻은 상태를 시각화하고 그림 10-8을 생성해보자.

```
In [34]: from matplotlib.dates import YearLocator, MonthLocator
         from matplotlib import cm
```

```
In [35]: df_sp_ret = SP['return'].dropna()
         hmm_model = hmm.GaussianHMM(n_components=3,
                                     covariance_type="full",
                                     random_state=123).fit(sp_ret)

         hidden_states = hmm_model.predict(sp_ret)

         fig, axs = plt.subplots(hmm_model.n_components, sharex=True,
                                 sharey=True, figsize=(12, 9))
         colors = cm.gray(np.linspace(0, 0.7, hmm_model.n_components))

         for i, (ax, color) in enumerate(zip(axs, colors)):
             mask = hidden_states == i
```

```
        ax.plot_date(df_sp_ret.index.values[mask],
                    df_sp_ret.values[mask],
                    ".-", c=color)
        ax.set_title("Hidden state {}".format(i + 1), fontsize=16)
        ax.xaxis.set_minor_locator(MonthLocator())

plt.tight_layout()
```

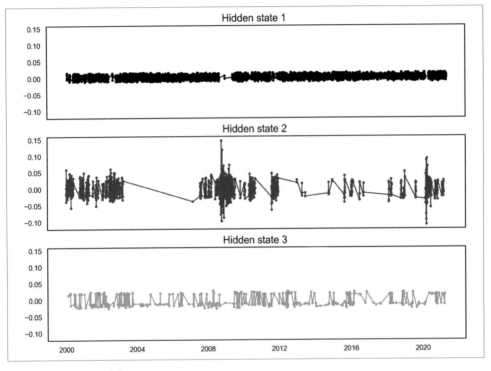

그림 10-8 가우스 HMM 상태

그림 10-8은 은닉 상태의 동작을 보여주며 예상대로 상태 분포가 서로 완전히 다르므로 상태 식별의 중요성을 강조해준다. 상태가 주어지면 SPY 수익이 다르며 이는 우리가 기대한 것이다. 이러한 모든 준비가 끝나면 가우스 HMM을 사용하거나 혹은 사용하지 않고도 파마-프렌치 3요소 모델을 실행할 수 있다. 모델링 후에 계산할 샤프 비율은 어느 것이 더 나은 위험 조정 수익인지 알려준다. 가우스 HMM을 사용한 분석은 거의 0.0981의 샤프 비율을 보여준다.

```
In [36]: ret_merged.groupby('states')['return'].mean()
Out[36]: states
         0     0.000996
         1    -0.001837
         2    -0.000500
         Name: return, dtype: float64

In [37]: ff_merge['return'] = ff_merge['Close'].pct_change()
         ff_merge.dropna(inplace=True)

In [38]: split = int(len(ff_merge) * 0.9)
         train_ff= ff_merge.iloc[:split].dropna()
         test_ff = ff_merge.iloc[split:].dropna()

In [39]: hmm_model = hmm.GaussianHMM(n_components=3,
                                     covariance_type="full",
                                     n_iter=100, init_params="")

In [40]: predictions = []

         for i in range(len(test_ff)):
             hmm_model.fit(train_ff)
             adjustment = np.dot(hmm_model.transmat_, hmm_model.means_) ❶
             predictions.append(test_ff.iloc[i] + adjustment[0])
             predictions = pd.DataFrame(predictions)

In [41]: std_dev = predictions['return'].std()
         sharpe = predictions['return'].mean() / std_dev
         print('Sharpe ratio with HMM is {:.4f}'.format(sharpe))
Out[41]: Sharpe ratio with HMM is 0.0981
```

❶ 전이 매트릭스 기반 조정

파마-프렌치 3요소 모델을 실행하는 전통적인 방법은 선형 회귀를 적용하는 것이며 다음 코드에서 이를 수행한다. 선형 회귀를 실행한 후 예측을 수행하고 샤프 비율을 계산할 수 있다. 선형 회귀가 가우스 HMM을 사용한 것과 비교해 더 낮은 샤프 비율(0.0589)을 생성한다는 것을 알 수 있다.

```
In [42]: import statsmodels.api as sm

In [43]: Y = train_ff['return']
         X = train_ff[['Mkt-RF', 'SMB', 'HML']]

In [44]: model = sm.OLS(Y, X)
         ff_ols = model.fit()
         print(ff_ols.summary())
```

                            OLS Regression Results
==
Dep. Variable: return   R-squared (uncentered):   0.962
Model: OLS   Adj. R-squared (uncentered):   0.962
Method: Least Squares   F-statistic: 4.072e+04
Date: Tue, 30 Nov 2021   Prob (F-statistic):   0.00
Time: 00:05:02   Log-Likelihood: 22347.
No. Observations: 4827   AIC: -4.469e+04
Df Residuals: 4824   BIC: -4.467e+04
Df Model: 3
Covariance Type: nonrobust
==
                 coef   std err   t   P>|t| [0.025   0.975]

Mkt-RF   0.0098   2.82e-05   348.173   0.000   0.010   0.010
SMB   -0.0017   5.71e-05   -29.005   0.000   -0.002   -0.002
HML   -6.584e-05   5.21e-05   -1.264   0.206   -0.000   3.63e-05
==
Omnibus: 1326.960   Durbin-Watson: 2.717
Prob(Omnibus):   0.000   Jarque-Bera (JB):   80241.345
Skew: 0.433   Prob(JB):   0.00
Kurtosis: 22.955   Cond. No.   2.16
==

Notes:
[1] R² is computed without centering (uncentered) since the model does **not**
contain a constant.
[2] Standard Errors assume that the covariance matrix of the errors **is**
correctly specified.

```
In [45]: ff_pred = ff_ols.predict(test_ff[["Mkt-RF", "SMB", "HML"]])
         ff_pred.head()
Out[45]: Date
         2019-03-14    -0.000340
         2019-03-15     0.005178
         2019-03-18     0.004273
         2019-03-19    -0.000194
         2019-03-20    -0.003795
         dtype: float64
```

```
In [46]: std_dev = ff_pred.std()
         sharpe = ff_pred.mean() / std_dev
         print('Sharpe ratio with FF 3 factor model is {:.4f}'.format(sharpe))
Out[46]: Sharpe ratio with FF 3 factor model is 0.0589
```

이 결과는 가우스 HMM이 더 나은 위험 조정 수익률을 제공해 다른 분석 중에서 포트폴리오 할당에 유용함을 시사한다.

다음 분석은 낯선^{unseen} 데이터를 기반으로 지수 수익률 상태를 예측해야 하는 경우 어떤 일이 발생하는지 보여준다. 이는 추가 분석을 위한 백테스팅에 사용할 수 있다.

```
In [47]: split = int(len(SP['return']) * 0.9)
         train_ret_SP = SP['return'].iloc[split:].dropna()
         test_ret_SP = SP['return'].iloc[:split].dropna()
```

```
In [48]: hmm_model = hmm.GaussianHMM(n_components=3,
                                      covariance_type="full",
                                      n_iter=100)
         hmm_model.fit(np.array(train_ret_SP).reshape(-1, 1))
         hmm_predict_vol = hmm_model.predict(np.array(test_ret_SP)
                                             .reshape(-1, 1))
         pd.DataFrame(hmm_predict_vol).value_counts()
Out[48]: 0    4447
         1     282
         2      98
         dtype: int64
```

설명한 바와 같이 HMM은 좀 더 안정적이고 정확한 결과를 얻기 위해 분석을 더욱 확장할 수 있는 유용하고 강력한 방법을 제공한다. 10장을 마치기 전에 가우스 HMM을 사용한 합성 데이터 생성 프로세스를 살펴보는 것이 좋겠다. 그렇게 하려면 먼저 초기 매개변수를 정의해야 한다. 이러한 매개변수는 초기 확률^{startprob}, 전이 행렬^{transmat}, 평균^{means} 그리고 공분산^{covars}이다. 매개변수를 정의했으면 가우스 HMM을 실행하고 임의 샘플링 절차를 적용해 원하는 관측 수(여기서는 1,000)로 끝낼 수 있다. 다음 코드의 결과는 그림 10-9와 10-10이다.

```
In [49]: startprob = hmm_model.startprob_
         transmat = hmm_model.transmat_
         means = hmm_model.means_
         covars = hmm_model.covars_

In [50]: syn_hmm = hmm.GaussianHMM(n_components=3, covariance_type="full")

In [51]: syn_hmm.startprob_ = startprob
         syn_hmm.transmat_ = transmat
         syn_hmm.means_ = means
         syn_hmm.covars_ = covars

In [52]: syn_data, _ = syn_hmm.sample(n_samples=1000)

In [53]: plt.hist(syn_data)
         plt.show()
In [54]: plt.plot(syn_data, "--")
         plt.show()
```

합성 데이터를 기반으로 한 분포와 선 그래프는 그림 10-9와 10-10에서 볼 수 있다. 가우스 HMM에서 충분히 큰 샘플 크기가 나오므로 정규분포 데이터가 관찰된다.

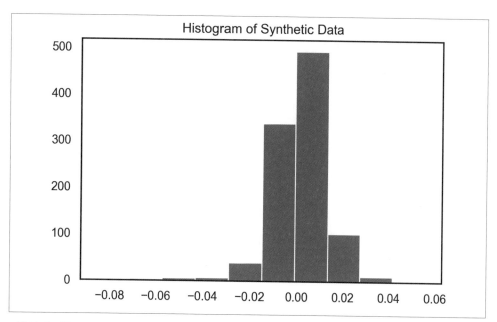

그림 10-9 가우스 HMM 합성 데이터 히스토그램

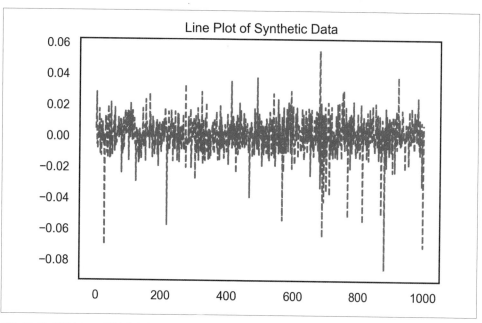

그림 10-10 가우스 HMM 합성 데이터 라인 플롯

결론

이 마지막 10장에서는 비교적 새롭지만 유망한 두 가지 주제에 대해 논의했다. 합성 데이터 생성을 통해 실제 데이터가 없거나 기밀성을 위반한 경우 분석을 수행할 수 있으므로 이러한 상황에서 실무자의 구세주 역할을 한다. 10장의 2부에서는 가우스 HMM과 재무 분석에서의 유용성을 살펴봤고 가우스 HMM을 사용해 합성 데이터를 생성했다.

또한 가우스 HMM이 포트폴리오 할당에서 더 나은 결과를 얻는 데 어떻게 도움이 되는지 살펴 봤지만 이 응용이 HMM을 적용할 수 있는 유일한 영역은 아니라는 점에 주목할 필요가 있다. 오히려 연구원들이 이 방법을 활용할 수 있는 다양한 분야가 있으며 더 많은 영역으로 확장될 것이라고 확신한다.

참고문헌

Ahuja, Ankana. 2020. "The promise of synthetic data". *Financial Times. https://oreil.ly/qphEN.*

El Emam, Khaled, Lucy Mosquera, and Richard Hoptroff. 2020. *Practical Synthetic Data Generation: Balancing Privacy and the Broad Availability of Data.* Sebastopol: O'Reilly.

Fama, Eugene F., and Kenneth R. French. 1993. "Common Risk Factors in the Returns on Stocks and Bonds." *Journal of Financial Economics* 33 (3): 56.

Patki, Neha, Roy Wedge, and Kalyan Veeramachaneni. 2016. "The Synthetic Data Vault." In the 2016 IEEE International Conference on Data Science and Advanced Analytics (DSAA), 399-410.

Wang, Matthew, Yi-Hong Lin, and Ilya Mikhelson. 2020. "Regime-Switching Factor Investing with Hidden Markov Models." *Journal of Risk and Financial Management* 13 (12): 311.

맺음말

이 책은 머신러닝과 딥러닝 모델을 통합해 재정 문제를 해결하는 방법을 보여준다. 물론 그렇다고 해서 이 책이 업계에서 모델을 배포하기 위해 필요한 모든 단계를 포함했다는 의미는 아니지만 독자가 가장 관심을 가질 만한 주제에 초점을 맞추려고 노력했다.

최근 AI 발전에 따르면 예측 성능 측면에서 볼 때 거의 모든 기존 금융 모델보다 AI 모델의 성능이 뛰어나며, 이러한 모델을 채택하고 업계에서 예측 성능을 개선한다면 재무 실무자가 더 나은 결정을 내리는 데 도움이 될 것이리라 믿는다.

그러나 이러한 발전과 AI에 대한 최근의 과장된 광고에도 불구하고 AI 모델의 배포 수준은 여전히 낮은 편이다. 거기에는 모델의 불투명한 특성이 첫 번째이자 가장 중요한 이유다.

그러나 더 설명 가능한^{explainable} AI 모델을 얻기 위한 지속적이고 엄청난 개선이 있으며 프라도가 주장한 것처럼 ML이 불투명한지 여부는 머신러닝 알고리듬 자체가 아니라 사용하는 사람에 따라 달라지기 시작했다.

따라서 내 의견으로는 모수적 모델을 사용하는 오랜 전통과 패러다임 전환에 대한 저항이 AI 모델의 채택이 느리고 꺼려지는 주된 이유로 보인다. 이 책이 AI 모델을 수용하는 길을 열어주고 이를 사용하는 데 부드럽고 편리한 전환을 제공하기를 바란다.

찾아보기

파이썬 머신러닝을 이용한 금융 리스크 관리

발 행 | 2023년 3월 31일

옮긴이 | 이 병 욱
지은이 | 압둘라 카라산

펴낸이 | 권 성 준
편집장 | 황 영 주
편 집 | 김 진 아
         임 지 원
디자인 | 윤 서 빈

에이콘출판주식회사
서울특별시 양천구 국회대로 287 (목동)
전화 02-2653-7600, 팩스 02-2653-0433
www.acornpub.co.kr / editor@acornpub.co.kr

한국어판 © 에이콘출판주식회사, 2023, Printed in Korea.
ISBN 979-11-6175-734-6
http://www.acornpub.co.kr/book/financial-risk-python

책값은 뒤표지에 있습니다.